QR 코드로 작품 영상을
미리 만나보세요!

스크래치로 만드는 NEW 인공지능 프로젝트!

인공지능 스크래치

| 박주은 저 |

비대면, 게임, 발명, 교통과 관련된 생활 속 인공지능 프로젝트 수록!

내 손으로 인공지능 프로그램을 처음부터 끝까지
만들어 보고 싶은 모두에게 추천합니다!

DIGITAL BOOKS
디지털북스

| 만든 사람들 |

기획 IT·CG기획부 | 진행 양종엽·박소정 | 집필 박주은 | 책임 편집 D.J.I books design studio
표지 디자인 D.J.I books design studio 원은영 | 편집 디자인 디자인숲·이기숙

| 책 내용 문의 |

도서 내용에 대해 궁금한 사항이 있으시면
저자의 홈페이지나 디지털북스 홈페이지의 게시판을 통해서 해결하실 수 있습니다.
디지털북스 홈페이지 digitalbooks.co.kr
디지털북스 페이스북 facebook.com/ithinkbook
디지털북스 인스타그램 instagram.com/digitalbooks1999
디지털북스 유튜브 유튜브에서 [디지털북스] 검색
디지털북스 이메일 djibooks@naver.com
저자 이메일 june_billionaire@naver.com

| 각종 문의 |

영업관련 dji_digitalbooks@naver.com
기획관련 djibooks@naver.com
전화번호 (02) 447-3157~8

※ 잘못된 책은 구입하신 서점에서 교환해 드립니다.
※ 이 책의 일부 혹은 전체 내용에 대한 무단 복사, 복제, 전재는 저작권법에 저촉됩니다.
※ 가 창립 20주년을 맞아 현대적인 감각의 새로운 로고 를 선보입니다.
　 지나온 20년보다 더 나은 앞으로의 20년을 기대합니다.
※ 유튜브 [디지털북스] 채널에 오시면 저자 인터뷰 및 도서 소개 영상을 감상하실 수 있습니다.

머리말

"알파고가 이겼다! 우리는 달에 착륙했다."
(AlphaGo Wins! We landed it on the moon.)

구글 딥마인드의 데미스 허사비스(Demis Hassabis) CEO가 이세돌 9단과의 바둑 대결에서 알파고가 첫 승리를 거두자 트위터에 밝힌 소감입니다.

인공지능이 일반인에게는 조금 생소하던 시절, 인간의 고유 영역이라 여겼던 바둑에서 인공지능이 거둔 첫 승을 과거 아폴로 11호의 닐 암스트롱이 달에 첫 발을 내딛은 순간과 동일하게 비교하며, 인공지능이 여는 새로운 시대에 대한 기대감과 자신감을 표현한 소감이었습니다.
최종적으로 알파고와 인간 대표인 세계 최정상급 바둑 프로기사 이세돌과의 대국은 인공지능 알파고가 4대1로 승리하는 것으로 끝이 났습니다. 대국이 열리기 전까지 전 세계 많은 사람들이 이세돌의 우세를 예상했지만 막상 이세돌의 패배와 함께 인공지능의 위력을 지켜본 사람들은 충격에 휩싸였습니다. 검색 사이트에서 '인공지능'과 관련된 검색량이 늘어났고, 각종 뉴스에서도 인공지능에 대한 기사들이 화두가 되었습니다.

그리고 알파고와 이세돌의 대결 이후, 인공지능 기술은 계속 발전해왔고, UN 무대에 선 인공지능 로봇 '소피아'가 다시 한번 큰 화제를 불러 모았습니다. 소피아는 2017년 뉴욕 유엔 본부에서 열린 유엔 경제사회이사회 정기 회의에 등장해 '미래의 기술변화'를 주제로 유엔 사무부총장의 질문에 마치 사람처럼 거침없이 답변을 이어갔습니다.
인간의 고유 영역이라 여겼던 문화예술 분야에서도 인공지능은 우리의 예상을 뛰어넘고 있습니다. 많은 데이터 속에서 패턴을 발견하고 구분해 특정 예술가의 화풍을 그대로 재현하거나 음악 작곡, 신문기사 작성, 게임 플레이 등을 인간처럼 해내고 있습니다.

지금 우리는 이러한 인공지능 기술을 지켜보고만 있는데요, 앞으로 인공지능 시대를 살아갈 우리 아이들에게 기본적인 역량을 길러줄 수 있으려면 어떻게 해야 할까요?
바로 인공지능에 대한 리터러시(Literacy)를 키우는 것입니다. 국어, 수학, 과학 등을 가르치는 것이 세상을 살아가는데 가장 기본적인 지식을 갖출 수 있게 하는 교육인 것처럼 미래세대 아이들에게는 인공지능에 대한 이해와 활용이 중요한 교육으로 자리 잡아야 할 것입니다.
즉, 인공지능의 개념과 원리를 이해하고, 인공지능을 어떻게 활용할 수 있는지, 인간과 어떤 방향으로 협업이 가능한지 등을 생각하고 행동하는 힘을 길러주어야 합니다. 이럴 때 좋은 방법은 아이들이 직접 인공지능 기술을 활용해서 코딩 프로젝트를 해보는 것입니다.

코딩은 개발자만 할 수 있는 것이 아닙니다. 스크래치라는 프로그램을 이용하면 초등학생들도 충분히 게임이나 애니메이션을 코딩으로 만들어 낼 수 있습니다. 그리고 구글의 Teachable Machine을 이용하면 비전공자도 데이터를 취합하고 기계에게 학습을 시켜 인공지능 모델이라는 것을 쉽고 빠르게 만들어 낼 수 있습니다.

아무쪼록 독자들이 이 책을 통해서 인공지능의 원리를 이해하고 다양한 관점에서 인공지능을 활용할 수 있는 능력을 배울 수 있기를 바라며, 책이 나오기까지 저자를 잘 이끌어 주신 디지털북스의 양종엽 본부장님과 IT기획편집팀의 박소정님 그리고 항상 무한한 신뢰와 응원을 보내주는 나만의 서포터 내 편에게 감사의 말씀을 전합니다.

마지막으로 이 책의 출간을 가장 기다리고 있을 사랑하는 나의 가족에게 이 책을 바칩니다.

저자 **박주은**

CONTENTS

머리말 • 04
이 책의 소개 • 08
작품 미리보기 • 10

CHAPTER 01 인공지능 프로그램은 처음인가요? • 13

- **1.1** 인공지능이란? • 14
- **1.2** 우리 생활 속 인공지능 • 16
- **1.3** 스크래치와 인공지능 • 18
- **1.4** PictoBlox 준비하기 • 20
- **1.5** Teachable Machine 준비하기 • 33

[인공지능 체험 사이트 1] Quick, Draw • 39

CHAPTER 02 언택트 사회에 유용한 인공지능 작품을 만들어 보아요! • 41

- **2.1** 비대면 출입 관리기 • 42
  - 도전하기 2.1 페이스 도어락 시스템 만들기 • 64
- **2.2** 인공지능 홈 트레이너 • 65
  - 도전하기 2.2 인공지능 홈 트레이너 업그레이드! • 77

[인공지능 체험 사이트 2] Auto Draw • 78

CHAPTER 03 가족과 함께 즐기는 인공지능 작품을 만들어 보아요! • 81

- **3.1** 인공지능 관상가 • 82
  - 도전하기 3.1 말(Horse)상 추가하기 • 101

3.2 멋쟁이 카메라 필터 • 102
　도전하기 3.2 '필터효과' 스프라이트 추가하기 • 110
3.3 우리 집 보물찾기 • 111
　도전하기 3.3 더 많은 물건을 찾아보자! • 122
[인공지능 체험 사이트 3] Semi-Conductor • 123

우리 생활을 편리하게 도와줄 인공지능 작품을 만들어 보아요! • 125

4.1 인공지능 스피커 • 126
　도전하기 4.1 인공지능 스피커로 '보사노바 음악' 재생하기 • 137
4.2 바나나 숙성 판별기 • 138
　도전하기 4.2 바나나 숙성도에 따라 스프라이트 모양 바꾸기 • 149
4.3 인공지능 쓰레기 분리배출함 • 150
　도전하기 4.3 플라스틱 분리배출하기 • 159

[인공지능 체험 사이트 4] Shadow Art • 160

인공지능 기술은 우리 생활에 어떤 영향을 줄까요? • 163

5.1 인공지능을 이용한 불법주차 단속 • 164
　도전하기 5.1 불법 자동차의 번호판을 잘 인식하지 못한 경우 • 170
인공지능 기계의 상용화와 윤리 규칙 • 171
[인공지능 체험 사이트 5] Which Face Is Real? • 173

[부록] 도전하기 정답 • 175

이 책의 소개

「인공지능 스크래치」는 PictoBlox라는 스크래치 프로그램과 티처블 머신(Teachable Machine)이라는 머신러닝 모델 제작 도구를 이용해 인공지능 프로그램을 만들어 보는 블록 코딩 활용서입니다.

여러분이 가진 코딩 경험과 관련 지식을 아는 정도는 다양할 거라 생각합니다. 그래서 여러분이 가장 궁금할 법한 점을 몇 가지 뽑아 답을 드리며 이 책을 소개합니다.

Q1. "저는 인공지능이라는 기술이 낯설고 스크래치 코딩 경험이 없어요."

Chapter 01에서 생활 속 인공지능 사례를 소개하고 PictoBlox와 Teachable Machine의 설치, 기본 사용법 등을 안내해 드립니다. 기본부터 천천히 시작해 보며 나의 인공지능 프로그램을 만들어 보아요!

Q2. "인공지능 프로그램을 만들어 본 적 없고 PictoBlox도 써 본 적 없는 스크래치 초보입니다. 저도 인공지능 프로그램을 만들 수 있나요?"

PictoBlox도 일반적인 스크래치 프로그램과 같은 방식으로 코딩하기 때문에 금방 익숙해지실 겁니다. 그리고 Teachable Machine은 파이썬과 같은 언어로 코드를 작성하지 않고도 머신러닝 모델을 쉽게 만들고 활용할 수 있습니다. 구성과 사용법이 궁금하다면 '1.5 Teachable Machine 준비하기'와 Chapter 02의 '머신러닝 모델 만들기'를 참조해 보는 것도 좋아요!

Q3. "원래 인공지능 프로그램을 만들려면 선수 지식이 필요하지 않나요?" (feat. 인공지능? 머신러닝? 딥러닝?)

물론 필요합니다. 하지만 그렇다고 해서 너무 걱정하지 않아도 됩니다. 이 책에서는 Teachable Machine을 사용할 때 접하게 될 기본 개념이 무엇인지 아는 것으로도 충분합니다. 처음은 이 개념조차 생소할 수 있지만, 인공지능 작품을 만들다 보면 어떤 의미인지 자연스레 체득되실 겁니다.

Q4. "이 책에서는 어떤 인공지능 프로그램을 만들어 보나요?"

실습 챕터(Chapter 02~05)마다 아래의 주제를 가지고 인공지능 프로그램을 만들어 봅니다.

이 책에서 만들어 볼 인공지능 프로그램

- **언택트 사회에 유용한 인공지능 작품**: 비대면 출입 관리기, 인공지능 홈 트레이너
- **가족과 함께 즐기는 인공지능 작품**: 인공지능 관상가, 멋쟁이 카메라 필터, 우리 집 보물찾기
- **우리 생활을 편리하게 도와줄 인공지능 작품**: 인공지능 스피커, 바나나 숙성 판별기, 인공지능 쓰레기 분리배출함
- 인공지능을 이용한 불법주차 단속

저자 블로그 및 유튜브 안내

웹 브라우저 주소창에서 다음의 주소를 입력해 저자의 블로그나 유튜브로 이동할 수 있습니다. 블로그를 통해서는 실습 파일과 머신러닝 학습 데이터를 다운로드할 수 있으며, 유튜브를 통해서는 이 책에서 다룬 작품을 실행하는 영상을 만나 볼 수 있습니다.

[저자 블로그] https://blog.naver.com/june_billionaire
[저자 유튜브] https://youtu.be/XyaNFm15TRM

실습 파일 제공

이 책은 Chapter 02~05에 수록된 작품의 실습 파일을 제공합니다. 저자 블로그에 접속하여 '[Book] 인공지능 스크래치' 카테고리에서 각 챕터별 실습 파일을 다운로드해 주세요.

도전하기 정답 제공

Chapter 02~05에 등장하는 작품마다 '도전하기'가 있습니다. 도전하기는 어떤 기능을 추가하거나 변경해보며 작품을 발전해보는 코너입니다. 도전하기의 정답은 이 책의 [부록]으로 실어 놓았으니 참조해 주세요.

인공지능 체험 사이트 소개

여러분의 흥미를 돋울 재밌는 인공지능 체험 사이트를 몇 가지 소개해 드립니다. 인공지능의 한 종류인 머신러닝 기술을 이용해 그림 맞추기 게임을 할 수 있고, 여러분이 지휘자가 되어 멋진 연주를 할 수도 있습니다. 이외에도 즐길 거리가 숨어 있는데 체험해보시면 재미가 쏠쏠할 겁니다!

작품 미리보기

● **작품 요약**
코로나19 확산을 방지하기 위한 출입 관리기를 만들어 봅니다. 스크래치 프로그램으로 마스크 착용 확인과 출입자 명부 작성을 구현하며, 마스크 착용 확인은 머신러닝 기술을 이용하고 출입자 명부는 QR 코드를 생성하여 기록되게 코딩합니다.

● **작품 요약**
코로나19로 인해 집에서 운동하는 '홈 트레이닝'의 인기가 높아졌습니다. 그래서 비싼 운동기구를 사는 대신 인공지능 기술을 이용하여 집에서도 혼자 할 수 있는 홈 트레이닝 프로그램을 만들어 봅니다.

● **작품 요약**
인공지능에게 동물상으로 유명한 연예인들의 사진을 학습시켜서 나는 어떤 동물상인지 알려주는 프로그램을 만들어 봅니다. 나뿐만 아니라 친구, 가족에게도 이 프로그램을 테스트 해본다면 아주 재밌을 겁니다!

● **작품 요약**
눈, 코, 입 등의 위치를 영상처리 기술로 인식하여, 내 얼굴에 가상으로 선글라스를 씌우고 머리에 장식품을 달아 나를 뽐내보는 프로그램을 만들어 봅니다.

[인공지능 작품 동영상 보기] https://youtu.be/XyaNFm15TRM

● **작품 요약**

컴퓨터가 제시하는 사물을 빨리 찾아와야 하는 '보물찾기' 게임을 만들어 봅니다. 찾아온 물건이 제시한 것과 맞는지는 인공지능 기술로 판별해 냅니다.

● **작품 요약**

스마트 인공지능 스피커를 스크래치로 만들어 봅니다. 사람이 하는 말을 음성인식 기술로 감지하고 업무를 수행하는 나만의 비서 프로그램입니다.

● **작품 요약**

바나나가 잘 익었는지 덜 익었는지 판단하는 인공지능 학습 모델을 만들고, 스크래치에서 바나나 숙성 정도를 판별하는 프로그램을 만들어 봅니다.

● **작품 요약**

쓰레기 분리배출을 인공지능이 도와준다면 어떨까요? 쓰레기를 어떤 통에 버려야 하는지 인공지능이 실시간으로 알려주는 프로그램을 만들어 봅니다.

● **작품 요약**

불법주차하는 자동차가 많으면 도로가 좁아지고 안전에도 큰 위협이 됩니다. 하지만 불법주차 단속을 사람이 일일이 하는 것도 쉽지 않습니다. 그래서 스크래치 코딩을 이용해 드론이 날아다니며 불법주차를 한 자동차의 번호판을 광학문자인식(OCR) 기술로 감지하고 실시간으로 범칙금을 부과하는 프로그램을 만들어 봅니다.

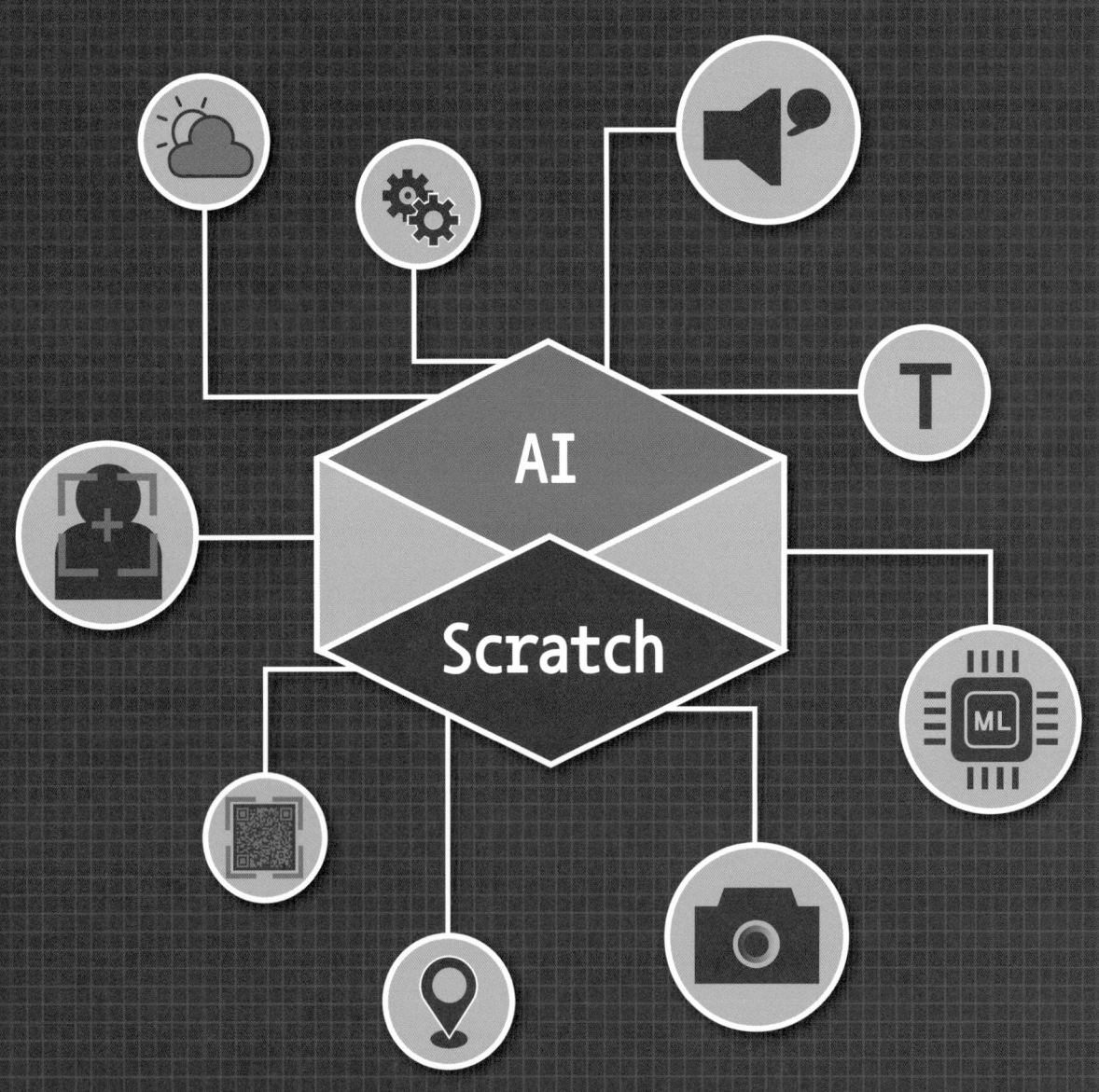

CHAPTER 01

인공지능 프로그램은 처음인가요?

Chapter 01에서는 인공지능이란 무엇이고 우리 생활 속에 어떻게 쓰이는지 이해해 봅니다. 그리고 인공지능 프로그램을 만들기 위한 준비로, PictoBlox와 Teachable Machine의 기본 사용법을 익혀 봅니다.

1.1 인공지능이란?
1.2 우리 생활 속 인공지능
1.3 스크래치와 인공지능
1.4 PictoBlox 준비하기
1.5 Teachable Machine 준비하기
[인공지능 체험 사이트 1] Quick, Draw!

1.1 인공지능이란?

오전 8시, 스마트 빌리지에 사는 나미가 인공지능 스피커의 알람에 맞춰 침대에서 기지개를 켭니다. 나미는 곧바로 인공지능 스피커 알리사에게 오늘의 날씨를 물어봅니다. 얼마 전 나미가 좋아하는 캐릭터가 그려진 우비를 생일 선물로 받았는데, 오늘 비가 온다면 선물 받은 멋진 우비를 입고 학교에 가서 친구들에게 자랑을 하고 싶었기 때문입니다.

"알리사, 오늘 우리 동네 날씨는 어때?"

"현재 날씨는 흐립니다. 현재 기온은 13도이며, 오후부터는 비가 내릴 것으로 예상되니 우산을 준비하세요!"

나미는 "오예!"라고 외치며 침대에서 내려와 서둘러 학교 갈 준비를 합니다.

오후 1시, 재택근무 중이던 나미의 엄마가 서재에서 나와 잠시 휴식 시간을 갖습니다.

인공지능 스피커가 선곡해 준 휴식 음악을 들으며 창밖을 보니 비가 계속 쏟아지고 있습니다. 비가 오는 날은 집 안 습도가 높아서 소파에 앉아 있어도 찝찝할 때가 많은데, 오늘은 비가 많이 내리는데도 소파가 보송보송합니다. 얼마 전 새로 산 스마트 공기 청정기가 집 안팎 공기와 습도 데이터를 체크하여 알아서 조절해 준 덕분입니다.

오후 7시, 나미의 아빠는 1박 2일의 출장 일정을 마무리한 후 피곤한 몸을 이끌고 집으로 가는 길을 재촉합니다. 지문으로 차문을 열어 차에 오른 아빠가 "알리사, 우리 집으로 가자!"라고 말을 하니 아빠가 안전벨트를 잘 매었는지 확인하는 음성이 나온 후, 자동차가 스스로 운전을 하여 아빠를 안전하게 귀가시켜 줍니다.

▲ [그림 1.1.1] 인공지능

위의 이야기는 인공지능과 함께하는 우리 생활을 상상하여 적어 본 것입니다. 이야기 속 인공지능은 인간이 시키는 일을 쉽게 해내고, 때론 인간이 시키지 않더라도 알아서 필요한 일들을 해내는 모습을 보입니다. 인공지능은 주변 상황을 사람처럼 인지하고 마치 두뇌를 가진 것처럼 추론을 하여 우리에게 적절한 정보를 제공하거나 적절한 행동을 하기 위한 선택사항을 제시합니다. 때로는 자율성을 가지고 인간보다 앞서서 작업을 처리해 놓기도 합니다. 이렇듯 인간이 생각하고 행동하는 것을 컴퓨터가 스스로 할 수 있도록 하는 것이 바로 '인공지능(Artificial Intelligence, AI)'입니다

인공지능은 1950년 이래로 발전해 오고 있습니다. 1956년에 인공지능이라는 단어가 등장하였고 1990년대에는 체스 게임 컴퓨터인 딥블루(Deep Blue)가 개발되었습니다. 2011년부터는 통계 접근법을 사용하는 '머신러닝(Machine Learning, 기계 학습)'이 획기적으로 발전했고, 오늘날에는 '인공 신경망(Artificial Neural Networks)'이라 불리는 머신러닝 모델링 기술로 인공지능의 개발 영역이 확장되었습니다. 이로써 '머신러닝'은 인공지능의 한 분야가 되었습니다.

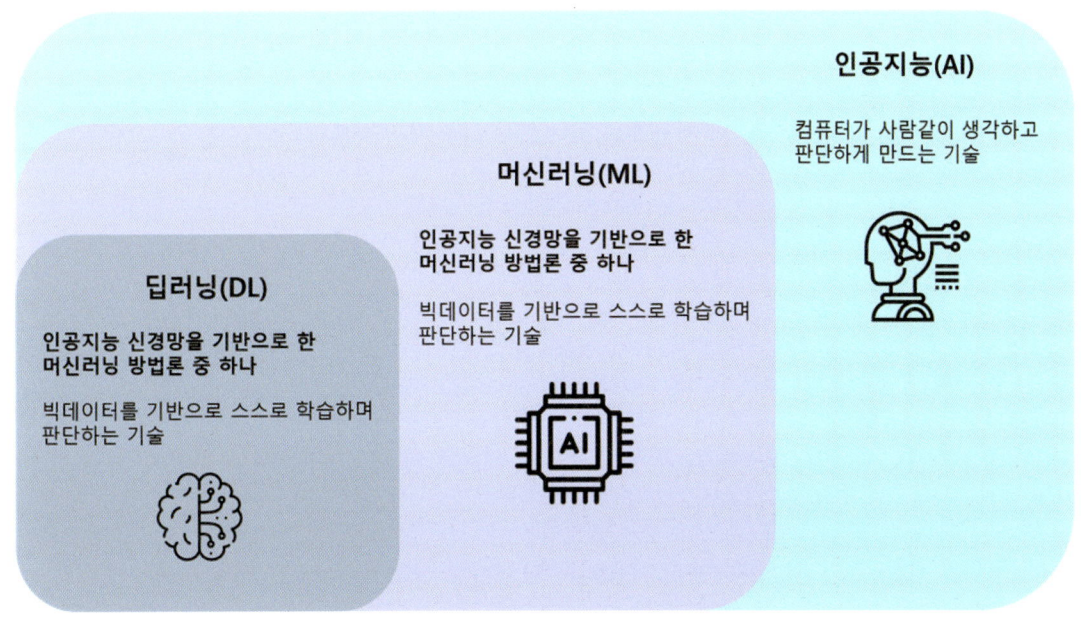

▲ [그림 1.1.2] 인공지능과 머신러닝 그리고 딥러닝의 관계

인공지능, 머신러닝, 딥러닝은 각각 다른 것이라 생각하는 사람들도 있을텐데요, [그림 1.1.2]와 같이 세 가지는 집합 관계를 가집니다. 머신러닝은 인공지능을 구현하는 하나의 방법이며, 딥러닝은 머신러닝의 한 방법입니다. 그리고 머신러닝은 이 책의 주요 실습에 아주 많이 사용될 것입니다.

1.2 우리 생활 속 인공지능

여러분은 인공지능에 관심이 많으신가요? 구글 트렌드(Google Trend)에서 대한민국의 2004년 ~2021년 '인공지능' 관심 트렌드를 찾아보면 아래와 같은 결과가 나옵니다(그림 1.2.1). 2004년부터 인공지능에 대한 관심도가 들쭉날쭉 하다가 2010년부터 2015년까지는 관심도가 낮아졌습니다. 그러다 2016년 알파고와 이세돌의 대결이 전국으로 알려지며 인공지능에 대한 관심도가 굉장히 높아졌습니다. [그림 1.2.1]의 그래프에서 빨간 동그라미로 표시한 부분이 대략 2016년쯤입니다. 그 이후로 인공지능에 대한 관심도는 계속 높아지고 있습니다.

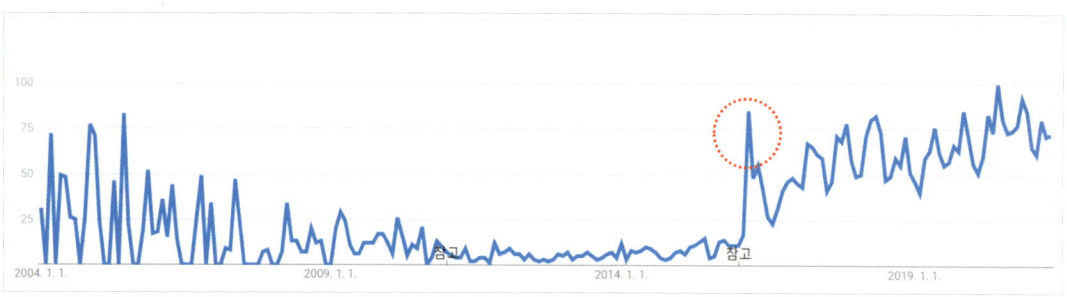

▲ [그림 1.2.1] 인공지능 관심 트렌드

인공지능은 뭔가 대단한 기술 같아서 어려워 보이고 우리와는 거리가 먼 개념처럼 느껴지나요? 그런데 인공지능은 여러분이 생각하는 것보다 단순하고 익숙한 기술일지도 모릅니다. 잘 생각해보면 우리가 생활 속에서 인공지능 기술을 경험한 일이 알게 모르게 있을 것입니다. 우리 주변에는 다양한 분야에 걸쳐 인공지능 기술이 적용된 사례가 많이 있으며, 지금 이 순간에도 그 기술들은 계속 발전해 나가고 있습니다.

아래는 우리 생활 속 다양한 분야에서 사용되는 인공지능 사례입니다.

생활 속 인공지능 사례 1   의료 및 헬스케어

- 수많은 의료 데이터를 기반으로 질병을 예방하고 치료를 해 주는 IBM 왓슨
- 한국과학기술연구원 의료로봇연구단의 인공지능 정밀 수술 로봇 닥터 허준
- 신약 연구 개발에 도움을 주는 구글 딥마인드의 알파폴드2(AlphaFold2)
- 환자 생활을 모니터링하여 치료를 돕는 애플의 케어킷(CareKit)과 구글의 구글핏(GoogleFit)

생활 속 인공지능 사례 2   **교육 및 엔터테인먼트**

- 인공지능 기반 원격교육 및 과제 자동채점 플랫폼 백팩스(Bakpax)
- 게임 이용자의 경험 관련 만족도를 높이기 위해 인공지능 기술을 활용하는 넥슨(NEXON)
- 뉴욕 크리스티 경매소에서 낙찰가 5억 원을 기록한 그림을 그린 인공지능 화가 오비어스(Obvious)

생활 속 인공지능 사례 3   **국방 및 보안**

- 인공지능을 사용해 군함이 결정을 내리고, 수천 가지 지능과 데이터를 처리하는 방식의 영국 국방부의 DASA 프로젝트
- 전 세계에서 매일 발생하는 200억 건 이상의 이벤트를 실시간 감시하고 위협을 탐지하는 보안 솔루션, IBM의 X-포스(X-Force)

생활 속 인공지능 사례 4   **기타 생활**

- C랩(C-Lab) 출신 기업 룰루랩이 개발한 세계 최초 인공지능 피부 분석 솔루션 루미니
- 인공신경망 번역 기술을 사용한 구글의 워드렌즈(Word Lens)
- 식재료가 떨어지면 식재료를 자동으로 주문하는 삼성전자의 인공지능 냉장고

1.3 스크래치와 인공지능

스크래치(Scratch)는 미국 MIT 미디어 랩에서 만든 새로운 방식의 블록 프로그래밍 도구입니다. 마치 레고 블록이나 퍼즐을 맞추듯이 누구나 쉽게 '명령어 블록'을 조합해서 나만의 게임이나 애니메이션을 만들고 다른 사람에게 공유할 수도 있습니다.

> **용어정리 명령어 블록이란?**
>
> '명령어 블록'은 코드 작성을 쉽게 할 수 있도록 블록 모양에 명령어를 적어 둔 형태입니다. [그림 1.3.1]과 같이 블록들을 서로 조합하여 실행하면 내가 원하는 대로 프로그램을 동작시킬 수 있습니다.
>
> ※ 앞으로 이 책에서는 명령어 블록을 '명령 블록'이라 표현하겠습니다.

컴퓨터 게임이나 앱, 애니메이션을 만드는 프로그래밍은 복잡한 컴퓨터 코드나 수학적 지식이 있어야 가능한 것으로 보입니다. 하지만 스크래치는 프로그래밍하기 쉬운 구조를 가져, 초등학생은 물론 비전공자 일반인도 쉽게 접근할 수 있습니다. 프로그래밍 관련 지식이 없어도 단순히 블록을 쌓는 것만으로 내가 원하는 프로그램을 만들 수 있습니다. 또한 스크래치로 내가 원하는 프로그램을 만들고 공유하는 과정에서 성취감을 얻을 수 있고, 자연히 코딩에 대한 이해도와 문제 해결 능력이 높아지게 됩니다.

스크래치는 150개국 이상이 사용하며 40개 이상의 언어들로 번역되었습니다. 한글로도 이용할 수 있고 스크래치가 제공하는 서비스가 무료라는 점 또한 매력적입니다.

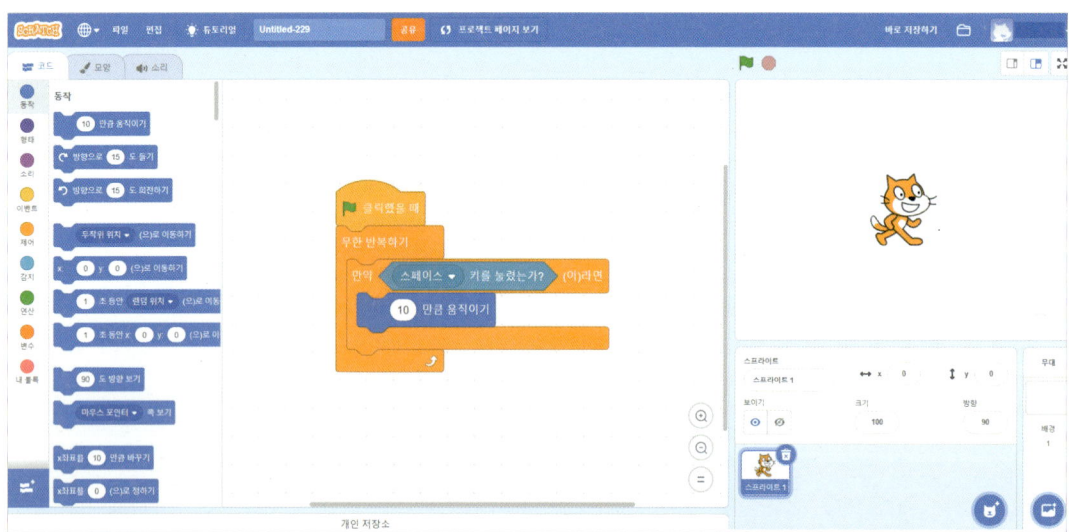

▲ [그림 1.3.1] 스크래치(Scratch)

만약 여러분이 스크래치의 기초를 알고 있다면, 앞서 살펴 본 생활 속 인공지능 중 일부는 스크래치를 이용해서 직접 만들어 볼 수 있습니다.

"저는 아직 스크래치로 코딩하는 실력이 낮은데 인공지능 프로그램을 만들어 볼 수 있을까요?"

여러분이 스크래치 초보더라도 PictoBlox를 이용하면 나만의 인공지능 스크래치 작품을 어렵지 않게 만들어 볼 수 있습니다. PictoBlox는 인공지능 기술을 사용하기 쉽게 만든 스크래치 프로그램으로, 기존 스크래치처럼 블록을 쌓아서 인공지능 프로그램을 만들어 볼 수 있습니다.

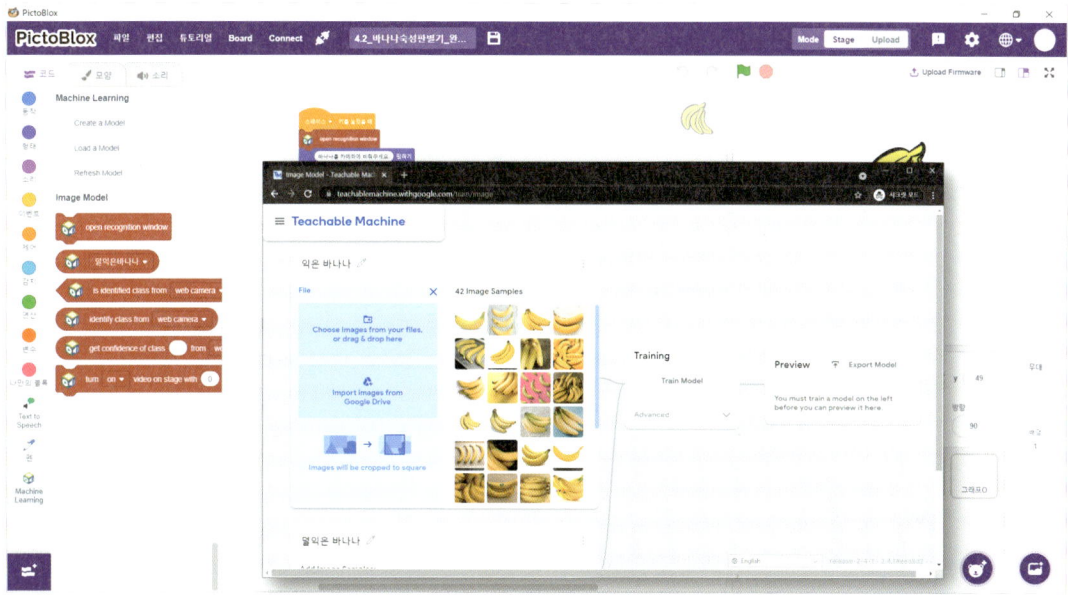

▲ [그림 1.3.2] PictoBlox로 인공지능 코딩하기

위와 같은 이유로 여러분이 인공지능 코딩을 쉽게 시작할 수 있도록, 이 책에서는 PictoBlox를 이용해 인공지능 스크래치 코딩을 해 볼 것입니다. 이제 PictoBlox가 무엇인지 알아보았으니 다음 절(1.4)로 넘어가서 함께 PictoBlox를 설치해 볼까요?

1.4 PictoBlox 준비하기

1.4.1 PictoBlox 설치 및 가입하기

인공지능 스크래치 작품을 만들기 위해선 PictoBlox 프로그램을 설치하고 회원가입을 해야 합니다. 다음 과정을 따라하며 PictoBlox를 사용할 준비를 해 보세요.

01 웹 브라우저 검색 창에서 'pictoblox'를 검색한 후 상단에 나오는 홈페이지 링크를 클릭해 접속합니다.

> **NOTE** 참고로 저자는 크롬(Chrome)이라는 웹 브라우저에서 PictoBlox를 설치했습니다.

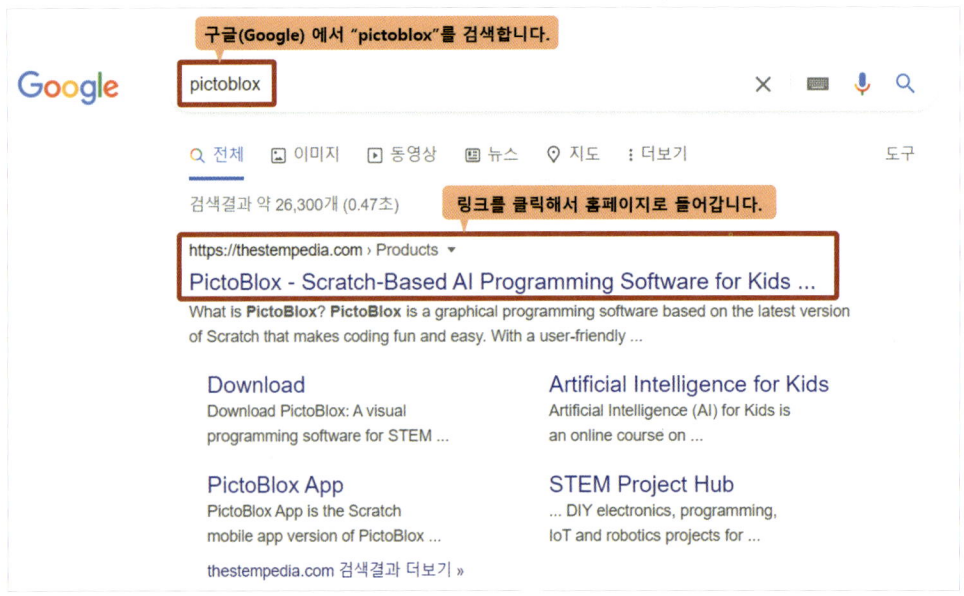

▲ [그림 1.4.1] PictoBlox 홈페이지 접속

02 PictoBlox 홈페이지 첫 화면에서 [Download]를 클릭합니다.

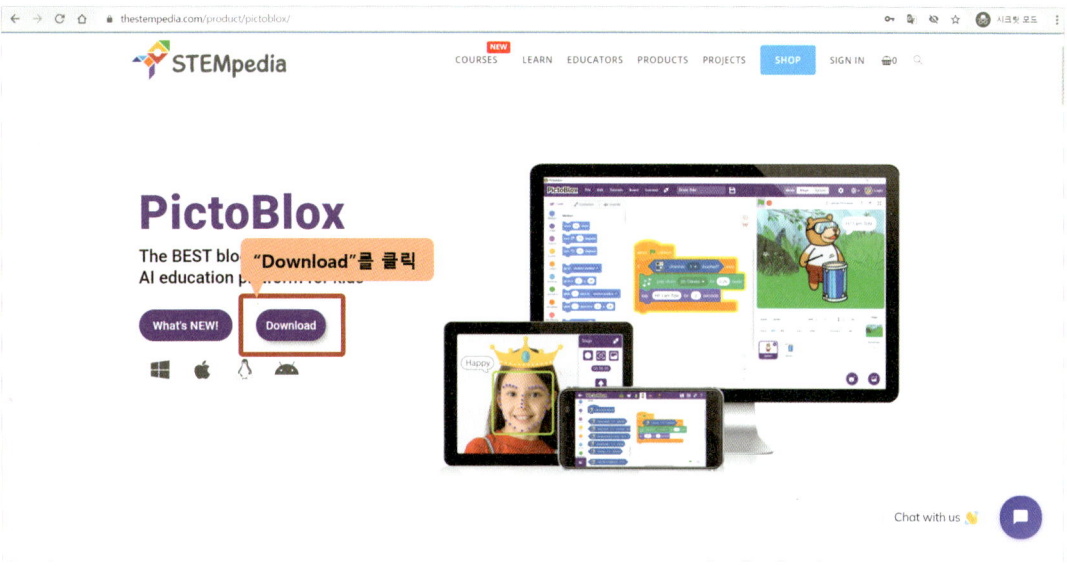

▲ [그림 1.4.2] Download 클릭하기

03 여러분이 사용하는 컴퓨터의 운영체제를 선택하고 설치 파일을 다운로드해 주세요.
(윈도우 사용자라면 다음 페이지의 'NOTE'를 참조해 주세요.)

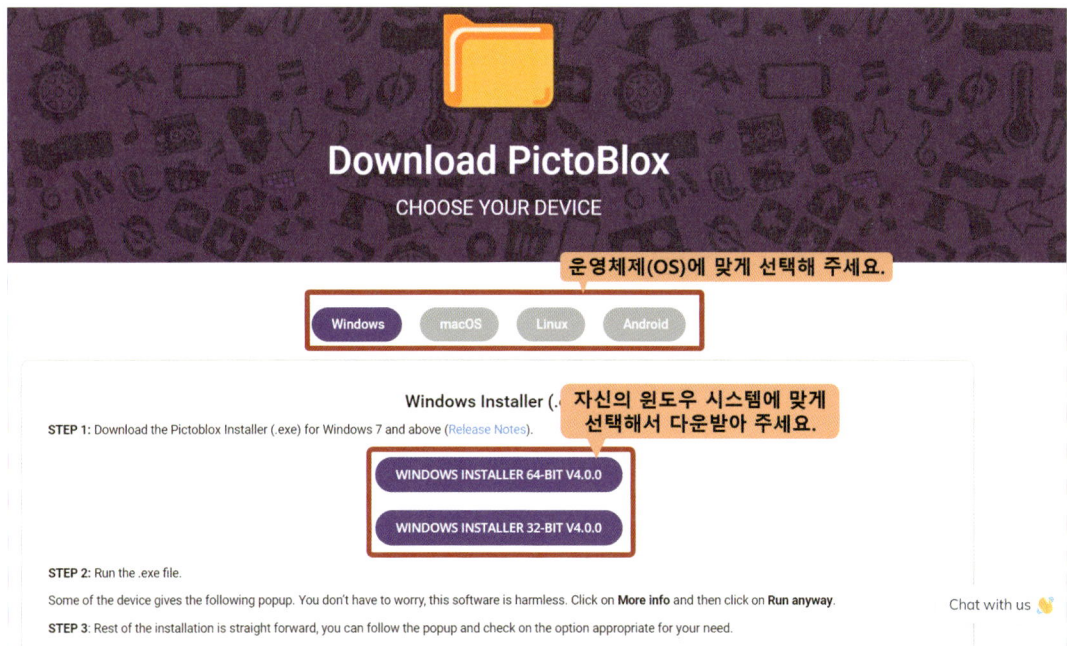

▲ [그림 1.4.3] PictoBlox 설치 파일 다운로드하기

NOTE ▶ 여러분의 컴퓨터가 윈도우 운영체제를 사용한다면, 시스템 종류를 알아야 설치 파일을 다운로드할 수 있습니다. 시스템 종류는 64-BIT와 32-BIT 두 가지가 있는데, [제어판] 〉 [시스템 및 보안] 〉 [시스템]에서 확인할 수 있습니다(그림 1.4.4 참조).

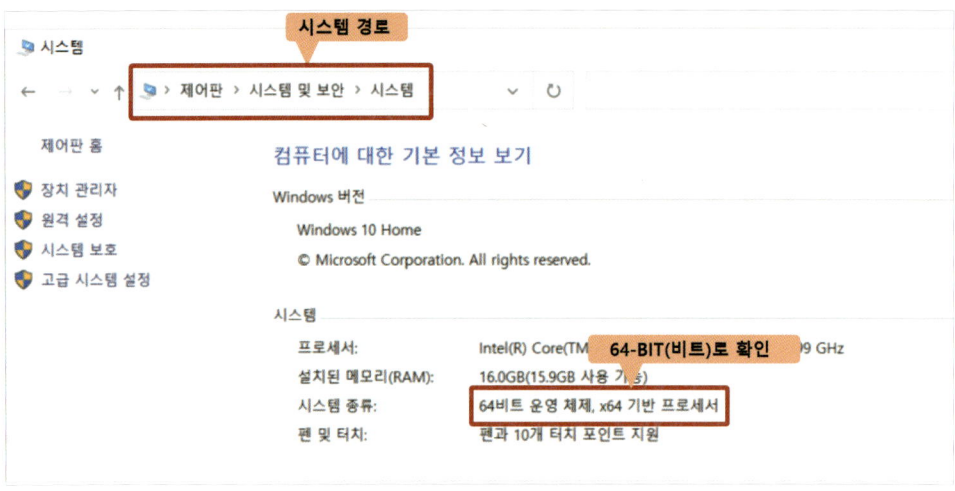

▲ [그림 1.4.4] 윈도우 시스템 종류 확인

04 다운로드할 설치 파일을 클릭하면 이름과 이메일을 적는 창이 나옵니다. 이메일 기입란 아래의 체크는 해제하고 [No thanks, I just want to download PictoBlox]를 선택해 주세요.

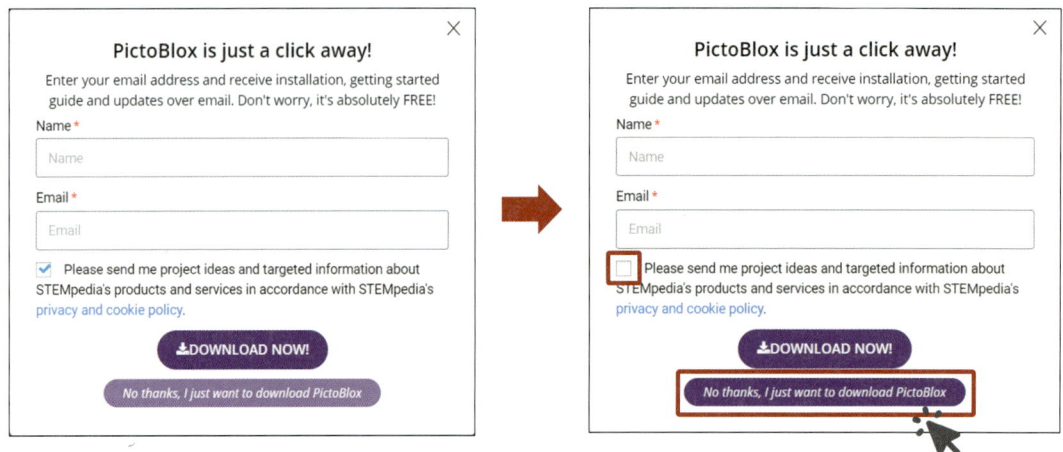

▲ [그림 1.4.5] 체크 해제 후 하단 버튼 클릭하기

다운로드를 완료했다면 설치 파일을 클릭하여 실행해 주세요.

▲ [그림 1.4.6] 설치 파일 실행하기

 첫 설치 화면이 나오면 [설치]를 눌러 주세요.

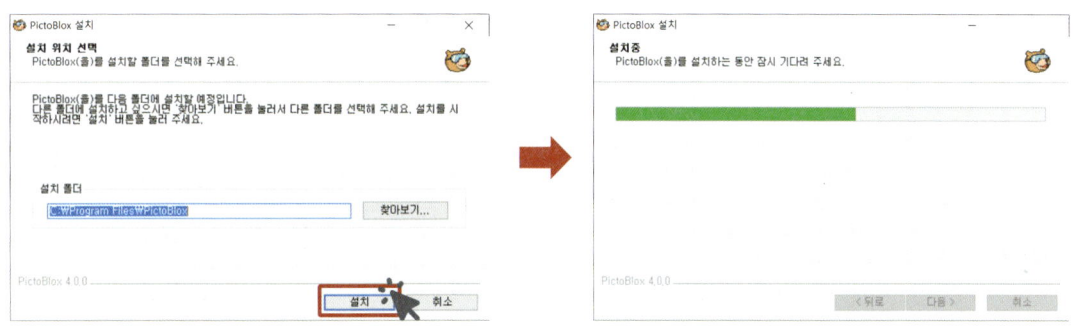

▲ [그림 1.4.7] 설치 진행하기

07 설치 중간에 다음 그림과 같은 화면이 나오면 [X]를 눌러 취소해 주세요.

NOTE ▶ 이 과정은 외부 하드웨어 제어와 관련된 것인데, 우리는 하드웨어를 사용하지 않을 것이므로 취소합니다.

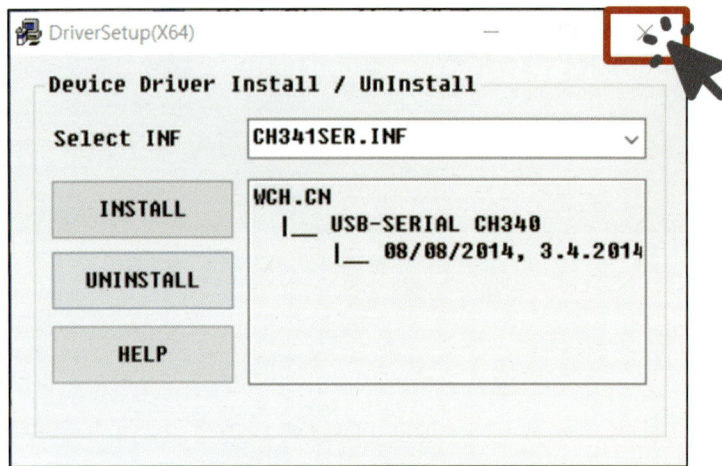

▲ [그림 1.4.8] 디바이스 드라이버 설치 취소

08 PictoBlox 스크래치의 설치가 완료되면 [마침]을 눌러 주세요. 그러면 잠시 후 PictoBlox가 자동으로 실행됩니다.

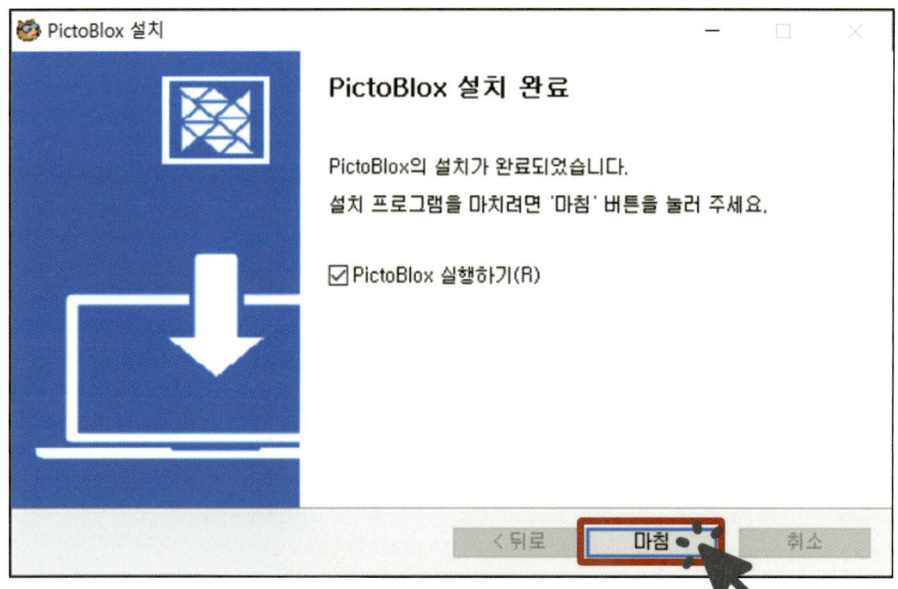

▲ [그림 1.4.9] PictoBlox 설치 완료

09 다음 그림은 PictoBlox가 실행된 모습입니다. 그런데 이 상태에서는 사용할 수 있는 스크래치 인공지능 명령 블록이 제한됩니다. 따라서 인공지능 명령 블록을 자유롭게 사용할 수 있도록 회원가입을 해야 합니다. 화면 오른쪽 상단에 [Sign In]을 클릭해 주세요.

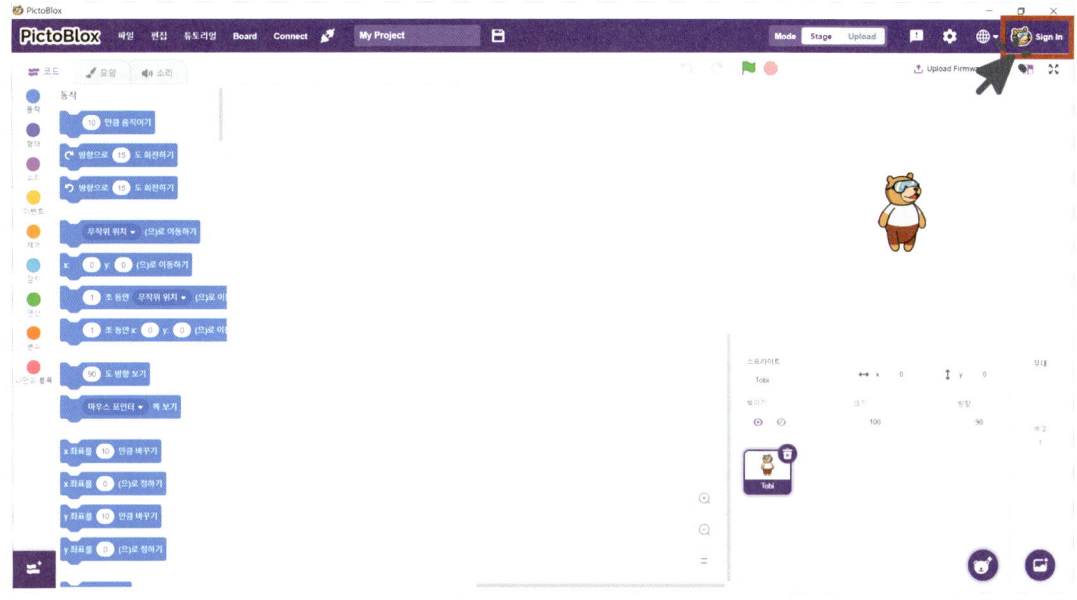

▲ [그림 1.4.10] PictoBlox 실행 화면

10 다음 그림과 같이 로그인 화면이 나오면 [Register]를 클릭해 주세요.

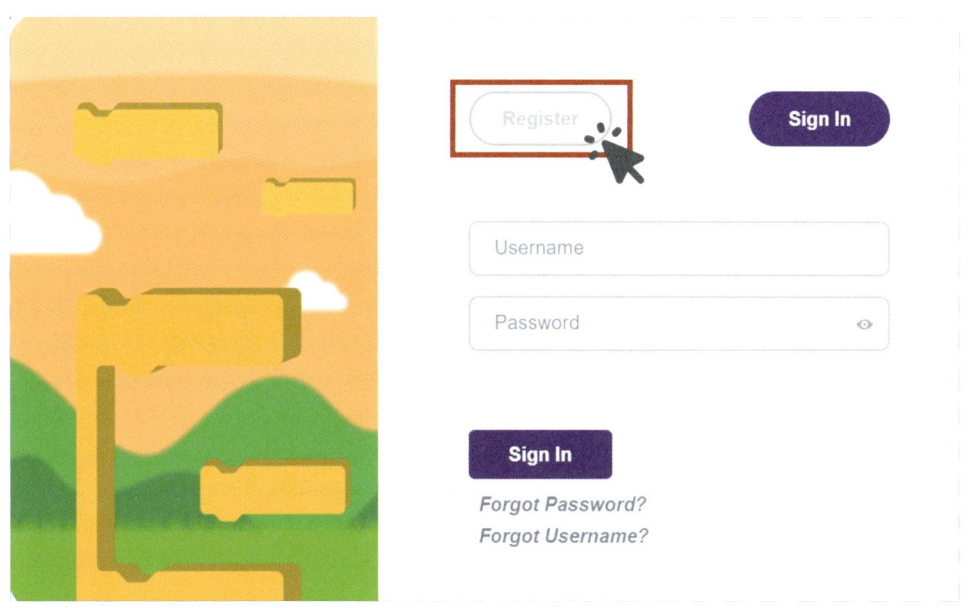

▲ [그림 1.4.11] Register 클릭하기

1.4 PictoBlox 준비하기 **25**

11 [Register]를 클릭하면 우선 사용자의 직업을 선택하는 페이지가 나옵니다. [Student]와 [Teacher] 중 나에게 해당되는 쪽을 선택해 주세요. 그러면 다음 그림과 같이 선택한 직업별로 가입 절차가 나뉩니다. 나의 이메일, 아이디, 비밀번호를 적는 것은 공통 사항이지만, 16세 미만을 선택한 경우에는 보호자의 이메일을 적어야 합니다. 나의 이메일(또는 보호자 이메일)은 나중에 본인 확인용으로 사용되고, Username은 아이디 역할을 합니다.

NOTE ▶ Username과 Password는 절대 잊지 않고 기억할 수 있도록 유의해 주세요.

▲ [그림 1.4.12] 회원가입 절차

12 회원가입에 필요한 정보를 모두 적은 후 [Create my account]를 클릭해 주세요. 그리고 다음 그림처럼 화면에 'Verify your account!'라는 문구가 나오면 [Resend Email]를 클릭한 후 앞에서 기입한 나의 이메일로 접속해 주세요.

▲ [그림 1.4.13] 회원가입 완료

⑬ 이메일로 접속하면 PictoBlox에서 보낸 인증 메일이 있을 겁니다. 메일을 클릭하여 열어 주세요.

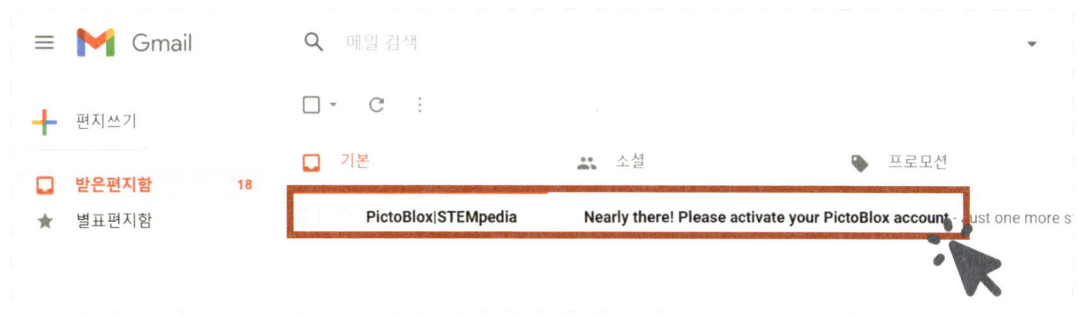

▲ [그림 1.4.14] 인증 메일 확인

⑭ 인증 메일 내용 중에 [Activate Account]를 클릭하면 다음 화면으로 넘어 갑니다. 화면에 'Email successfully verified' 문구가 나오면 이메일 인증이 완료됩니다.

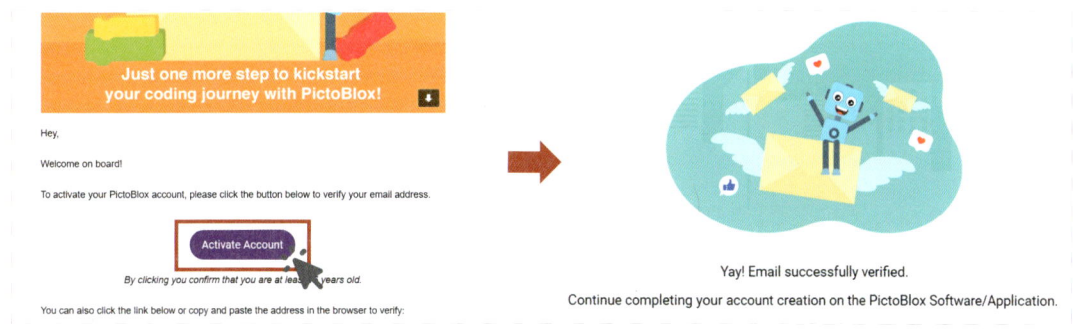

▲ [그림 1.4.15] 이메일 인증 완료

⑮ 이메일 인증 후 PictoBlox 프로그램으로 돌아가면 개인정보 입력 화면이 나옵니다. 내 정보를 입력한 후 [Submit]을 눌러 주세요.

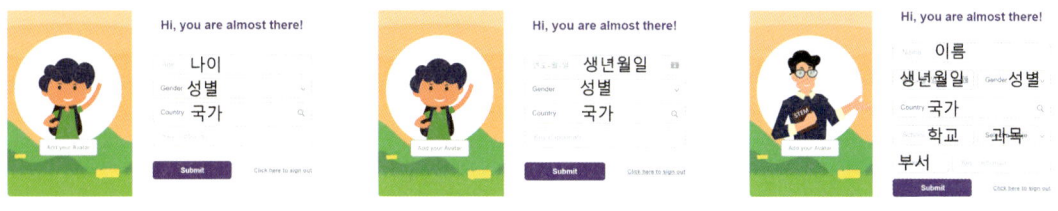

▲ [그림 1.4.16] 내 정보 입력하기

이제 회원가입이 완료되었습니다!

▲ [그림 1.4.17] 회원가입 완료

PictoBlox 회원가입을 끝냈으니 이젠 PictoBlox와 친해져 볼 차례입니다. 다음으로 넘어가 PictoBlox의 화면 구성과 기능, 기본 사용법을 함께 알아볼까요?

1.4.2 PictoBlox의 화면 구성과 기능

PictoBlox를 사용하기에 앞서 화면 구성과 기능을 알아보겠습니다.

▲ [그림 1.4.18] PictoBlox 화면 구성

- **블록 팔레트**: 명령 블록을 모아 놓은 영역입니다. 동작/형태/소리/이벤트/제어/감지/연산/변수/나만의 블록, 총 9가지의 기본 팔레트가 있습니다. 각 팔레트에는 서로 다른 명령 블록이 있고, 블록들은 팔레트 이름과 관련된 동작을 합니다.
- **스크립트**: 스크래치에서는 코드를 스크립트라고 부릅니다. 스크립트 영역은 명령 블록(코드)을 가져와서 하나씩 쌓아 의미 있는 프로그램을 만드는 곳입니다. 스크립트 영역에서 잘못 가져온 명령 블록은 [delete] 키를 누르거나 다시 블록 팔레트 영역으로 드래그&드롭을 하여 삭제할 수 있습니다.
- **무대**: 스프라이트의 배경 역할을 하는 곳이 무대입니다. 무대도 스프라이트처럼 명령 블록을 이용해 코딩할 수 있습니다. 그리고 배경 추가 버튼을 눌러 새로운 이미지를 가져와 무대 배경을 변경할 수 있습니다.
- **스프라이트**: 스크래치에서 명령 블록에 의해 움직이거나 말하는 캐릭터입니다. 블록 팔레트 상단의 [모양] 탭에서 스프라이트의 모양을 추가하거나 새롭게 그릴 수 있습니다.
- **스프라이트 설정 창**: 스프라이트의 여러 가지 상태(이름, 크기, 방향, xy 위치 등)를 미리 설정할 수 있는 영역입니다.
- **스프라이트/배경 추가 버튼**: 내가 원하는 스프라이트 이미지, 무대 배경 이미지를 추가적으로 가져올 수 있는 버튼입니다.
- **화면 크기 설정 버튼**: 프로그램을 실행하여 결과를 볼 수 있는 화면을 크거나 작게 설정할 수 있는 버튼입니다.
- **실행 버튼**: 빨간 버튼은 프로그램을 종료하고, 초록색 버튼은 [녹색 깃발을 클릭했을 때]라는 명령 블록을 실행하는 버튼입니다. 화살표 버튼은 수행한 작업을 뒤로 돌리거나 다시 실행하게 합니다.
- **프로젝트 이름**: 나의 스크래치 작품을 저장할 파일 이름입니다.
- **코드/모양/소리 탭**: [코드] 탭은 코딩을 할 수 있는 화면입니다. [모양] 탭은 스프라이트의 모양을 추가하거나 수정할 수 있는 그림판 같은 곳입니다. [소리] 탭은 코딩에 활용할 여러 가지 소리를 가져오거나 소리의 크기, 재생 시간 등을 설정할 수 있는 편집 영역입니다.
- **확장 기능 추가하기**: 기본 블록 팔레트에 담긴 9가지 블록 외에 다른 기능을 가진 명령 블록을 추가할 수 있는 부분입니다. 펜 그리기, 비디오 센싱(sensing), 인공지능 등 여러 가지 기능을 추가할 수 있습니다.

1.4.3 PictoBlox 프로그램 기본 사용법

PictoBlox 프로그램도 일반적인 스크래치 프로그램과 같은 방식으로 코딩을 할 수 있습니다. 블록 팔레트에 있는 명령 블록을 스크립트 영역으로 드래그&드롭을 하면 됩니다. 블록을 쌓아 코딩하는 방법을 알고 싶다면 다음 과정을 따라해 보세요.

01 블록 팔레트 중 [이벤트] 팔레트에서 [스페이스 키를 눌렀을 때] 명령 블록, [동작] 팔레트에서 [10 만큼 움직이기] 명령 블록을 스크립트 영역으로 가져와서 서로 붙여 주세요.

> NOTE ▶ 스크립트 영역에 놓은 블록 가까이에 새로운 블록을 가져다 놓으면 서로 붙게 됩니다.

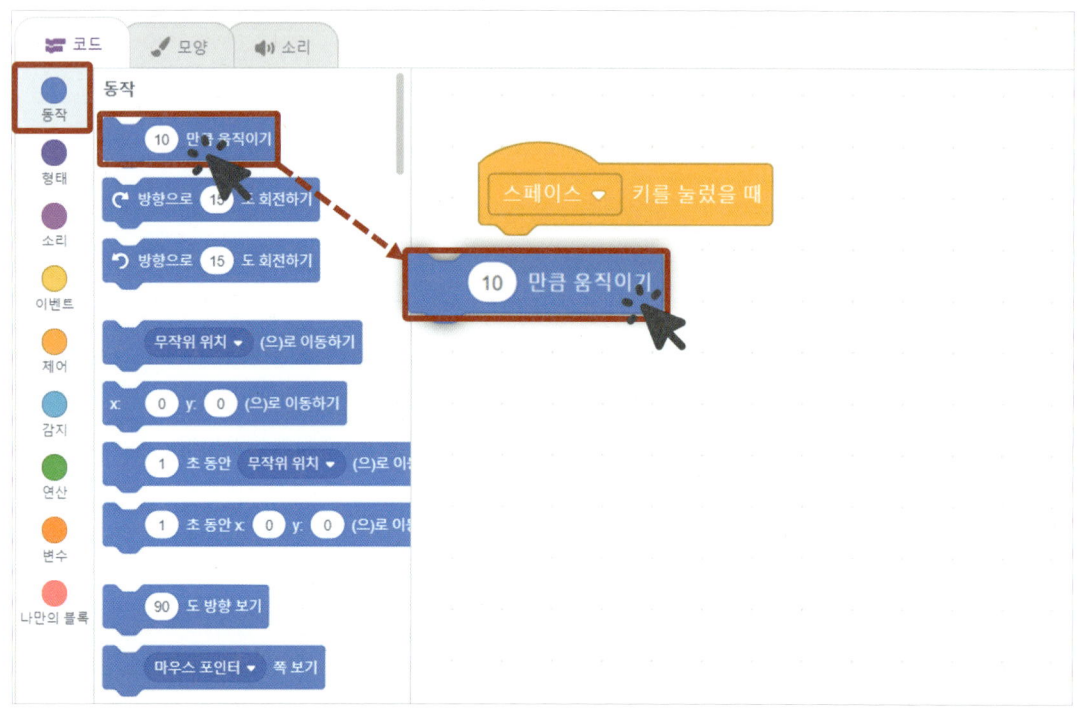

▲ [그림 1.4.19] 블록 코딩 시작

02 [형태] 팔레트에서 [( ) 말하기] 명령 블록을 가져와서 방금 연결한 블록 바로 아래에 붙여 주세요. 그리고 말할 내용은 '앞으로 걸어갑니다'로 수정해 주세요.

> NOTE ▶ 명령 블록의 하얀 부분을 클릭하여 내가 원하는 대로 내용을 수정할 수 있습니다.

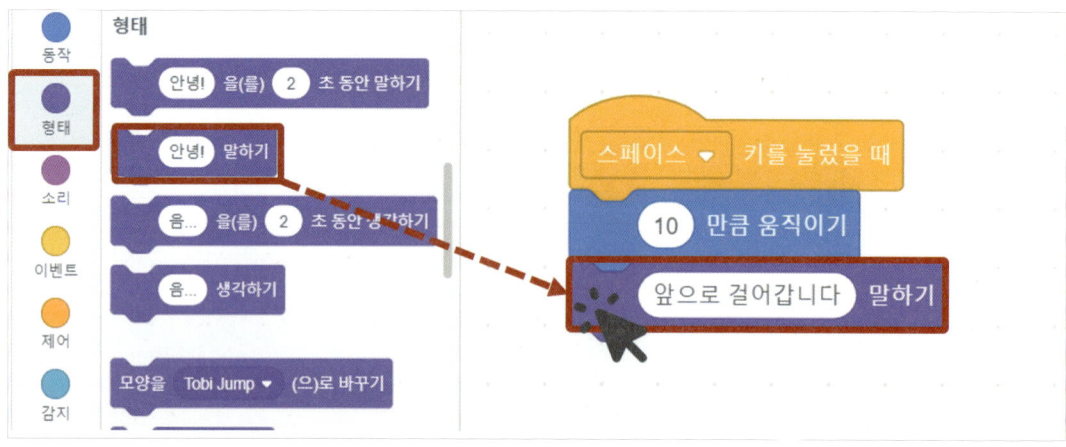

▲ [그림 1.4.20] 말하기 블록

03 마지막으로 [형태] 팔레트에서 [색깔 효과를 25 만큼 바꾸기] 명령 블록을 추가해 주세요. 이 명령 블록은 스프라이트의 색깔을 조금씩 바꿔 줍니다.

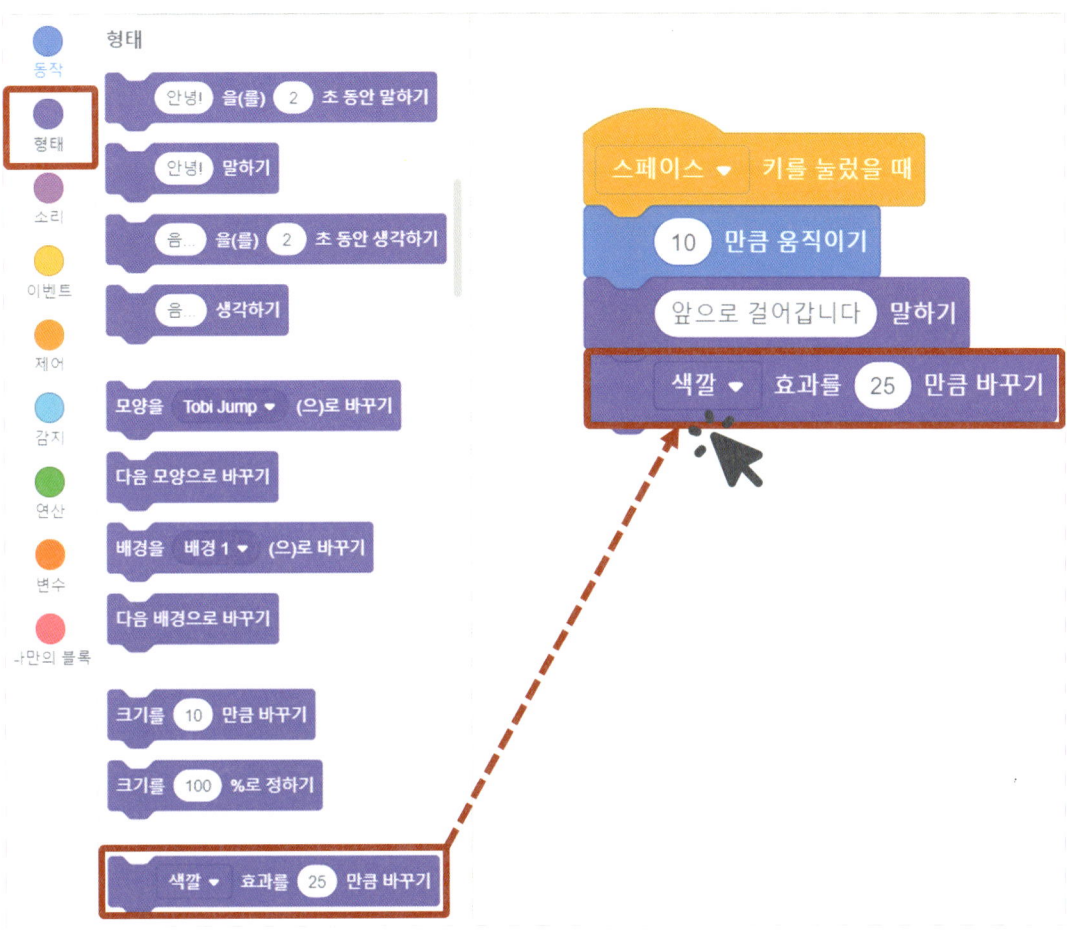

▲ [그림 1.4.21] 색깔 바꾸기

| 04 | 이것으로 기본 블록 코딩을 끝냈습니다. 이제 스페이스 키를 눌러서 스프라이트가 전진하면서 말하고 색깔이 변하는 명령이 잘 실행되는지 확인해 보세요.

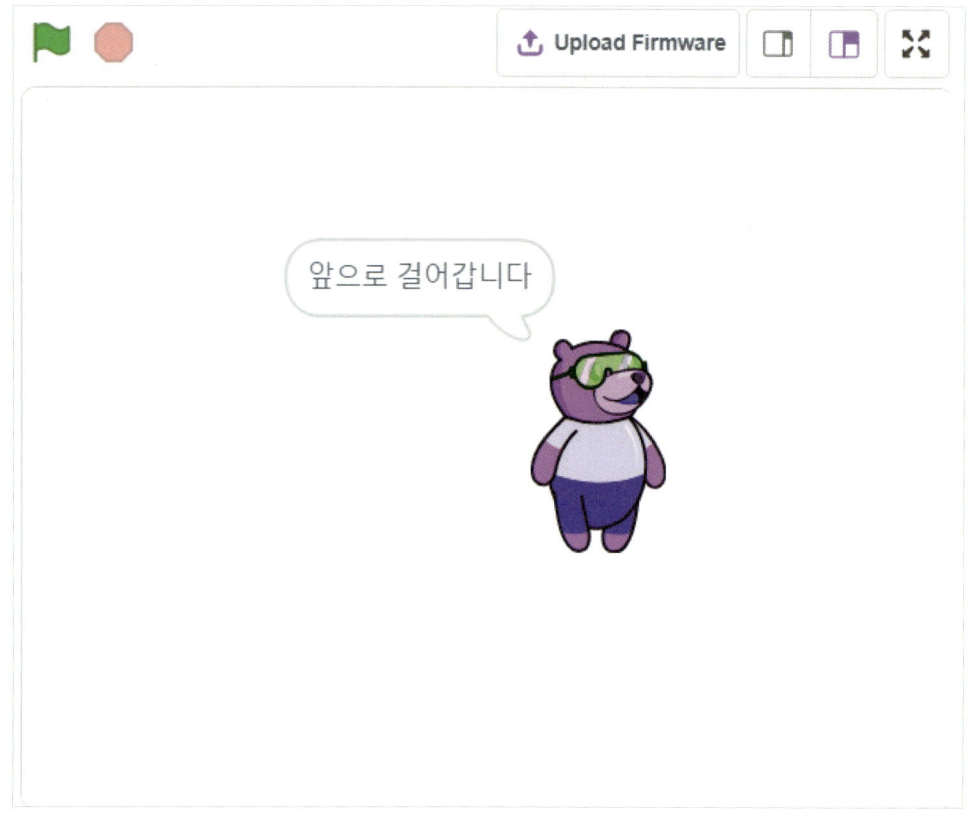

▲ [그림 1.4.22] 실행 확인

PictoBlox의 화면 구성을 알아보고 기본 코딩을 해보았습니다. 이처럼 PictoBlox는 명령 블록을 이어 붙여서 코딩을 하고, 스페이스뿐 아니라 문자/숫자/방향키를 활용해 블록을 실행할 수 있습니다.

PictoBlox를 활용해 재밌고 다양한 프로젝트를 만들어 보기 위해 이 책에서는 머신러닝을 아주 많이 사용해 볼 겁니다. 그러려면 PictoBlox로 코딩을 하기 전에 우선 머신러닝 모델을 만들고, 만든 모델을 PictoBlox와 연동해 주어야 합니다. 그래서 다음 절(1.5)에는 PictoBlox와 더불어 사용할 머신러닝 모델 제작 프로그램을 소개합니다.

1.5 Teachable Machine 준비하기

이 책에서는 인공지능 스크래치 작품을 만들기 위해 PictoBlox와 더불어 Teachable Machine이라는 프로그램을 사용합니다. Teachable Machine은 구글이 개발한 웹 기반의 머신러닝 모델 제작 도구로, 전문가가 아니라도 누구나 쉽게 머신러닝 모델을 만들 수 있게 도와줍니다.

Teachable Machine(티처블 머신)은 웹 기반으로 실행하기 때문에 따로 프로그램을 설치할 필요가 없고, 회원가입 없이 무료로 사용할 수 있습니다. 선생님, 예술가, 학생, 비전공자들도 사전 지식 없이 머신러닝 학습 모델을 쉽고 빠르게 만들어 볼 수 있습니다. 내가 만든 머신러닝 학습모델을 코딩 없이 웹에서 바로 테스트할 수 있고, 구글의 웹 서버에 업로드하여 다른 사람들도 나의 학습모델을 사용해 볼 수 있도록 공유를 할 수 있습니다.

우리는 Teachable Machine을 이용해 머신러닝 모델을 만든 후, 모델을 PictoBlox에 로드하여 인공지능 스크래치 작품을 만들어 볼 것입니다.

1.5.1 Teachable Machine 테스트 해보기

Teachable Machine 웹사이트에 접속하여 코딩 없이 학습모델을 만들고 테스트 해보겠습니다. 다음 과정을 따라하며 Teachable Machine 사용 방법을 익혀 보세요.

01 크롬 브라우저를 열고 주소창에 Teachable Machine 홈페이지 주소(https://teachablemachine.withgoogle.com)를 입력해 접속합니다(구글 검색창에서 'Teachable Machine'을 검색하는 방법으로도 접속할 수 있습니다). 그리고 첫 화면에서 [시작하기(Get Started)]를 클릭해 주세요.

> **NOTE** 이 책의 모든 실습은 크롬(Chrome) 웹 브라우저를 사용하였습니다. 다른 웹 브라우저(Microsoft Edge, Firefox, Safari 등)에서도 사용할 수 있지만, 화면 구성이 약간 다를 수 있습니다.

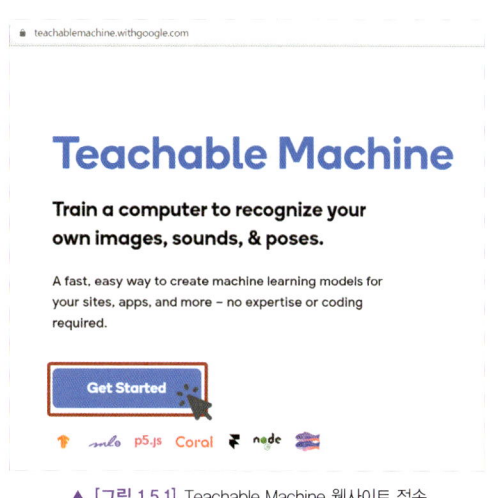

▲ [그림 1.5.1] Teachable Machine 웹사이트 접속

02 화면의 오른쪽 하단을 보면 언어 선택란이 있습니다. 저자는 English를 선택했습니다.

> **NOTE** 최근 Teachable Machine이 한글 버전으로도 업데이트되었습니다. 한글로 언어 설정하여 진행하셔도 무방합니다.

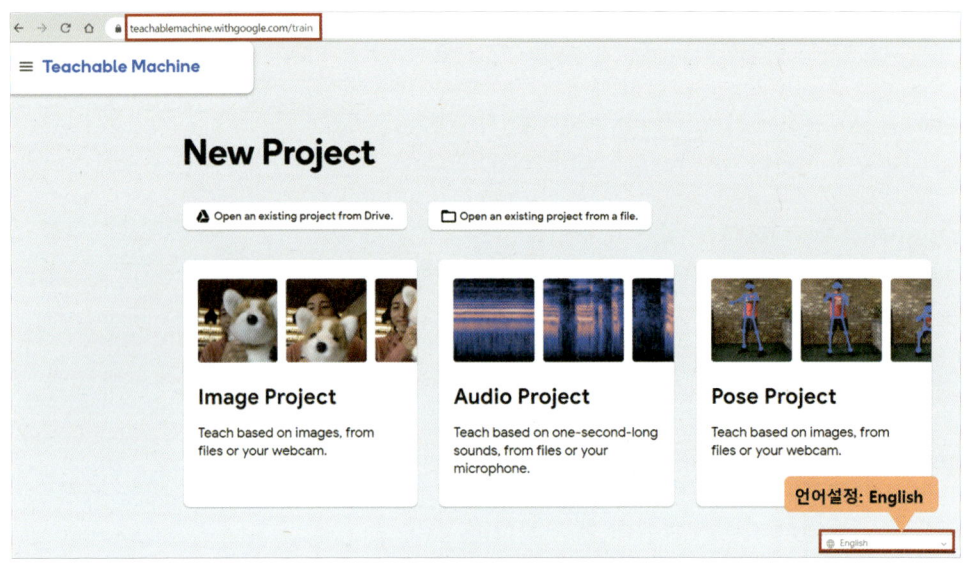

▲ [그림 1.5.2] Teachable Machine 웹사이트

03 Teachable Machine에서는 다음 세 가지 프로젝트를 선택해 실행할 수 있습니다. 원하는 프로젝트를 하나 클릭하면 해당 프로젝트 화면으로 넘어가게 됩니다.

- Image Project: 웹캠으로 촬영된 사진 또는 이미지 파일을 학습시키는 곳
- Audio Project: 마이크로 입력된 소리를 학습시키는 곳
- Pose Project: 컴퓨터가 이미지에서 추정한 팔, 다리 등의 자세를 학습시키는 곳

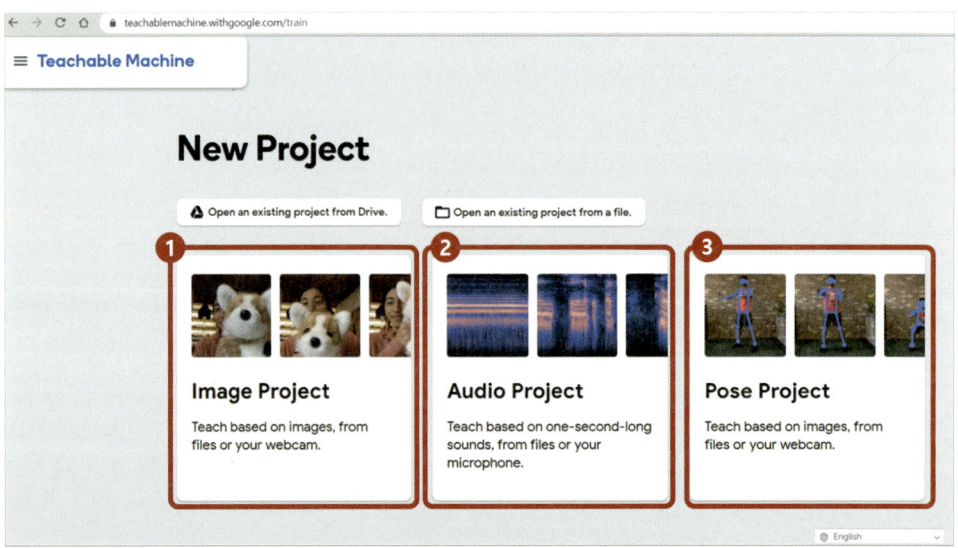

▲ [그림 1.5.3] Teachable Machine의 세 가지 프로젝트

1.5.2 Teachable Machine의 프로젝트 구성과 기능

Teachable Machine의 프로젝트 구성과 기능을 간단히 살펴볼까요? 여기서는 이 책에서 자주 사용하게 될 프로젝트인 [Image Project]를 기준으로 보겠습니다.

Teachable Machine의 프로젝트 화면 구성

프로젝트는 크게 샘플 수집(Add Image Samples), 훈련(Training), 미리보기(Preview) 과정으로 이루어집니다.

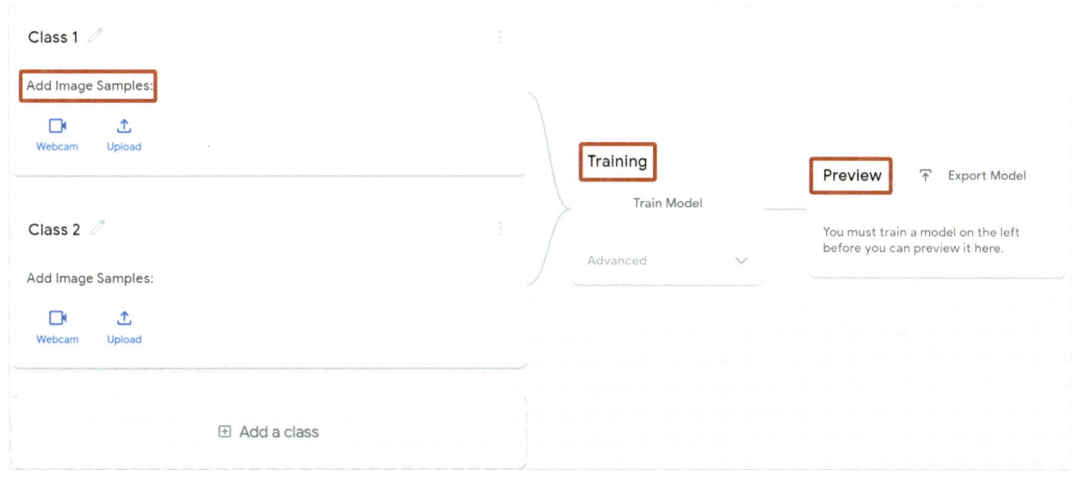

▲ [그림 1.5.4] Teachable Machine 프로젝트 화면 구성

① **샘플 수집(Add Image Samples)**: 특성에 따라 클래스로 나눠 데이터를 수집할 수 있습니다.
  - **클래스(Class)**: 기본적으로 클래스는 2개를 제공하며 [Add a Class]를 클릭해 클래스를 추가할 수 있습니다. 클래스에는 이미지 데이터를 여러 개 추가할 수 있으며, 최소 2개 이상의 클래스에 이미지를 추가해야 합니다.
  - **학습 데이터 입력(Webcam/Upload)**: 컴퓨터에 연결된 웹캠(Webcam)으로 촬영된 사진이나 컴퓨터에 저장된 이미지 파일을 업로드(Upload)하여 이미지 파일을 추가하는 부분입니다. 학습 데이터의 개수는 많을수록 머신러닝 모델이 정교해지므로 좋습니다.

② **훈련(Training)**: 수집한 샘플 데이터를 분석하여 규칙을 발견하고, 발견한 규칙을 토대로 머신러닝 모델을 만듭니다.
  - **Train Model**: 버튼을 클릭하여 수집한 샘플 데이터를 훈련하고 머신러닝 모델을 만드는 부분입니다.

③ **미리보기(Preview)**: 훈련한 데이터를 토대로 만들어진 모델을 테스트합니다.
  - **Export Model**: 모델 테스트를 마친 후 이 버튼을 클릭하여 학습 모델을 내보냅니다. 학습 모델을 PictoBlox로 내보냄으로써 나의 코딩 프로젝트에 사용할 수 있게 됩니다.

PictoBlox로 내보내는 것 외에도 Teachable Machine은 머신러닝 모델을 파일 형태로 다운로드하거나 머신러닝 모델 파일을 불러오는 기능이 있습니다. 이 기능을 이용해 내가 만든 머신러닝 모델을 파일 형태로 컴퓨터에 저장해 두었다가 다시 불러오기를 하여 모델의 학습 데이터를 삭제/추가/수정할 수 있습니다.

프로젝트 화면 왼쪽 상단에 Teachable Machine 로고 이미지 옆의 메뉴를 클릭하면 여러 가지 메뉴가 나타납니다. 그중에서 내가 현재 만든 머신러닝 모델을 컴퓨터에 파일 형태로 저장하고 싶다면 [Download project as file] 버튼을 눌러서 다운로드하면 됩니다. 이때 컴퓨터에 저장된 파일의 확장자는 tm으로 나타납니다.

다운로드한 모델 파일은 [Open project from file] 버튼을 눌러서 Teachable Machine 사이트에 불러올 수 있습니다. 이 상태에서 클래스 및 학습 데이터를 추가/수정/삭제하는 것도 가능합니다. 다만 불러온 머신러닝 모델 파일을 사용할 때는 다시 [Train Model] 버튼을 눌러서 훈련을 시켜야 합니다.

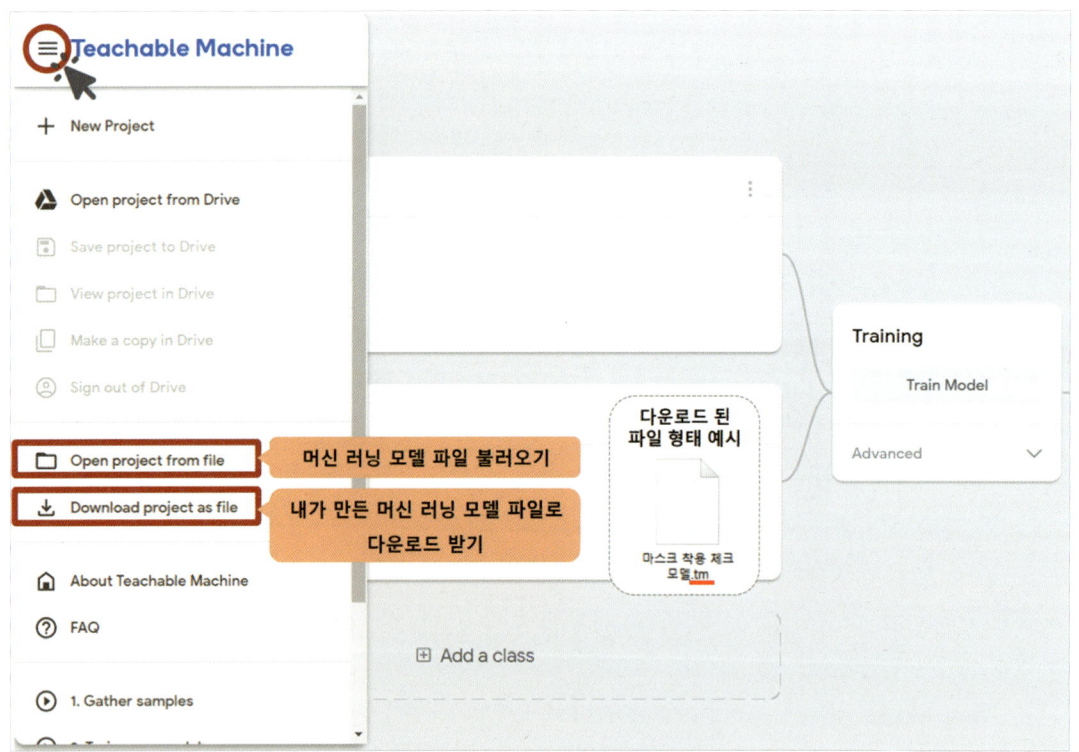

▲ [그림 1.5.5] 머신러닝 모델 파일 저장하고 불러오기

1.5.3 머신러닝 기본 개념 다지기

앞에서 Teachable Machine의 프로젝트 화면과 구성을 살펴보았을 때 모델, 학습 데이터, 훈련이라는 단어가 생소해 보였나요? 모두 머신러닝의 기본 개념인데 Teachable Machine을 사용하다 보면 점차 익숙해지게 될 겁니다. 머신러닝에는 어떤 종류가 있는지 간략히 알아 보고 우리가 자주 접하게 될 머신러닝 기본 개념은 무엇인지 살펴볼까요?

머신러닝의 종류

① **지도 학습**: 지도 학습(Supervised Learning)은 입력된 데이터에 대한 결과 값이 있는 학습 데이터를 이용하여 머신러닝 모델을 만드는 방법입니다. 지도학습은 분류와 회귀 같은 작업을 수행할 머신러닝 모델 학습에 사용됩니다.
- **분류**: 어떤 데이터가 입력되더라도 학습에 사용한 하나의 결과 값으로 결정하는 작업
- **회귀**: 어떤 데이터가 입력되면 학습에 사용한 결과 값 외의 값이 나올 수 있는 작업

> [지도 학습 예시]
> 부정행위(스팸, 보험 사기 등) 탐지, 질병 진단, 이미지/문자/음성 인식, 시험 합격 여부 판단, 인구 증가 예측

② **비지도 학습**: 비지도 학습(Unsupervised Learning)은 입력된 데이터에 대한 결과 값이 없는 데이터를 이용하여 머신러닝 모델을 만드는 방법입니다. 비슷한 집단의 데이터를 묶는 작업인 클러스터링(Clustering)이 비지도학습의 대표적인 예입니다.

> [비지도 학습 예시]
> 추천 시스템(쇼핑, 책, 음악, 동영상 등), 문서 군집화(관련 뉴스 묶음)

③ **강화 학습**: 강화 학습(Reinforcement Learning)은 입력된 데이터에 대해 결과 값 대신 어떤 보상을 주어 머신러닝 모델을 만드는 방법입니다. 강화 학습은 금융 투자 전략, 광고 전략, 로봇 제어, 자율주행 분야 등에서 핵심 기술로 활용되고 있습니다.

> [강화 학습 예시]
> 알파고, 자율주행차, 지능형로봇(예: 보스턴 다이내믹스의 아틀라스)

Teachable Machine 사용 시 접하게 될 머신러닝 기본 개념

- **모델**: 모델은 프로그램(program)을 의미합니다.
- **훈련**: 데이터의 규칙을 찾고 정확도를 높이는 방향으로 수정하는 학습 구현 과정입니다(훈련은 학습이라는 표현으로 쓰이기도 합니다).
- **테스트**: 훈련된 모델이 정확하게 동작하는지 확인하는 과정입니다.
- **훈련 데이터**: 학습을 할 데이터를 의미합니다(훈련 데이터는 학습 데이터라 하기도 합니다).
- **테스트 데이터**: 모델이 정확한지 테스트하기 위한 데이터를 의미합니다.

> ✋ **잠깐!** 훈련 데이터와 테스트 데이터는 분리해야 합니다!
>
> 훈련 데이터와 테스트 데이터는 겹치면 안 되고, 데이터를 모을 때 훈련 데이터와 테스트용 데이터를 미리 분리해 두어야 합니다. 두 데이터를 함께 두면 마치 시험문제를 통째로 외워서 시험을 치르는 것처럼 항상 똑같은 테스트 결과 값이 나오게 됩니다. 이러한 결과를 만드는 데이터는 올바른 데이터 테스트라고 할 수 없습니다.
>
> ※ Chapter 02에서 직접 머신러닝 모델을 학습하고 테스트해보면 학습 데이터와 테스트 데이터를 왜 분리해야 하는지 직관적으로 알 수 있게 될 거예요.

📑 Chapter 01 정리하기

이번 챕터에서는 인공지능의 개념과 생활 속 사례들을 알아보고, 우리 실습에 사용되는 PictoBlox와 Teachable Machine의 화면 구성에 대해서 살펴보았습니다.

다음 챕터부터는 본격적으로 머신러닝을 이용한 실습을 시작해 볼 것입니다. PictoBlox의 기능과 사용법을 잘 숙지한 후 다음 챕터로 넘어가는 것을 추천합니다.

[인공지능 체험 사이트 1]
Quick, Draw!

Quick, Draw!는 구글에서 개발한 온라인 게임입니다. 머신러닝을 활용하여 제작된 게임으로 사용자가 제시된 단어를 보고 그림을 그리면 신경망이 무엇을 그린 것인지 추측합니다.

때론 사용자가 그린 그림과 상관없는 답을 말하기도 하지만, 전 세계 사용자들이 이 게임을 많이 할수록 신경망이 더 많은 학습을 하게 되어 우리가 그린 그림의 정답을 맞힐 확률이 높아집니다. 즉 우리의 게임 활동이 머신러닝 학습을 도와주게 되는 것이죠!

구글은 머신러닝을 재밌게 활용할 수 있도록 이 게임을 제작했다고 하는데요. 화가처럼 멋지게 그리지 못해도 괜찮으니 사이트에 접속해 여러분의 그림으로 머신러닝 학습에 도움을 주세요!

> **Quick, Draw! 웹사이트**
>
> [URL] https://quickdraw.withgoogle.com

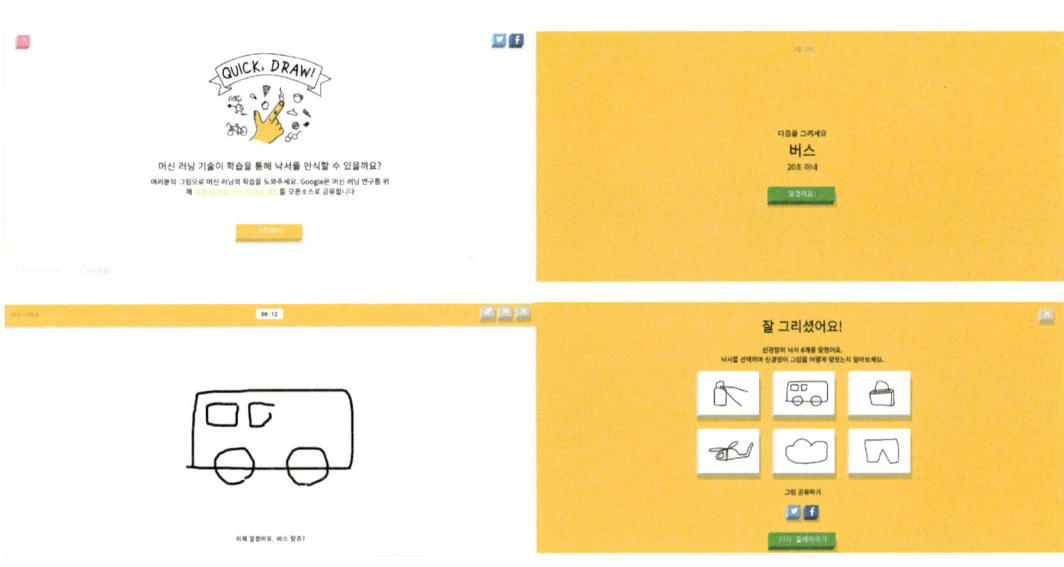

▲ Google AI Experiment에서 제공하는 Quick, Draw!

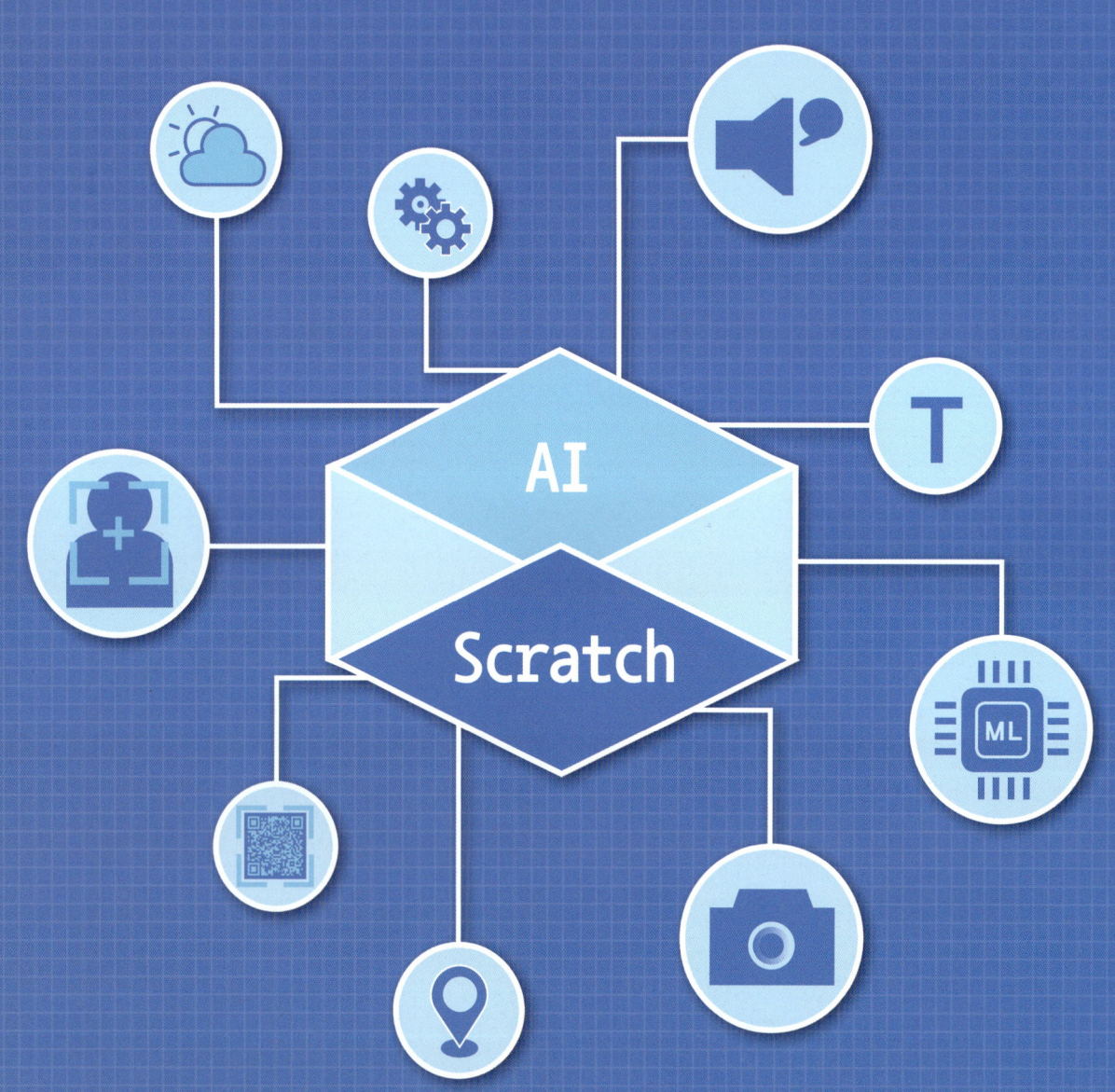

CHAPTER 02

언택트 사회에 유용한 인공지능 작품을 만들어 보아요!

Chapter 02에서는 PictoBlox와 Teachable Machine을 이용하여 비대면 출입 관리기, 인공지능 홈 트레이너를 만들어 봅니다. 이미지나 동작을 인식하는 머신러닝 모델을 만들고, PictoBlox로 블록 코딩하여 나만의 첫 인공지능 프로그램을 완성해 보세요!

2.1 비대면 출입 관리기
2.2 인공지능 홈 트레이너
[인공지능 체험 사이트 2] Auto Draw

2.1 비대면 출입 관리기

코로나19로 인해 요즘은 어디를 방문하든 마스크를 착용하고, 출입 기록을 남기는 것이 의무화되었습니다. 이에 따라 방문 장소 입구에는 마스크를 잘 착용했는지 확인하고, 방문 기록을 남길 수 있는 시스템을 갖추게 되었습니다.

작품 미리보기

이번 실습에서는 비대면 출입 관리 시스템을 만들어 보겠습니다. 카메라에 감지된 사람이 마스크를 착용했는지 판단하고, 마스크를 착용했다는 것이 확인되면 QR 코드를 스캔하여 전자 출입 명부에 기록을 남기도록 코딩해 봅니다.

▲ [그림 2.1.1] 비대면 출입 관리기

머신러닝 모델 만들기

이번 실습은 마스크 착용 여부를 스스로 판단할 수 있는 머신러닝 모델이 필요합니다. 사람들의 마스크 착용 여부, 그리고 카메라 앞에 사람이 서 있지 않아 인식할 대상이 없는 경우도 판단해야 합니다.

티처블 머신(Teachable Machine)을 사용하여 세 가지 클래스(마스크 착용, 마스크 미착용, 사람이 없음)로 구분하고, 머신러닝 모델을 만들어 학습시켜 보겠습니다.

01 컴퓨터에 설치된 PictoBlox 오프라인 에디터를 열어 주세요.

> **NOTE** 오프라인 에디터를 사용하지만 PictoBlox의 [머신러닝(Machine Learning)] 확장 기능을 사용하려면 인터넷이 연결된 상태여야 합니다. 내 컴퓨터에 인터넷 연결이 되었는지 꼭 확인해 주세요.

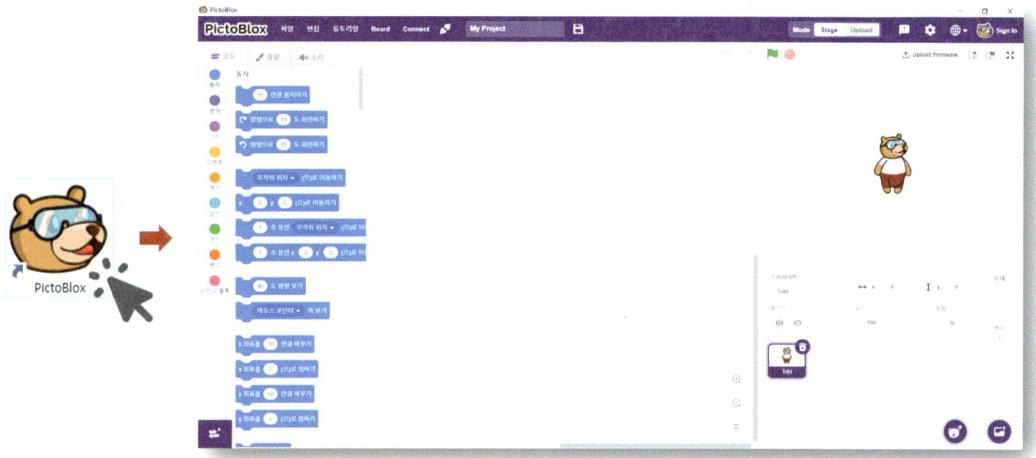

▲ [그림 2.1.2] PictoBlox 바로가기 아이콘으로 에디터 열기

02 회원가입을 할 때 등록해 둔 아이디(Username)와 비밀번호(Password)를 입력해 로그인(Sign In)을 합니다.

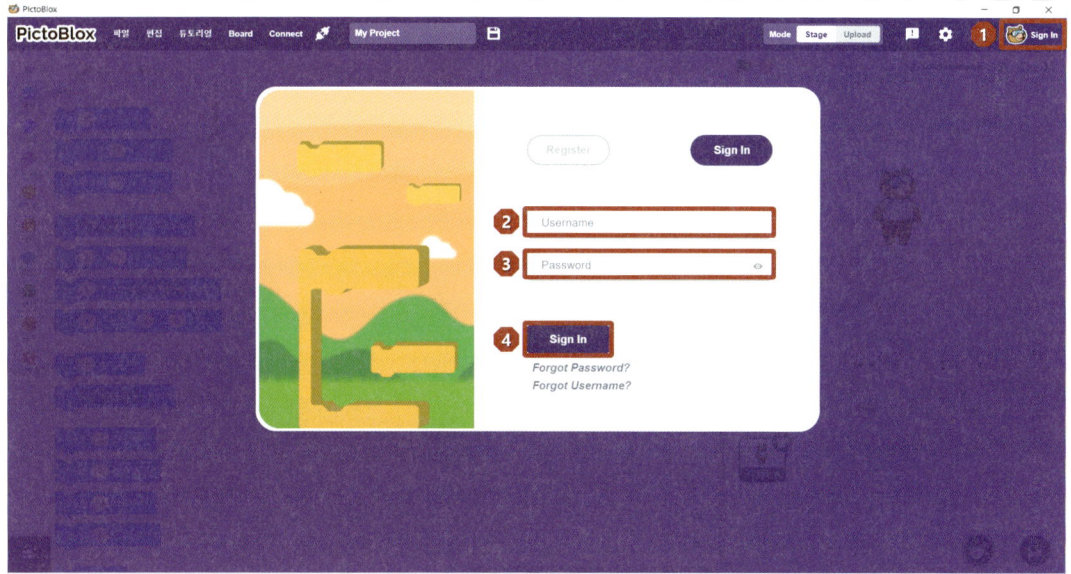

▲ [그림 2.1.3] 로그인 화면

03 PictoBlox 화면 상단 [파일] 메뉴에서 '2.1_비대면 출입 관리기_실습용' sb3 파일을 불러옵니다.

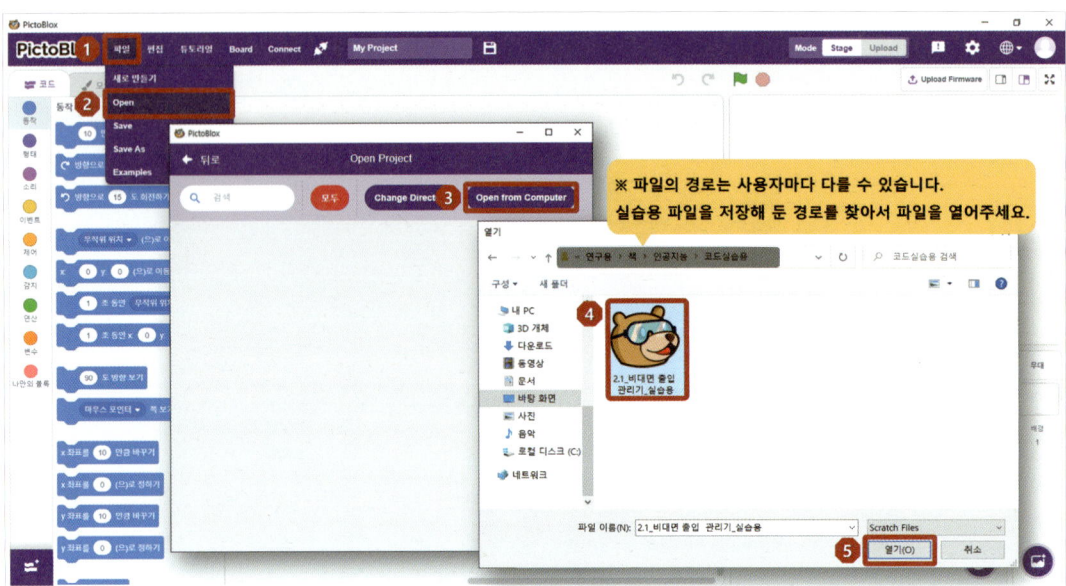

▲ [그림 2.1.4] 실습용 파일 열기

04 PictoBlox 화면 왼쪽 하단의 [확장 기능 추가하기]를 누르고 확장 기능 선택 화면에서 [Machine Learning]을 선택합니다.

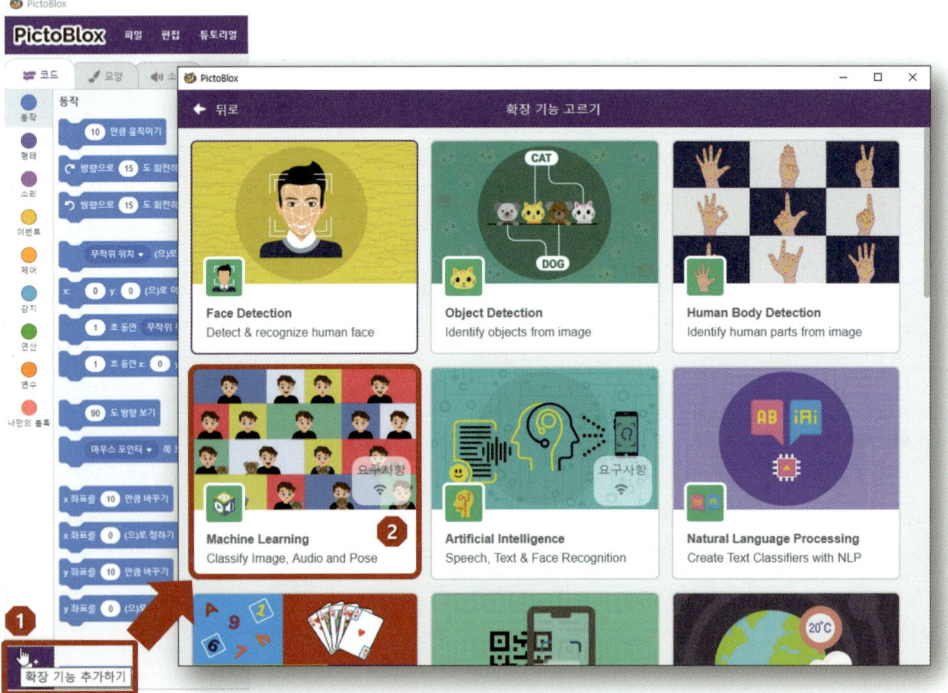

▲ [그림 2.1.5] 확장 기능 추가 화면

> **잠깐!** 'Hold your horses'라는 문구가 적힌 팝업창은 잠시 기다려 달라는 뜻입니다

혹시 확장 기능을 추가하는데 'Hold your horses'라는 문구가 적힌 팝업창이 나타났나요? 이것은 잠시만 기다려 달라는 뜻으로 몇 초 후에 다음 화면으로 넘어가게 됩니다.

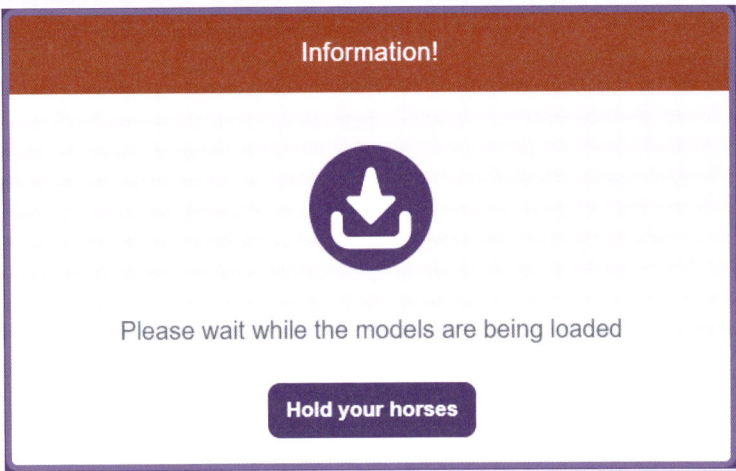

▲ [그림 2.1.6] 잠시 기다리라는 팝업창

05 이제 사람이 마스크를 착용했는지 판단할 수 있는 머신러닝 모델을 만들어 봅시다.

PictoBlox 블록 팔레트에서 [Machine Learning]을 선택한 후 화면 왼쪽 상단의 [Create a Model]을 클릭해 주세요. 그러면 Teachable Machine 사이트로 이동합니다. Teachable Machine 사이트에서 [Image Project]를 클릭한 후 [Standard image model]을 선택해 주세요.

> **NOTE** 우리 실습에서 Teachable Machine 사이트를 활용할 때는 크롬(Chrome) 웹 브라우저를 이용하도록 하겠습니다.

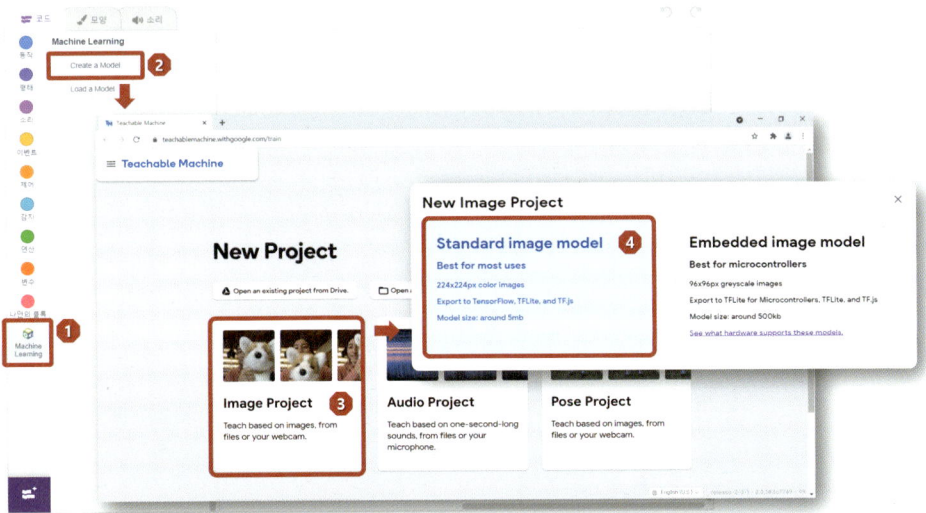

▲ [그림 2.1.7] Teachable Machine 사이트에서 Image Project 선택하기

06 현재 화면에는 총 2가지 항목을 학습시킬 수 있도록 클래스가 두 개 마련되어 있습니다. 다음 그림과 같이 [Add a class]를 눌러 항목을 하나 더 추가해 주세요.

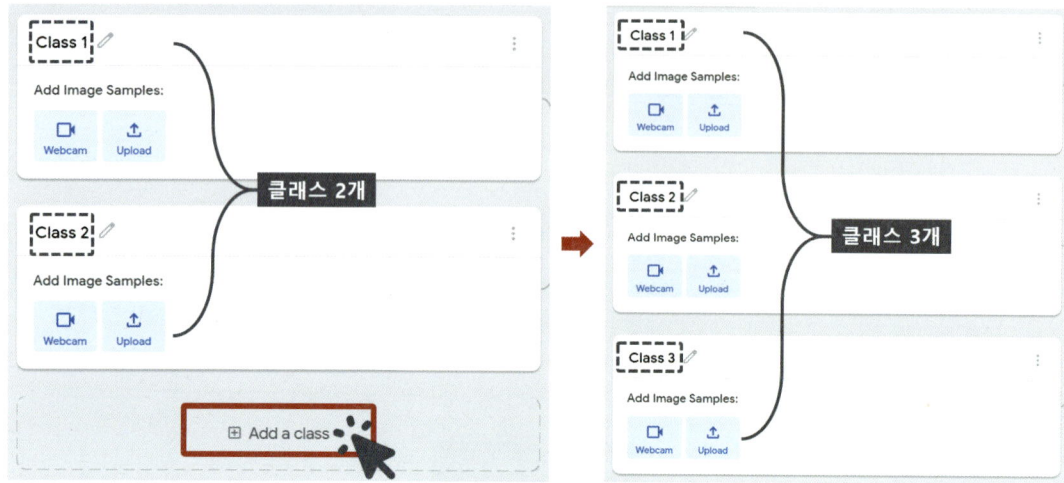

▲ [그림 2.1.8] 클래스 추가하기

07 다음 그림과 같이 학습시킬 클래스의 이름을 각각 [사람이 없음], [마스크 착용], [마스크 미착용]으로 변경해 주세요.

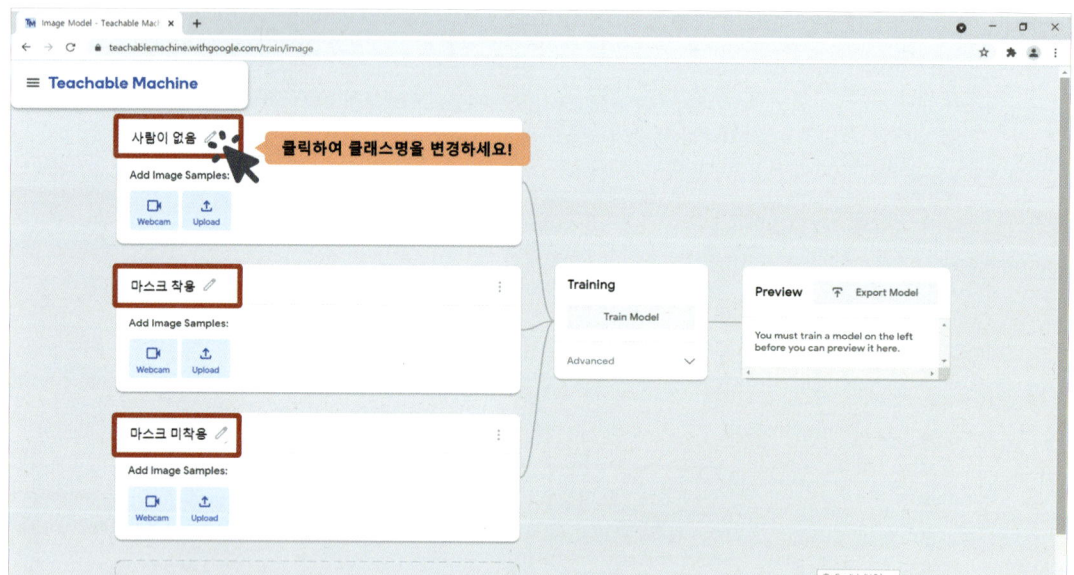

▲ [그림 2.1.9] 클래스명 변경하기

08 이제 각 클래스에 학습 데이터를 입력해 줄 겁니다. 학습 데이터를 입력하는 방법은 두 가지 있습니다.

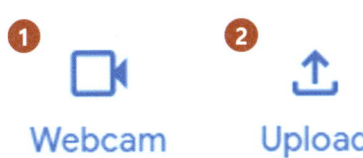

❶ 웹캠을 이용해서 직접 촬영하는 방법
❷ 수집해 둔 이미지를 업로드하는 방법

▲ [그림 2.1.10] 학습 데이터 입력 방법

다음 과정에서 두 방법을 모두 이용해 [사람이 없음] 클래스에 학습 데이터를 넣어 보겠습니다.

09 먼저 첫 번째 방법(Webcam)을 이용해 보겠습니다(그림 2.1.11 왼쪽 그림 참조).
[Webcam]을 클릭한 후 웹캠으로 하얀 배경 또는 하얀 종이를 촬영합니다. 보통 웹캠 촬영 설정을 변경하지 않은 상태에서 [Hold to Record]를 한 번 클릭하면 사진이 3~4개 정도 촬영됩니다.

이 상태에서 두 번째 방법(Upload)도 이용해 보겠습니다(그림 2.1.11 오른쪽 그림 참조).
[Upload] 버튼을 누른 후 File 영역에 파일을 드래그 앤 드롭 하여 업로드합니다. 여기서는 미리 다운로드한 '마스크 확인중.png' 파일을 학습 데이터로 입력하겠습니다.

NOTE ▶ '마스크 확인중.png' 파일은 저자 블로그로 제공하는 실습 파일에 들어 있습니다.

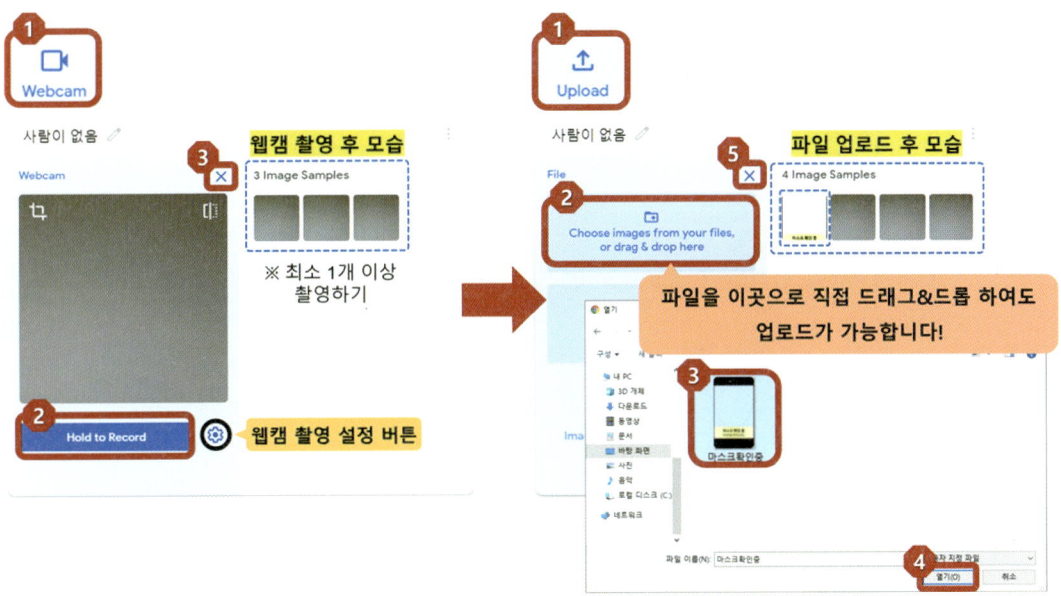

▲ [그림 2.1.11] [사람이 없음] 클래스 학습 데이터 입력 화면

> **잠깐!** 웹캠을 사용할 땐 카메라 사용 권한을 허가해 주세요

Teachable Machine 사이트에서 웹캠을 사용하려면 카메라 사용 권한을 허가해야 합니다. [Webcam]을 눌렀을 때 다음 그림과 같이 팝업 창이 나타나면 꼭 [허용]을 선택해 주세요.

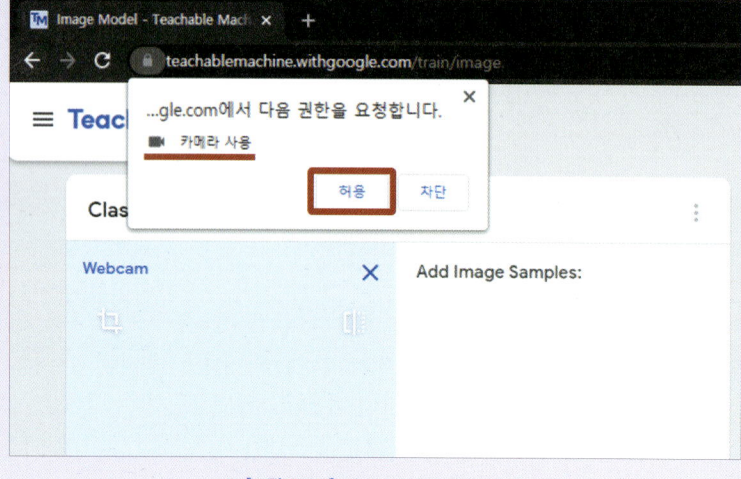

▲ [그림 2.1.12] 카메라 사용 허용 팝업 창

10 이번에는 [마스크 착용] 클래스에 마스크를 착용한 사람의 모습을 촬영해 학습 데이터로 넣어 봅시다. 학습 데이터 입력 방법으로 [Webcam]을 선택한 후 혼자서도 촬영을 할 수 있도록 촬영 설정을 변경해 주세요(그림 2.1.13 참조).

> **NOTE** 충분한 학습 데이터를 모으기 위해, 최소한 사진 50장 이상을 촬영하도록 설정해 주세요. 저자는 사진을 초당 20장씩 10초간 촬영해, 총 200장을 얻도록 설정했습니다.

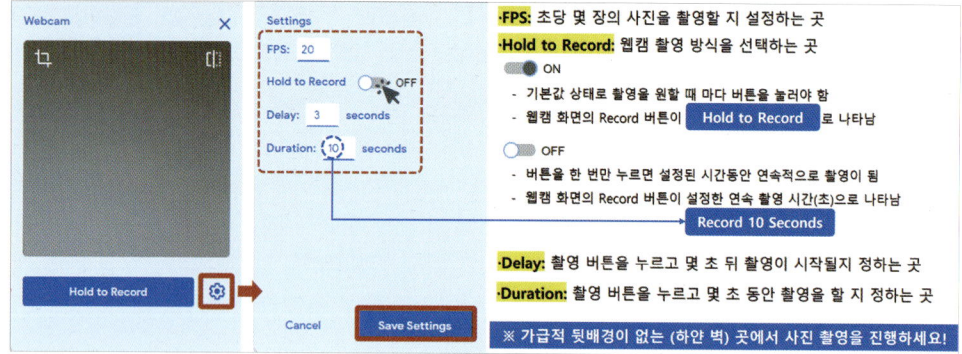

▲ [그림 2.1.13] 웹캠 촬영 버튼 설정 화면

11 웹캠 촬영 설정을 끝냈다면 배경 무늬가 없는 벽면에서 촬영을 시작합니다. 최대한 정면을 보고 카메라에서 멀리, 때론 가까이하여 촬영해 주세요.

12 마지막으로 [마스크 미착용] 클래스에 마스크를 미착용한 사람의 모습을 촬영해 학습 데이터로 넣어 봅시다. [마스크 착용] 촬영 때와 동일하게 200장의 사진이 촬영되도록 설정해 주세요. 그 다음 최대한 정면을 보고 카메라에서 멀리, 때론 가까이하여 촬영을 합니다.

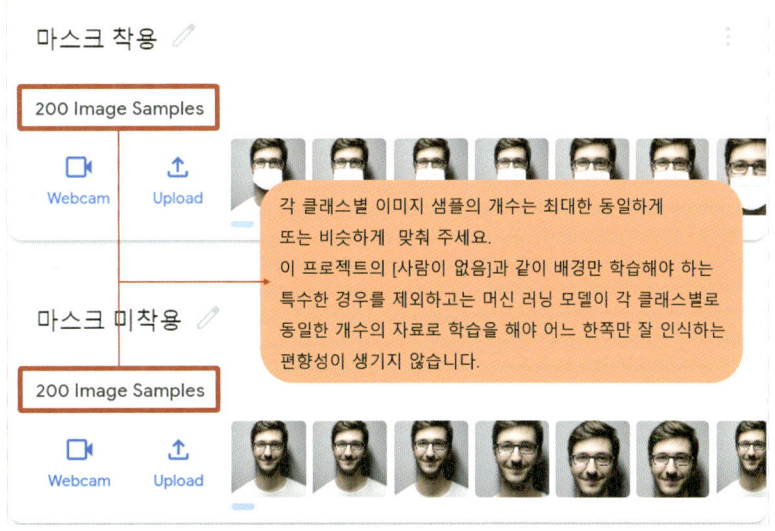

▲ [그림 2.1.14] [마스크 착용] 및 [마스크 미착용] 클래스의 학습 데이터 입력 화면

13 이제 모든 클래스의 학습 데이터를 준비했으니 머신러닝 모델을 학습시켜 봅시다.

Training 창에서 [Train Model]을 클릭하면 우리가 입력한 학습 데이터를 바탕으로 머신러닝 모델 학습을 시작합니다. 학습 데이터의 양에 따라 짧게는 몇 초, 길게는 몇 분이 걸릴 수 있습니다. 학습 상황은 [그림 2.1.15]에 보이는 바와 같이 실시간으로 확인할 수 있습니다.

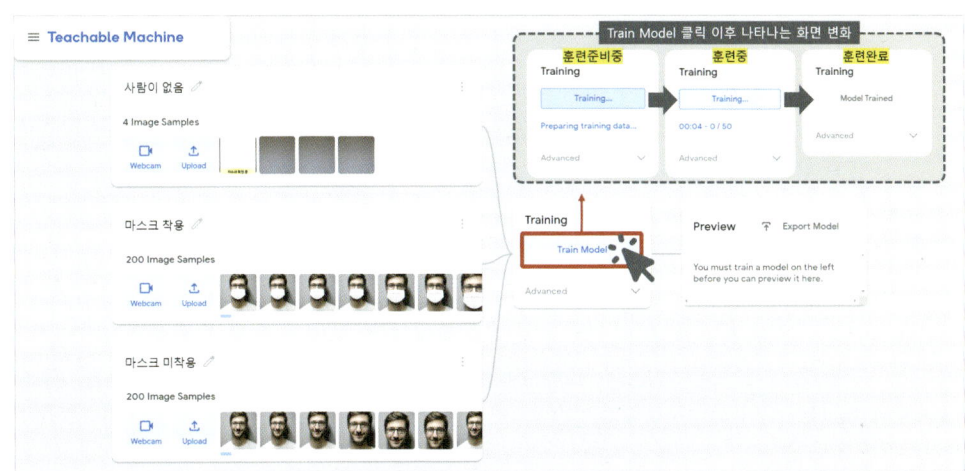

▲ [그림 2.1.15] 머신러닝 모델 훈련시키기

> **잠깐!** 머신러닝 모델의 훈련을 마칠 때까진 화면을 다른 탭으로 전환하지 말고 그대로 열어두세요
>
> 머신러닝 모델을 훈련하는 도중에 새로운 탭을 열어 다른 작업을 하면, 모델 훈련이 진행되지 않습니다.

14 Training 창의 진행도가 모두 차면 Preview 창이 활성화됩니다. Preview 창에서는 기본적으로 웹캠으로 테스트 할 수 있게 활성화되어 있습니다(Input 버튼 참조). 웹캠에 마스크를 쓰거나 안 쓴 상태로 얼굴을 비추어 테스트를 해 봅니다. 이때 주의할 점은 학습에 사용되지 않은 데이터로 테스트를 해 봐야 한다는 것입니다.

> **NOTE** 참고로 Chapter 03에서 이미지를 업로드하여 테스트하는 방법을 설명합니다. 웹캠 말고 업로드 방식으로 이미지를 테스트해 보고 싶다면 '3.1 인공지능 관상가'의 실습 내용을 참고해 주세요.

> **NOTE** 내가 이미 학습 시킨 데이터로 머신러닝 모델을 테스트를 하는 것은, 정답을 보여주고 시험 문제를 풀게 하는 것과 같으므로 제대로 된 테스트를 할 수 없습니다. 학습 데이터와 테스트 데이터는 구분되어야 함을 잊지 마세요!

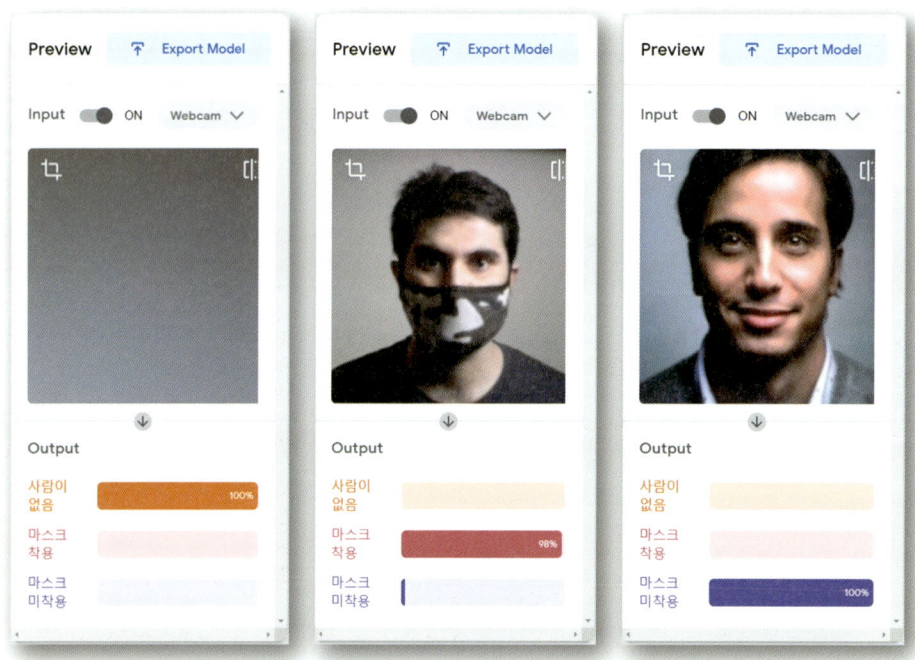

▲ [그림 2.1.16] Preview 화면을 통한 머신러닝 모델 테스트

15 테스트까지 완료된 머신러닝 모델을 PictoBlox로 가져와서 사용하려면 모델 내보내기를 해야 합니다.

Preview 창의 오른쪽 상단에 [Export Model]를 클릭하면 팝업 창이 나타나는데, 여기서 [Upload my model]을 눌러 주세요. 업로드 작업이 완료되면 화면 중앙에 공유 가능한 링크와 [Copy] 버튼이 나타납니다. 링크 오른쪽의 [Copy]를 클릭하여 주소를 복사해 주세요.

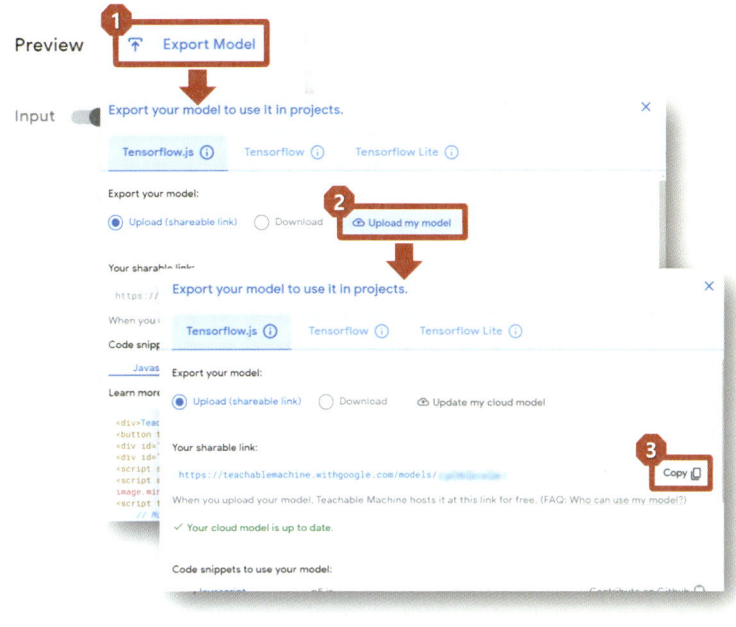

▲ [그림 2.1.17] 머신러닝 모델 내보내기(export) 후 링크 복사

16 이제 PictoBlox 화면으로 돌아와서 복사한 주소를 이용해 머신러닝 모델을 로드(load)해 봅시다.

[Machine Learning] 블록 팔레트를 선택하고 [Load a Model]을 클릭합니다. 팝업 창이 나타나면 복사해 둔 머신러닝 모델 주소를 붙여 넣고 [Load Model]을 눌러 줍니다. 다음 그림과 같이 모델이 잘 로드됐다면 Teachable Machine 웹사이트를 종료해 주세요.

> **NOTE** 만약 모델 주소를 제대로 입력하지 않고 [Load Model]을 누르면 '주의 메시지'가 나타납니다.

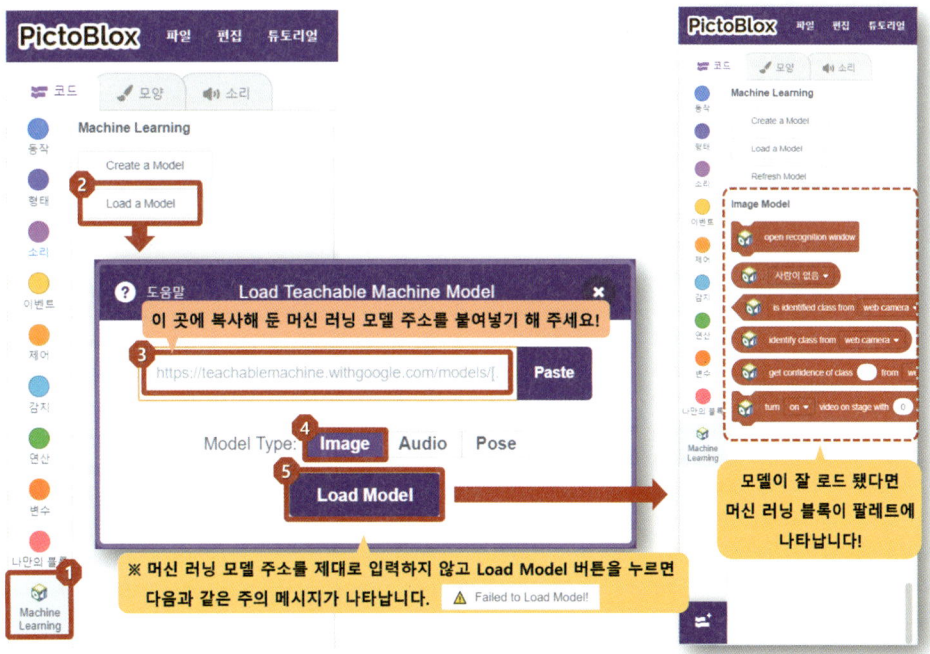

▲ [그림 2.1.18] PictoBlox에 머신러닝 모델 로드하기

2.1 비대면 출입 관리기   **51**

코딩하기

앞에서 만든 머신러닝 모델을 사용하여 비대면 출입 관리기 시스템을 완성해 봅시다.

01 먼저 이번 실습에서 사용될 PictoBlox의 확장 기능을 2가지 더 추가하겠습니다. 화면 왼쪽 하단에서 [확장 기능 추가하기]를 눌러 [QR Code Scanner], [텍스트 음성 변환(TTS)] 기능을 하나씩 가져옵니다.

> **NOTE** 확장 기능 추가하기에서 QR Code Scanner 기능을 추가하면 'QR Code Extension'이라는 이름으로 블록 팔레트가 나타납니다.

▲ [그림 2.1.19] 확장 기능 추가하기

02 이번 실습에서는 QR 코드를 활용해 방문객의 이름 정보를 입력 받고, 이름 정보는 방문객이 입장할 때마다 리스트에 차곡차곡 쌓이도록 만들어 봅니다.

우선 방문객의 이름 정보를 받아 저장하고 방문객 명단을 만들 수 있도록 '이름' 변수와 '방문객 명단' 리스트를 생성해 주세요. 그리고 '이름' 변수는 꼭 체크 표시를 해제하여 무대에 나타나지 않도록 합니다(그림 2.1.20 참조).

> **NOTE** 변수는 값을 저장하는 공간으로, 숫자나 문자(또는 문자열)를 저장할 수 있습니다. 이 실습에서는 방문객 명단을 기록하려면 고객 정보를 받아 저장할 수 있는 공간이 필요합니다. 그래서 '이름' 변수를 만든 것입니다.
>
> 리스트는 변수와 같이 값을 저장하는 공간이지만 변수와 다른 점이 있습니다. 변수는 값을 하나만 넣을 수 있지만 리스트는 두 개 이상의 값을 여러 개 넣을 수 있다는 것입니다. '방문객 명단'을 리스트로 만드는 이유는 여러 고객의 이름을 모아 저장하기 위해서죠.

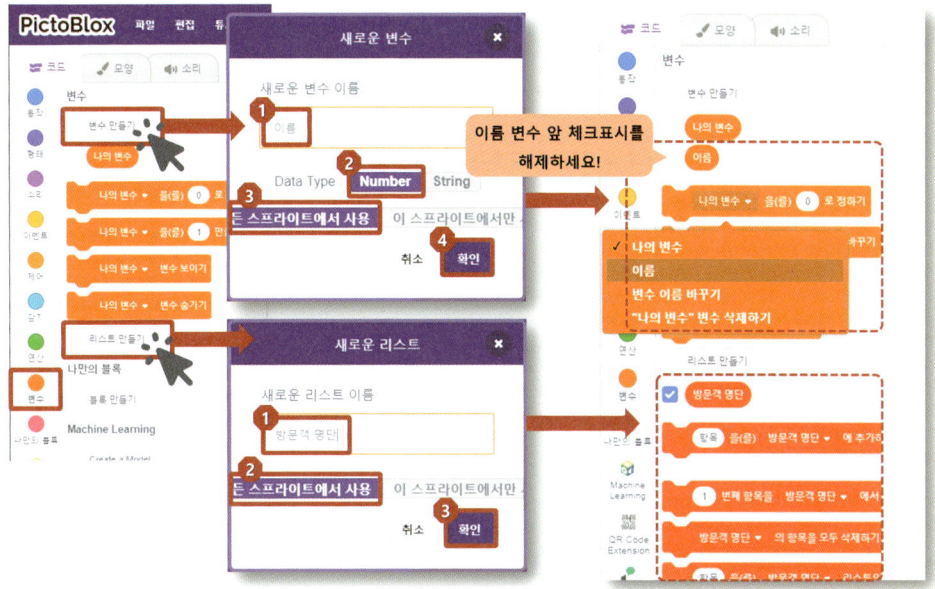

▲ [그림 2.1.20] 변수와 리스트 만들기

03 출입관리기를 처음 실행할 때 초기화하는 코드를 만들어 봅시다.

먼저 '초록 깃발을 클릭했을 때' 출입관리기 스프라이트에 초기화 신호를 보냅니다(그림 2.1.21의 노란 블록). 그 후 '초기화' 신호를 받았을 때 QR 코드를 인식하는 네모 박스(bounding box)가 사라지도록, [QR Code Extension] 블록 팔레트에서 [(hide) bounding box] 블록을 가져와 주세요. 그리고 방문객 명단이 기록된 항목(리스트)을 모두 삭제하고, 출입관리기 스프라이트의 모양을 '마스크 확인중'으로 바꿉니다.

> NOTE ▶ '초기화'란 프로그램을 처음 실행할 때 어떤 값이나 이미지 등의 데이터를 미리 설정하는 것을 의미합니다.

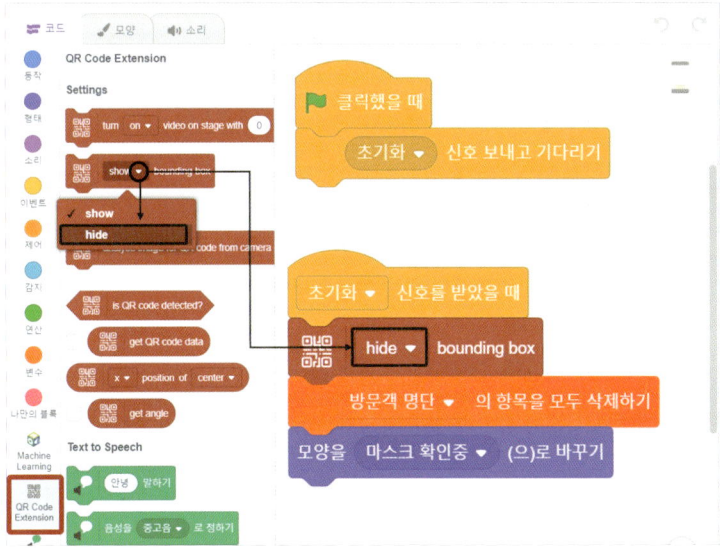

▲ [그림 2.1.21] 초기화 코드

04 초기화 코드를 만들었으니 이제 마스크 착용 여부를 확인하는 코드를 만들어 볼 차례입니다. 마스크 착용 여부를 확인하려면 일단 사람이 카메라 앞에 있어야 겠죠? 그리고 사람이 있는지 없는지에 따라 출입관리기의 동작이 달라질 겁니다.

우선 카메라 앞에 사람이 없는 경우를 코딩해 보겠습니다. 머신러닝 모델에서 학습한 [사람이 없음] 클래스를 활용해, 사람이 없을 때는 나타날 때까지 출입 관리기가 기다리도록 만들 겁니다.

05 다음 그림을 참고하여 [마스크 확인 신호 보내기] 블록을 만들고, 마스크 확인 신호를 받을 때의 동작을 만들어 봅시다.

아직은 방문객 이름을 확인하기 전이니, [마스크 확인 신호를 받았을 때]는 '이름' 변수 값을 빈 칸으로 둡니다. 방문객 명단 또한 마스크 착용을 확인하는 동안은 보이지 않도록 숨기고, 스프라이트의 모양은 '마스크 확인중'으로 보이게 합니다.

▲ [그림 2.1.22] 마스크 확인 신호를 받았을 때

06 [Machine Learning] 블록 팔레트에서 [turn (on) video on stage with (0) transparency] 블록을 가져와 카메라를 켜고 무대 배경이 완전 투명하게 보이도록 합니다.

> **NOTE** 투명도(transparency) 설정값은 '0'에 가까울수록 무대 배경이 투명해지고, '100'에 가까울수록 불투명해져서 카메라에 보이는 모습이 무대에 나타나지 않습니다. 이번 실습에서는 투명도 값을 '0'으로 설정하여 카메라에 보이는 모습이 모두 무대에 보이게 합니다.

▲ [그림 2.1.23] 무대 카메라 켜기 및 투명도 설정

07 사람이 나타나기 전까지 카메라를 켠 채로 계속 기다리도록 코드를 만들어 봅시다.

[Machine Learning] 팔레트의 '사람이 없음'을 식별하는 블록, [연산] 팔레트의 [( ) 이(가) 아니다] 블록, [제어] 팔레트의 [( ) 까지 기다리기] 블록을 합쳐 주세요. 합친 블록은 '사람이 없음'이 식별되지 않을 때까지 출입 관리기가 기다리게 하는 역할을 합니다.

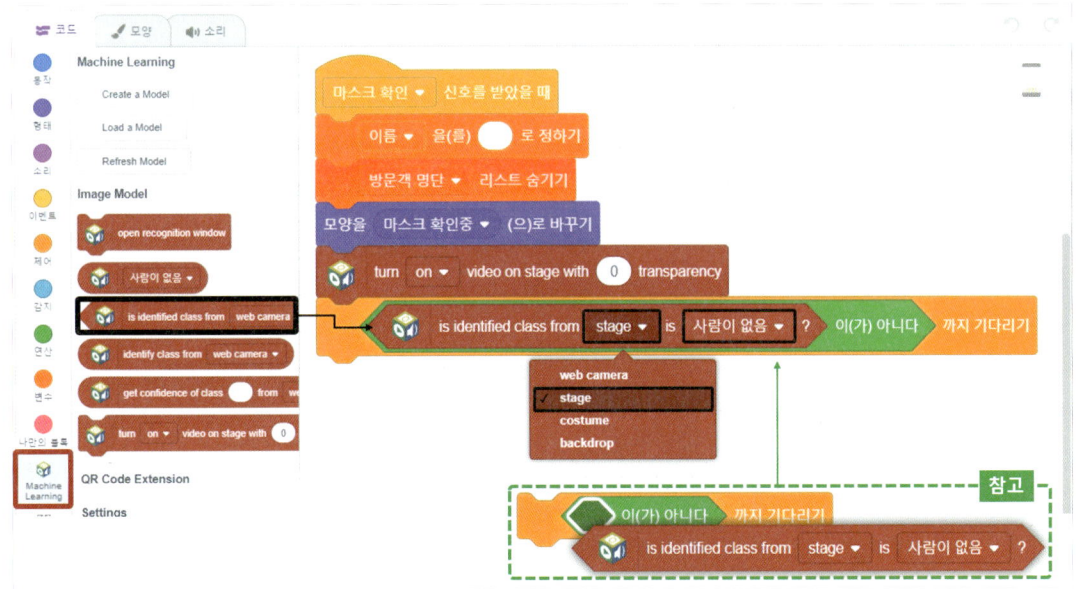

▲ [그림 2.1.24] 사람이 등장할 때까지 기다리기

> **잠깐!** [is identified class from ( ) is ( )?] 사용 시 카메라 화면을 나타낼 위치를 잘 선택하세요

'사람이 없음'을 식별하는 [is identified class from ( ) is ( )?] 블록을 사용할 때는 어디에서 확인되는 것인지 잘 선택해 줘야 합니다. 이번 실습에서는 카메라 화면이 무대에 나타나게 할 것이므로 다음 그림과 같이 'stage'를 선택하여 블록을 완성해 주세요.

▲ [그림 2.1.25] 카메라 화면이 나타나는 위치

08 이제 카메라 앞에 사람이 있는 경우를 코딩해 보겠습니다. 사람이 있는지 확인되면 얼굴을 카메라에 비추도록 음성 안내하는 코드를 만들어 봅시다(앞에서 추가해 둔 [텍스트 음성 변환(TTS)] 확장 기능을 이용합니다).

[Text to Speech] 팔레트의 [( ) 말하기] 블록을 활용하면 내가 작성한 문장을 음성으로 표현할 수 있습니다. 다음 그림을 참고하여 말하기 블록에 문장을 입력해 주세요.

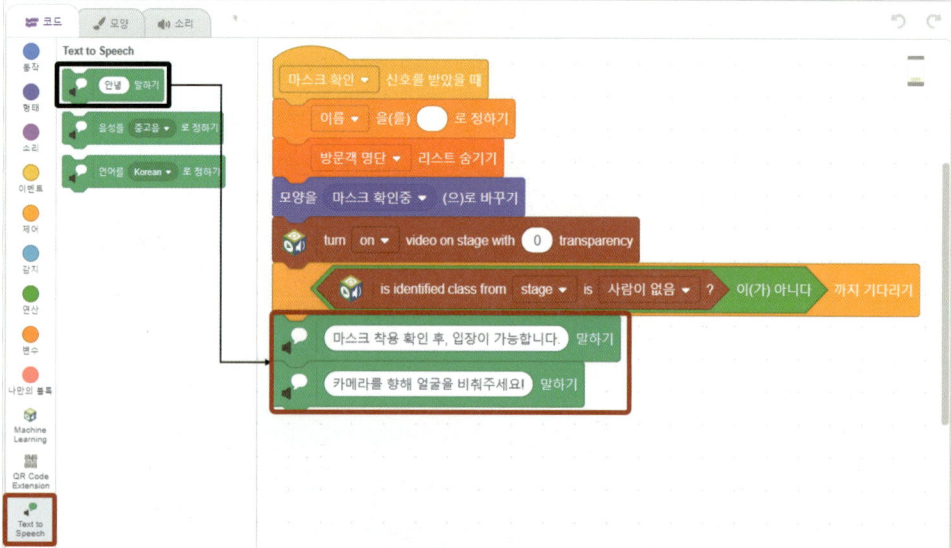

▲ [그림 2.1.26] 텍스트 음성 변환을 이용한 말하기 블록

| 09 | 이제 소리를 이용해 3초 카운트다운을 표현해 봅시다.

먼저 화면 왼쪽 상단에서 [소리] 탭을 누릅니다. 그리고 화면 왼쪽 하단에서 [소리 고르기] 메뉴로 이동한 후 [효과] 카테고리 > [Coin] 소리를 선택해 주세요.

> **NOTE** 마우스로 직접 선택하지 않고 [소리 고르기] 화면의 왼쪽 상단 검색창에서 'Coin'을 검색하여 소리를 선택할 수도 있습니다.

▲ [그림 2.1.27] 소리 가져오기

참고로 소리 효과를 내가 원하는 대로 편집할 수 있습니다. 방법이 궁금하다면 아래를 참조해 주세요.

[그림 2.1.27]과 같이 소리 탭을 누른 후, 원하는 소리 파일을 선택하면 [그림 2.1.28]과 같은 편집 툴이 나타납니다. 툴을 이용해 내가 원하는 효과로 소리를 편집하면 가장 마지막에 편집된 상태가 자동 저장됩니다.

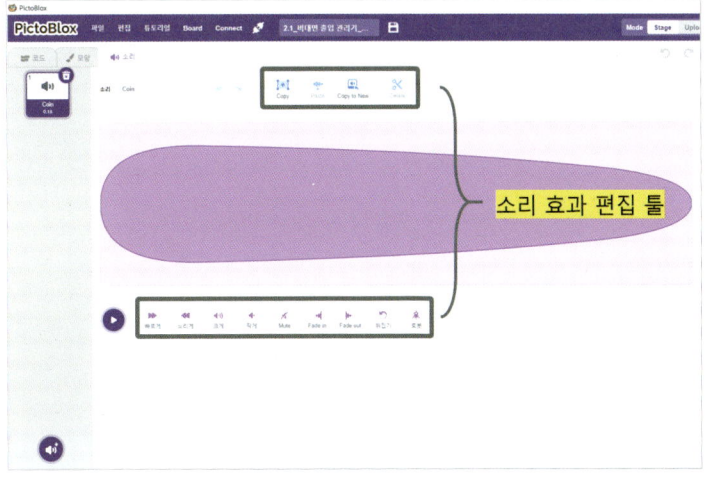

▲ [그림 2.1.28] 소리 효과 편집 화면

10 소리 선택이 완료되었다면 다음 그림과 같이 코드를 완성해 봅시다.

[제어] 팔레트의 [( )번 반복하기] 블록과 [( )초 기다리기] 블록, [소리] 팔레트의 [(Coin) 끝까지 재생하기] 블록을 가져와 연결해 주세요. 그리고 소리 재생이 완료된 후에는 마스크를 착용 여부를 확인한 결과를 알리도록 [(마스크 확인 결과) 신호 보내기] 블록을 연결해 주세요.

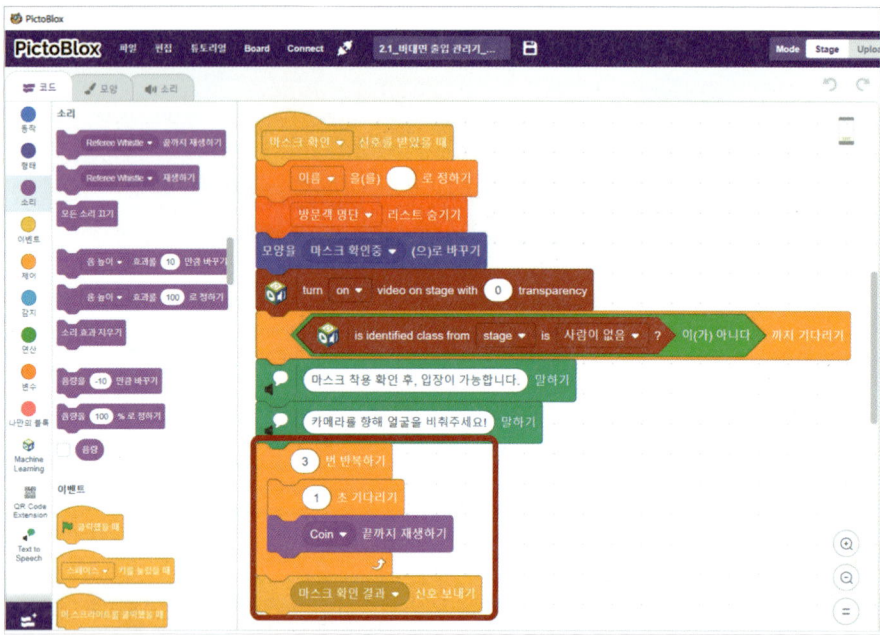

▲ [그림 2.1.29] 소리로 카운트다운 하기

11 '마스크 확인 결과' 신호를 받았을 때의 동작을 코딩해 봅시다.

먼저 마스크 확인 결과를 알려줄 소리를 가져와 보겠습니다. [소리] 탭에서 [소리 고르기] 메뉴로 이동한 후 [효과] 카테고리에서 [Doorbell] 소리, [스포츠] 카테고리에서 [Referee Whistle] 소리를 선택해 주세요.

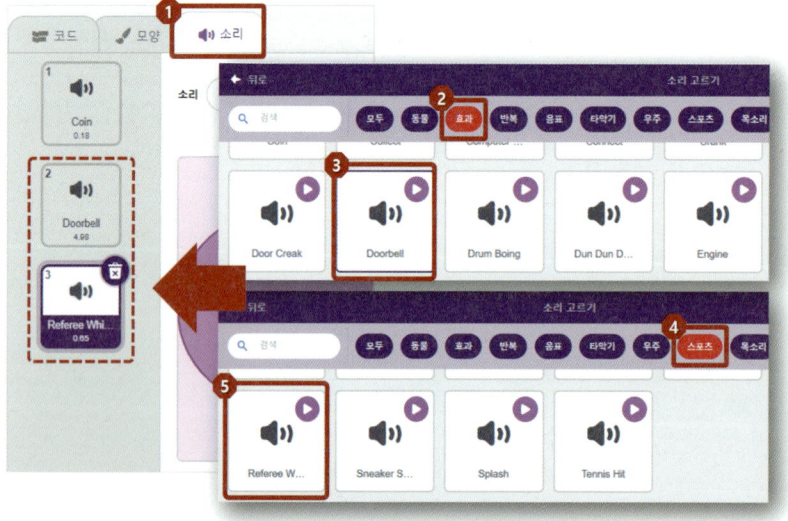

▲ [그림 2.1.30] Doorbell과 Referee Whistle 소리 가져오기

12 다시 [코드] 탭으로 이동하여 코드를 완성시켜 봅시다.

'마스크 확인 결과' 신호를 받았을 때 마스크를 잘 착용했다면 통과음(Doorbell)과 함께 마스크 착용으로 화면이 바뀐 후, QR 코드를 체크하라는 'QR 체크인' 신호를 보내 줍니다.

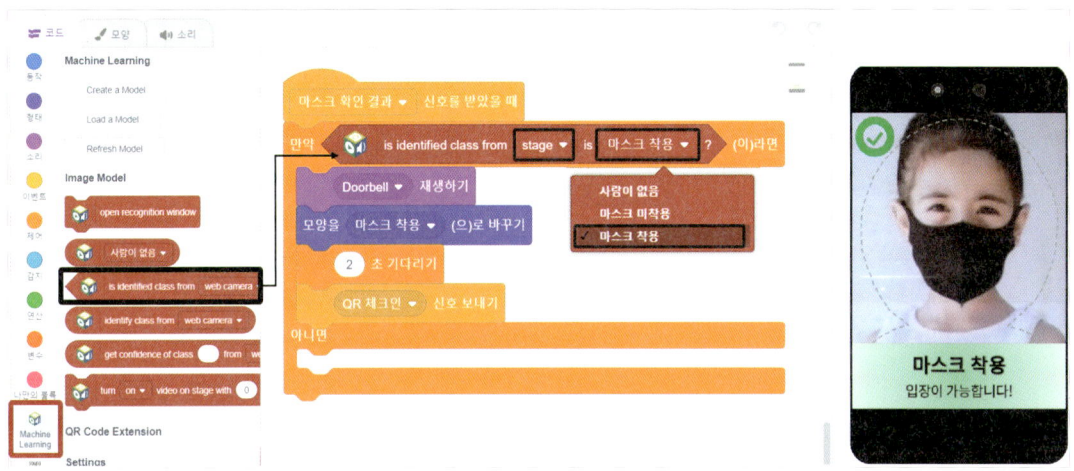

▲ [그림 2.1.31] 마스크 착용이 인식되었을 때

13 마스크를 착용하지 않은 경우에는 경고음(Referee Whistle)과 함께 마스크 미착용으로 화면이 바뀐 후, 다시 마스크 확인을 할 수 있도록 '마스크 확인' 신호를 보내 줍니다.

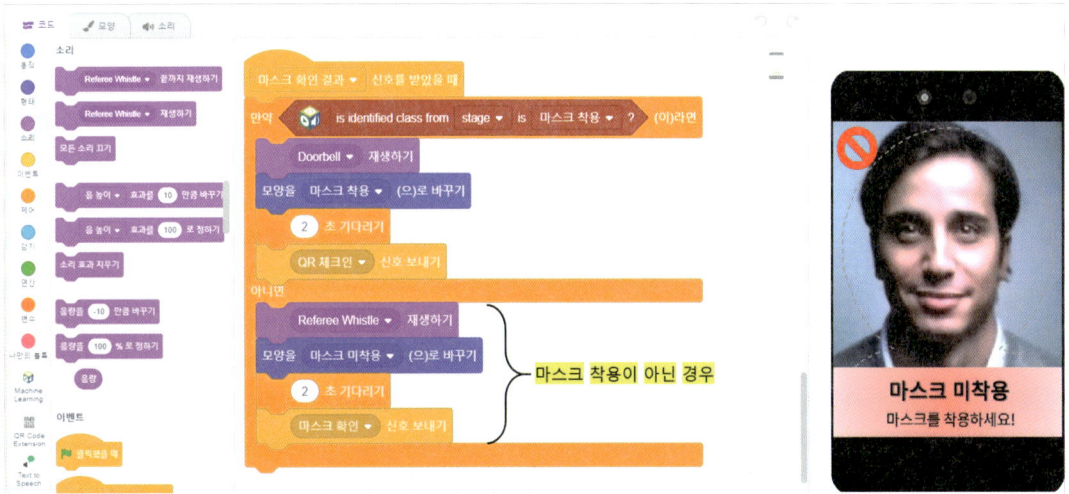

▲ [그림 2.1.32] 마스크 착용이 인식되지 않았을 때

14 마스크 착용 확인 후 'QR 체크인' 신호를 받았을 때 입장 가능 및 QR 코드 체크를 음성으로 안내하는 코드를 만들어 봅시다.

다음 그림을 참고하여 [( ) 말하기] 블록에 문장을 입력하고, 출입 관리기 스프라이트 모양을 'QR 체크인'으로 바꿔 주세요.

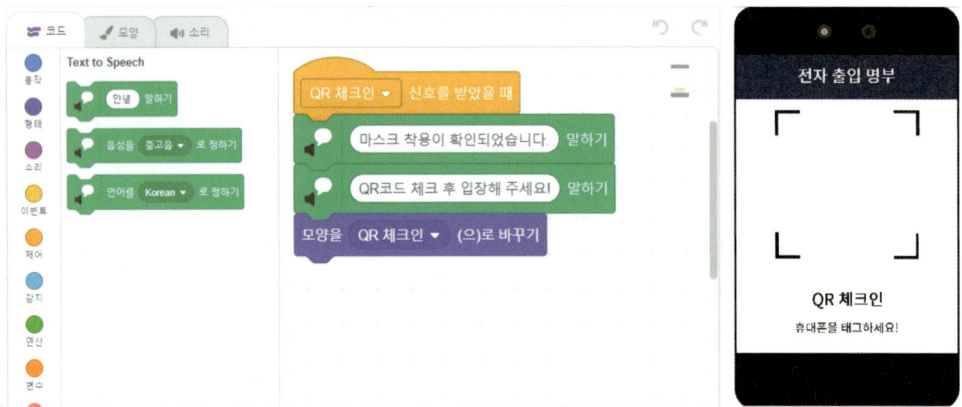

▲ [그림 2.1.33] QR 체크인 신호를 받았을 때 안내 멘트

15 이제 QR 코드를 인식하는 블록들을 연결해 봅시다.

먼저 QR 코드를 인식하는 네모 박스(bounding box)가 화면에 나타나도록 [QR Code Extension] 팔레트에서 [(show) bounding box] 블록을 가져 옵니다. 그리고 카메라로 인식한 QR 코드를 분석하도록 [analyse image for QR code from camera] 블록을 연결하고, 이 두 블록은 QR 코드가 언제 체크될지 모르니 계속해서 동작할 수 있도록 [무한 반복하기] 블록으로 감싸 주세요.

▲ [그림 2.1.34] QR 코드 분석하기

16 QR 코드가 감지될 때 동작하는 코드를 만들어 봅시다.

먼저 QR 코드 감지 여부를 확인하도록 조건을 달아 보겠습니다. [제어] 팔레트의 [만약 ( ) (이)라면] 블록과 [QR Code Extension] 팔레트의 [is QR code detected?] 블록을 합쳐 주세요. 그리고 [QR Code Extension] 팔레트의 [get QR code data]를 이용해, QR 코드가 감지되면 QR 코드에 담긴 이름 정보를 '이름' 변수 값에 저장하도록 코딩해 주세요.

QR 정보를 저장한 후에는 [(QR 체크인 완료) 신호 보내기]와 [멈추기 (이 스크립트)] 블록을 연결해 QR 코드 인식을 멈춰 주세요. [멈추기 ( )] 블록을 사용하는 이유는 [무한 반복하기] 블록이 계속 실행되어 QR 코드를 계속 인식하게 되기 때문입니다.

> **NOTE** [get QR code data] 블록은 QR 코드가 감지될 때 QR 코드에 담긴 정보가 저장됩니다. 저자는 QR 코드에 이름 정보를 담아 나중에 QR 체크인이 완료될 때 이름을 '방문객 명단' 리스트에 추가하고자 합니다.
>
> 그래서 여기서는 '이름'이라는 변수를 만들어 [get QR Code data] 블록의 값을 저장해 두었습니다.

▲ [그림 2.1.35] QR 코드 정보를 받아 저장하고 QR 체크인 완료하기

17 이제 'QR 체크인 완료' 신호를 받았을 때의 코드를 완성하여 비대면 출입 관리기를 완성해 봅시다.

'QR 체크인 완료' 신호를 받았을 때는 마스크 착용이 인식되었을 때와 같은 소리(Doorbell)를 재생하여 통과 알림을 줍니다. 그리고 [QR Code Extension] 팔레트의 [(hide) bounding box] 블록을 이용해 QR 코드 인식용 바운딩 박스를 숨기고, 출입관리기 스프라이트의 모양을 'QR 체크완료'로 바꿔 주세요.

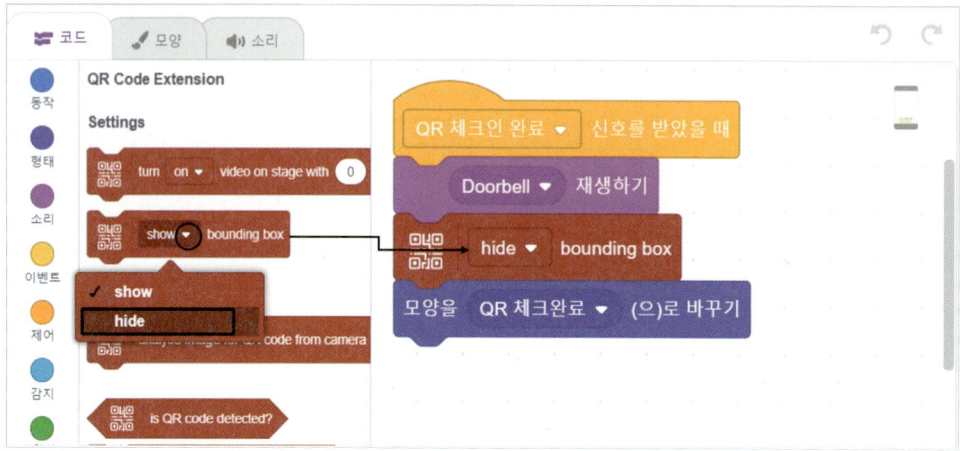

▲ [그림 2.1.36] QR 체크인 완료 후 바운딩 박스 숨기고 QR 체크 완료 표시하기

18 코딩 초반에 미리 만든 '방문객 명단' 리스트를 활용해, QR 코드로 입력된 이름 정보를 리스트에 추가하고 '방문객 명단' 리스트를 보이게 코딩해 주세요.

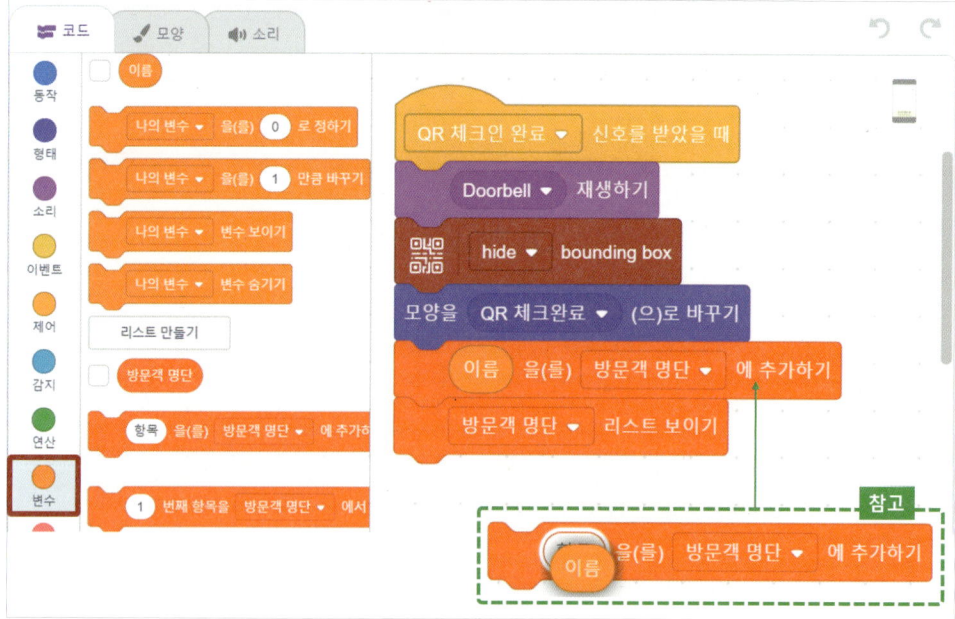

▲ [그림 2.1.37] 방문객 정보를 '방문객 명단' 리스트에 추가하기

19 마지막으로 QR 코드 인증과 입장을 음성으로 안내하는 코딩을 만들어 봅시다.

입장 안내를 할 때는 [연산] 팔레트의 [( ) 와(과) ( ) 결합하기] 블록과 '이름' 변수 값을 이용해 QR 코드로 체크인 한 사람들의 이름을 불러 줍니다. 안내를 완료한 후에는 다음 사람의 마스크를 확인하도록 다시 '마스크 확인' 신호를 보냅니다.

▲ [그림 2.1.38] 입장 안내

20 'QR 체크인'을 할 때 사용되는 QR 코드를 직접 만드는 방법을 알아 봅시다.

보통 사람들은 QR 코드로 체크인을 할 때 스마트폰을 이용합니다. 이 점을 생각하여 우리 실습에서도 스마트폰으로 QR 코드를 만들어 활용해 보겠습니다.

스마트폰의 구글 검색창에서 'QR 코드생성'을 검색한 후, 검색된 내용 중 마음에 드는 무료로 이용이 가능한 사이트에서 QR 코드를 만들어 보세요.

NOTE 참고로 이 실습에서 이용한 사이트는 아래와 같습니다.

[URL] https://ko.qr-code-generator.com

▲ [그림 2.1.39] 스마트폰에서 'QR 코드생성' 검색하기

21 앞에 안내한 '큐알 코드 생성기' 사이트로 QR 코드를 생성해 보겠습니다. 사이트에 접속하여 [텍스트] 메뉴를 선택한 후 원하는 이름 정보를 입력하고 [QR 코드 생성] 버튼을 눌러 주세요. 그러면 QR 코드가 생성된 화면이 나옵니다.

생성된 QR 코드를 다운로드하려면 회원가입을 하라는 안내가 나오지만, 스마트폰 전체 화면을 캡처해도 충분히 실습에 활용할 수 있습니다. 캡처 화면을 실습에 이용해 봅시다.

▲ [그림 2.1.40] QQR 코드 만드는 방법

22 완성된 실습 파일에 캡처한 QR 코드를 사용하여 잘 동작하는지 테스트해 보세요.

도전하기 2.1 페이스 도어락 시스템 만들기

이번 실습에서 만든 비대면 출입 관리기를 응용하여 우리 집을 지켜주는 페이스 도어락 시스템을 만들어 보세요. 카메라에 인식된 얼굴이 우리 가족의 얼굴이면 현관문이 열리고, 그렇지 않으면 현관문이 열리지 않도록 작품을 완성해 봅시다.

2.2 인공지능 홈 트레이너

코로나19 감염이 지속적으로 확산되면서 '집콕러'가 늘었습니다. 오랜 시간 집에 머물다 보니 자연스레 배달 음식 주문은 늘고 활동량은 줄어 사람들의 칼로리 소모량이 감소했고, 결국 바이러스 대유행 기간 동안 사람들의 체중이 증가하였습니다.

이런 현상에 더불어 헬스장을 찾기도 어려운 상황이라, 집에서 간단한 운동용품을 이용하거나 유튜브 등 영상을 참고해 운동하는 '홈 트레이닝'이 유행하고 있습니다. 실제로 이러한 유행을 반영하듯 개인 운동매트나 소형 운동기구의 판매가 증가했다고 합니다.

작품 미리보기

이번 실습에서는 인공지능 홈 트레이닝을 만들어 보겠습니다. 카메라에 감지된 운동 자세가 올바른지 판단하고, 올바른 자세임이 확인되면 운동 횟수를 음성으로 알려주도록 코딩해 봅니다. 인공지능이 도와주는 홈 트레이닝으로 슬기로운 집콕 생활을 즐겨 보세요!

▲ [그림 2.2.1] 인공지능 홈 트레이너

머신러닝 모델 만들기

이번 실습은 카메라에 잡힌 모습이 어떤 자세인지 판단할 수 있는 머신러닝 모델이 필요합니다.

티처블 머신(Teachable Machine)을 사용하여 두 가지 클래스(서기, 앉기)로 구분하고, 머신러닝 모델을 만들어 학습시켜 보겠습니다.

01 컴퓨터에 설치된 PictoBlox 오프라인 에디터를 열어 로그인을 합니다.

> **NOTE** 오프라인 에디터를 사용하지만 PictoBlox의 [머신러닝(Machine Learning)] 확장 기능을 사용하려면 인터넷이 연결된 상태여야 합니다. 내 컴퓨터에 인터넷 연결이 되었는지 꼭 확인해 주세요.

> **NOTE** PictoBlox 화면 오른쪽 상단 아이콘을 확인하여 자동 로그인이 되었는지 알 수 있습니다. 만약 Sign In이라는 아이콘이 보인다면 로그인이 안 되었다는 의미이므로, 회원가입 때 등록해 둔 아이디(Username)와 비밀번호(Password)를 이용해 로그인(Sign In)을 하면 됩니다.

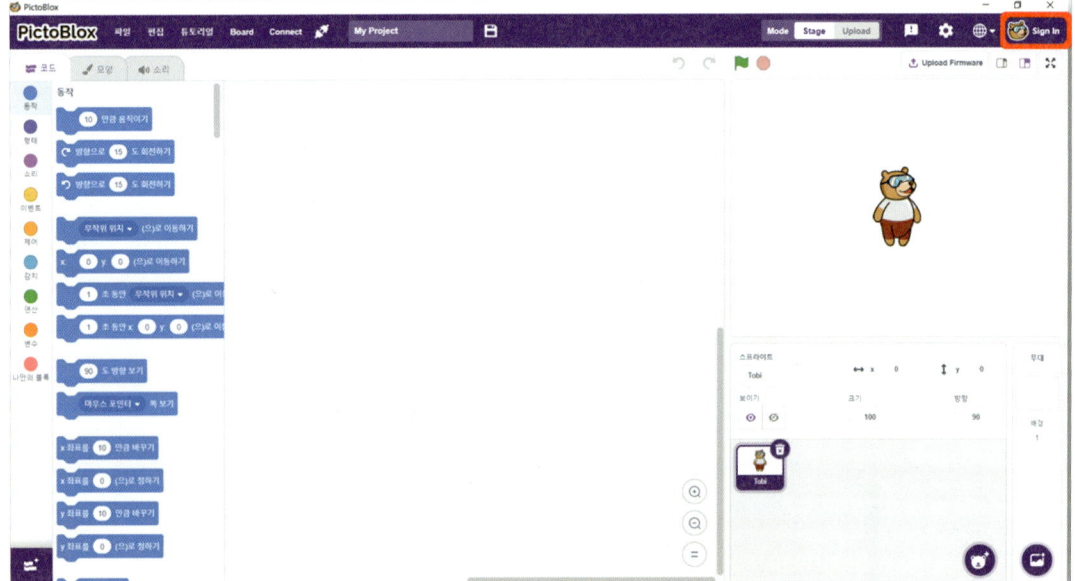

▲ [그림 2.2.2] Sign In 아이콘 확인

02 PictoBlox 화면 상단 [파일] 메뉴에서 '2.2_인공지능홈트레이너_실습용' sb3 파일을 불러 옵니다.

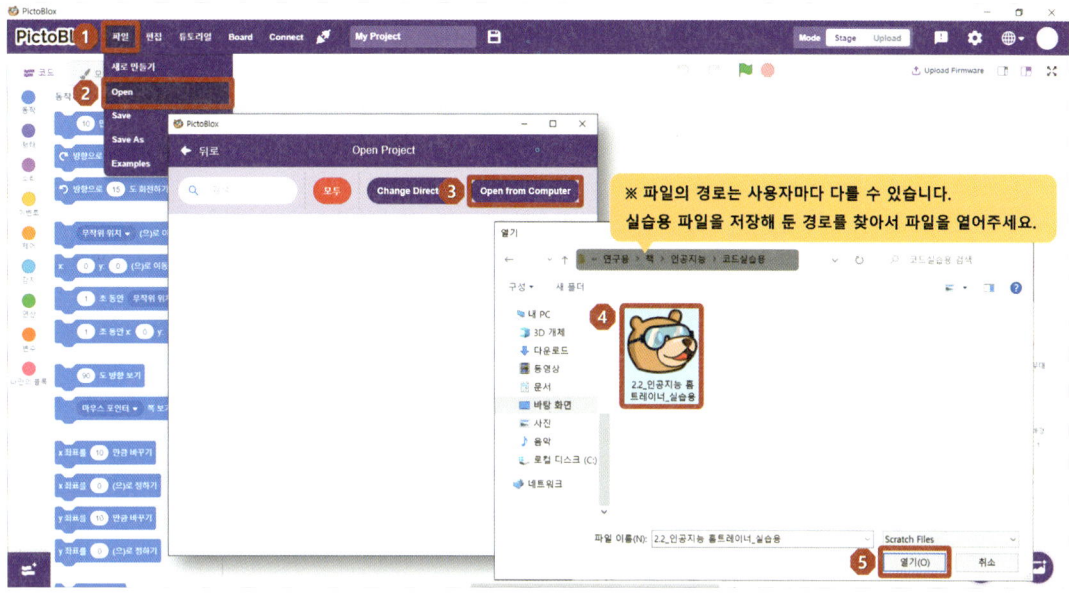

▲ [그림 2.2.3] 실습용 파일 열기

03 PictoBlox 화면 왼쪽 하단의 [확장 기능 추가하기]를 누르고 [Machine Learning]을 선택해 주세요.

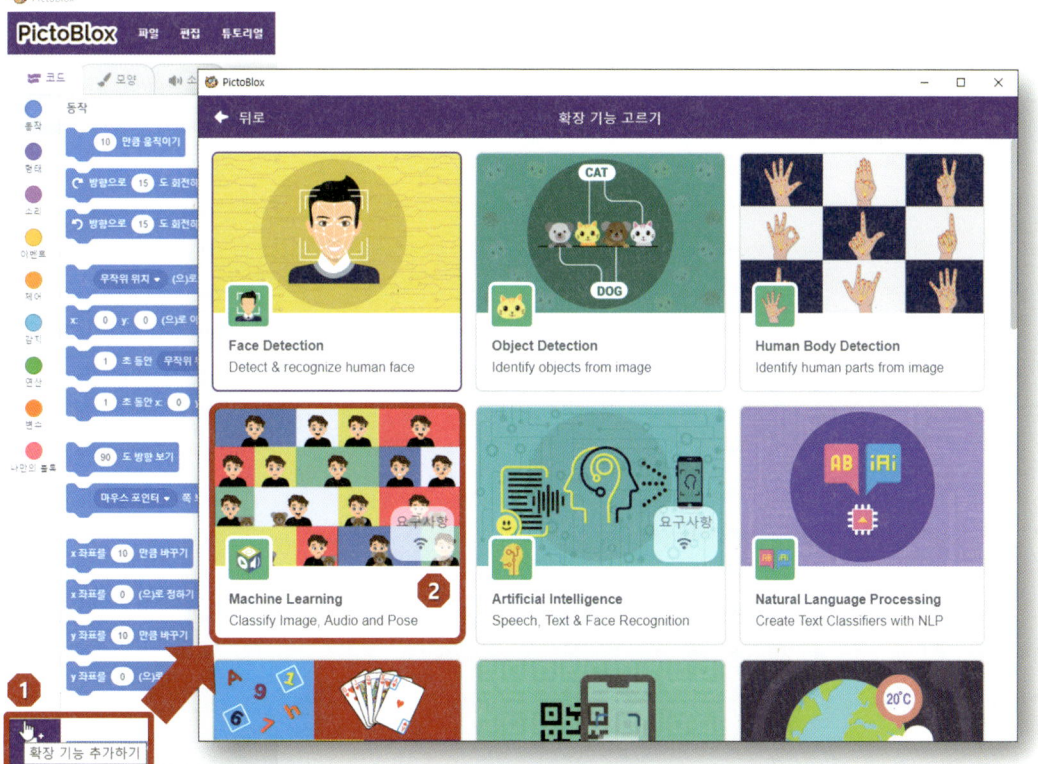

▲ [그림 2.2.4] 확장 기능 추가하기

04 앉았다 일어나는 운동, '스쿼트(Squat)' 자세를 감지할 수 있는 머신러닝 모델을 만들어 봅시다.

PictoBlox 블록 팔레트에서 [Machine Learning]을 선택한 후 [Create a Model]을 클릭해 Teachable Machine 사이트로 이동해 주세요. Teachable Machine 사이트에서 [Image Project]를 클릭한 후 [Standard image model]을 선택해 주세요.

> **NOTE** 우리 실습에서 Teachable Machine 사이트를 활용할 때는 크롬(Chrome) 웹 브라우저를 이용하도록 하겠습니다.

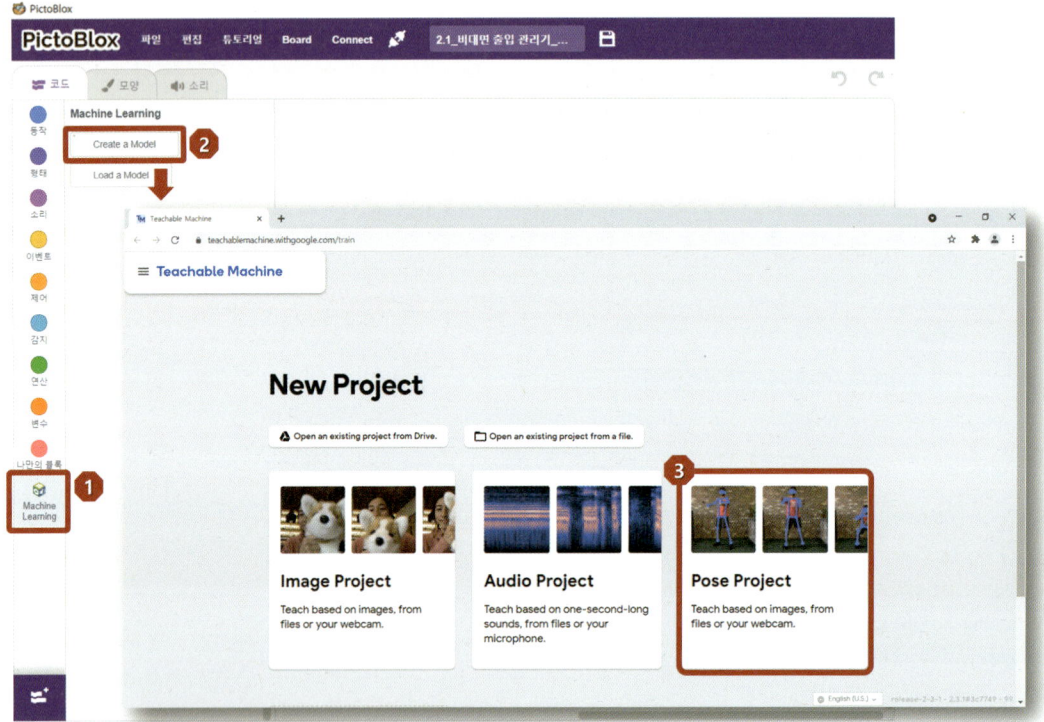

▲ [그림 2.2.5] Pose Project 선택하기

05 이전 절(2.1)에서 알아보았듯이 학습 데이터를 입력하는 방법은 두 가지 있습니다.

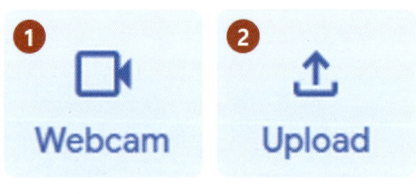

❶ 웹캠을 이용해서 직접 촬영하는 방법
❷ 이미지 파일을 업로드하는 방법

▲ [그림 2.2.6] 학습 데이터 입력 방법

이번 작품에서는 운동 자세를 촬영해야 하므로 [Webcam]을 선택해 주세요.

06 웹캠에서 멀리 떨어져 운동 자세를 취하고 사진을 자동 촬영하려면 웹캠 촬영 버튼을 설정해야 합니다. 다음 그림과 같이 설정을 해 주세요([Hold to Record] 옆의 톱니바퀴 버튼을 눌러 웹캠 촬영 설정 창으로 들어갈 수 있습니다).

Hold to Record를 OFF로 하기 〉 Delay 3초 〉 Duration 10초 〉 Save Settings 누르고 저장하기

▲ [그림 2.2.7] 웹캠 촬영 버튼 설정 화면

07 다음 그림은 머신러닝 모델에 학습시킬 2가지 스쿼트 동작입니다. 2가지 동작에 대한 클래스를 만든 후 여러분이 직접 웹캠에서 멀리 떨어져 해 볼 동작이지요.

▲ [그림 2.2.8] 스쿼트 동작

08 첫 번째 클래스 이름을 [서기]로 입력해 주세요. [Record 10 Seconds]를 클릭한 후, 촬영 준비 시간(3초)이 흐르는 동안 머리부터 발까지 화면에 나올 수 있도록 멀리 떨어져 스쿼트 '서기' 동작을 잡아 주세요. 그리고 동작을 10초간 유지해 주세요.

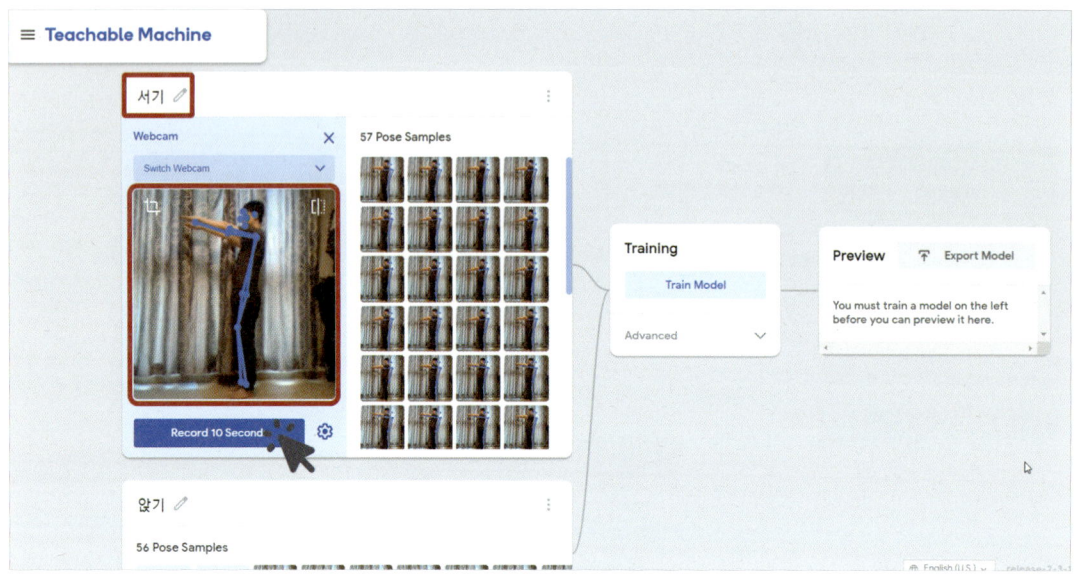

▲ [그림 2.2.9] 서기 동작 촬영

09 '서기' 동작 촬영이 끝나면 두 번째 클래스 이름을 [앉기]로 입력해 주세요. 그리고 [Record 10 Seconds]를 클릭한 후 웹캠에서 멀리 떨어져 스쿼트 '앉기' 동작을 10초간 유지해 주세요. 모든 이미지 촬영이 끝나면 [Train Model]을 눌러 머신러닝 모델 학습을 시작합니다.

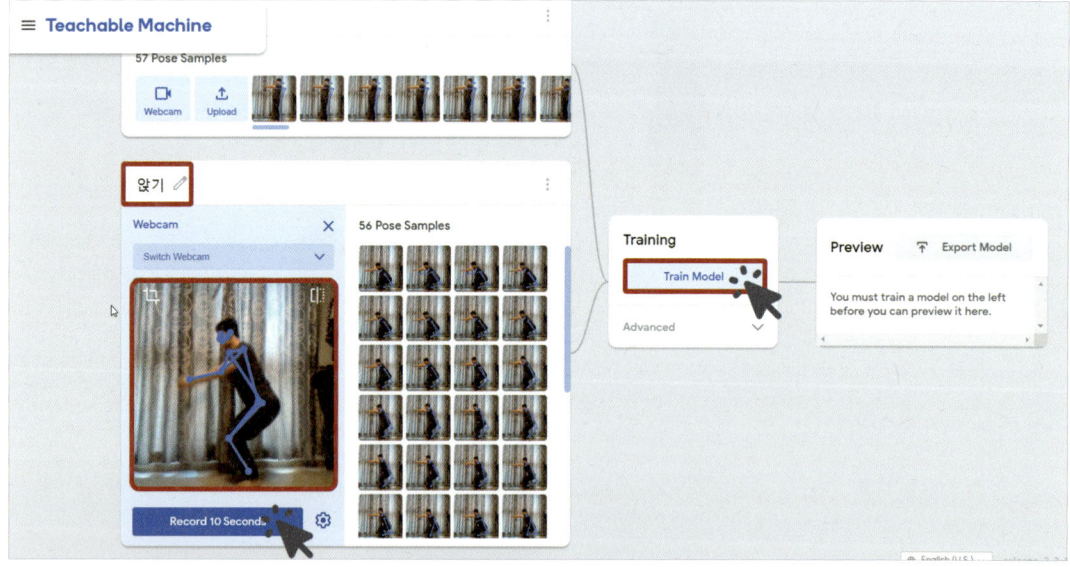

▲ [그림 2.2.10] 앉기 동작 촬영 후 Train Model 클릭

10 학습이 완료되었다면 머신러닝 모델이 잘 동작하는지 Preview 창을 이용해 테스트 해 봅시다. 웹캠에 비쳐진 자세를 머신러닝이 잘 인식한다면 모델을 내보내기 해 봅시다.

Preview 창에서 [Export Model]을 누른 후 팝업 창이 나오면 [Upload my model]을 클릭합니다. 잠시 후 화면 중앙에 링크가 생성되면 [Copy]를 눌러 주소를 복사해 주세요.

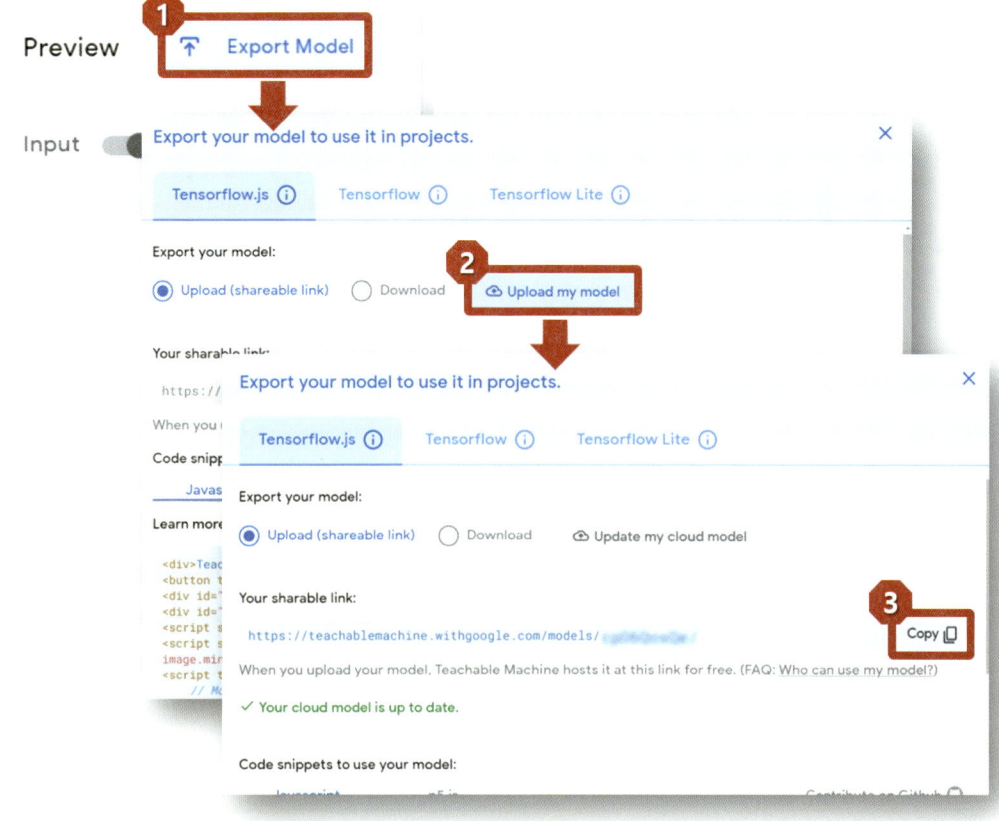

▲ [그림 2.2.11] 머신러닝 모델 내보내기 후 링크 복사

11 이제 PictoBlox 화면으로 돌아와서 복사한 주소를 이용해 머신러닝 모델을 로드해 봅시다.

[Machine Learning] 팔레트를 선택하고 [Load a Model]을 클릭합니다. 팝업 창이 나타나면 복사해 둔 링크 주소를 붙여 넣고 [Load Model]을 눌러 줍니다. 다음 그림과 같이 모델이 잘 로드됐다면 Teachable Machine 웹사이트를 종료해 주세요.

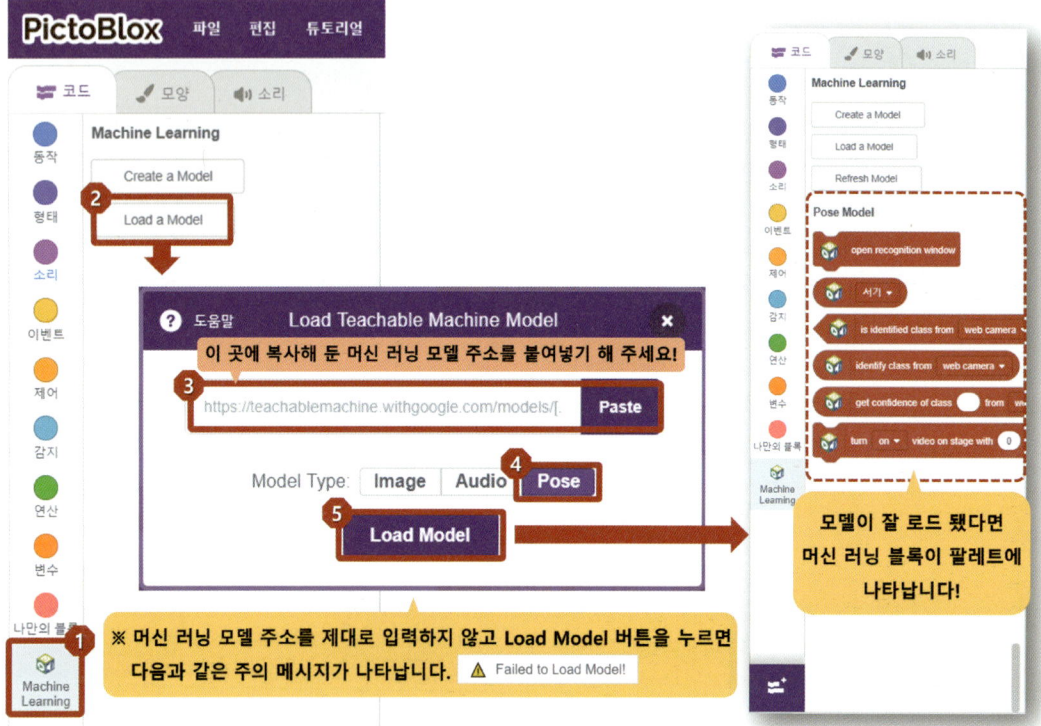

▲ [그림 2.2.12] PictoBlox에 머신러닝 모델 로드하기

코딩하기

이제 앞에서 만든 머신러닝 모델을 사용하여 인공지능 홈 트레이너를 코딩을 해 봅시다.

01 이전 실습과 같이 이번 실습도 PictoBlox의 확장 기능을 추가하겠습니다. 화면 왼쪽 하단에서 [확장 기능 추가하기]를 눌러 [텍스트 음성 변환(TTS)] 기능을 가져와 주세요.

▲ [그림 2.2.13] 텍스트 음성 변환(TTS) 확장 기능 추가

02 이 작품에서는 '트레이너' 스프라이트 1개만 사용해 볼 겁니다. 다음 그림을 참고하여 트레이너 스프라이트에서 스페이스 키를 누르면 프로그램이 시작되도록 하고 '운동준비'와 '운동시작' 방송신호를 각각 만들어 코딩해 주세요.

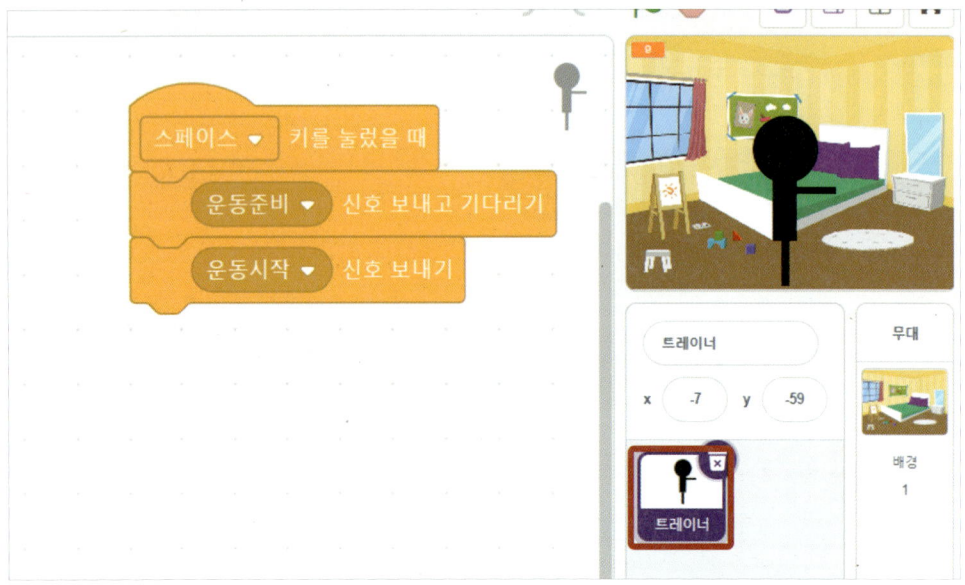

▲ [그림 2.2.14] 프로그램 시작 코드

03 '운동준비' 신호를 받았을 때 필요한 변수 '이전상태', '개수', '카운트다운'을 만들고 다음 그림과 같이 초기값을 설정해 봅시다. '이전상태'는 카메라에 비친 사람의 과거 동작이 무엇인지를 저장하는 변수로, 처음에는 '서기'로 저장합니다. 그리고 '개수'는 운동을 한 횟수를 의미하는데 처음에는 '0'으로 저장합니다. '카운트다운'은 운동 시작을 알리는 숫자 값으로, 5초를 의미하는 숫자 '5'를 저장합니다.

변수의 초기값을 설정했으면 "카메라에 전체 모습이 나타나도록 자세를 잡으세요."라는 음성 안내를 추가하고 [open recognition window]를 실행해 카메라 동작 창이 뜰 수 있도록 코딩해 주세요.

▲ [그림 2.2.15] 운동준비 신호를 받았을 때

74 CHAPTER 02 언택트 사회에 유용한 인공지능 작품을 만들어 보아요!

04 방금 연결한 블록 아래에 5초 카운트다운을 하는 음성 안내 코딩을 해 봅시다.

[( )번 반복하기] 블록을 이용해 5번 반복 실행하고, 변수 '카운트다운'을 1씩 감소시켜서 알맞은 숫자가 음성으로 나오도록 코딩을 합니다. 그리고 카운트다운을 마친 후 운동 시작을 알리도록 [(Referee Whistle) 재생하기] 블록을 연결해 주세요.

> **NOTE** [Referee Whistle]과 같은 소리 블록은 PictoBlox 화면 왼쪽에서 [소리] 탭 〉 [소리 고르기]를 클릭한 후 [소리 고르기] 화면의 왼쪽 상단 검색창에서 검색하여 찾을 수 있습니다.

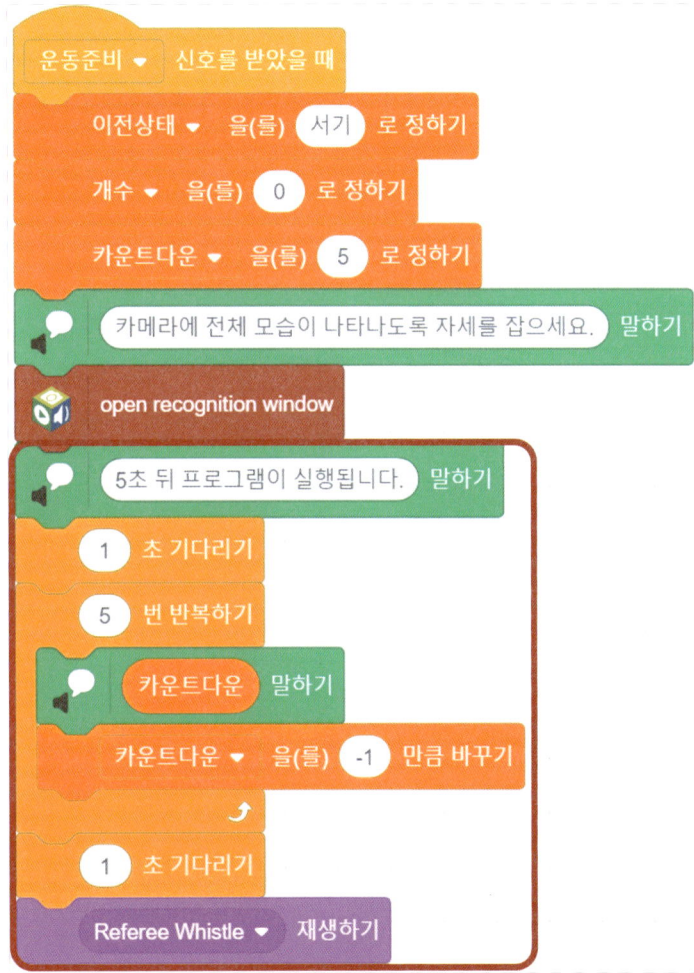

▲ [그림 2.2.16] 운동준비 코딩 완료

05 웹캠으로 '서기'와 '앉기' 동작을 인식한 후 동작 횟수를 음성으로 안내하는 코딩을 해 봅시다. '운동시작' 신호를 받으면, [identify class from (web camera)] 명령 블록으로 카메라에 비친 현재 동작을 인식하고 변수 '현재상태'에 저장합니다. 이렇게 감지된 '현재상태' 값을 '이전상태'와 비교하여 앉았는지 섰는지를 알아낼 수 있습니다.

'이전상태=서기'인데 '현재상태=앉기'이면 사람이 서 있다가 앉았다는 의미입니다. 이때는 효과음(Low Whoosh)을 재생하고 스프라이트 모양도 '앉다'로 바꿔 주세요. 그리고 '이전상태=현재상태'로 변수 값을 저장합니다.

반면에 '이전상태=앉기'인데 '현재상태=서기'이면 앉았다가 일어난 동작이 됩니다. 스쿼트 동작 1개를 완료한 셈이지요. 이때는 '개수' 변수를 1만큼 증가시키고 음성인식으로 변수 값을 말하도록 코딩해 주세요.

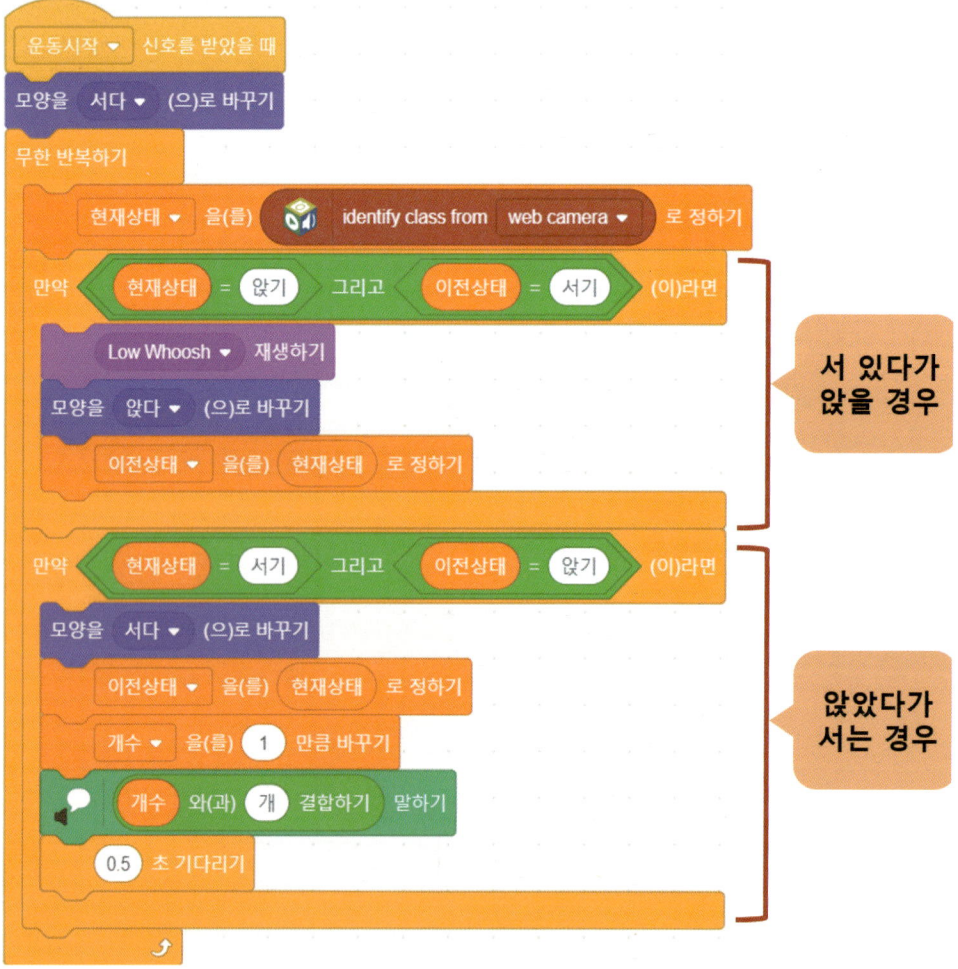

▲ [그림 2.2.17] 운동시작 코딩

06 이제 모든 코딩이 완료되었습니다. 스페이스 키를 누르고 나의 모습이 전부 화면에 나타나도록 카메라에서 멀리 떨어지세요. 카운트다운 음성이 끝난 다음 스쿼트 동작 '서기'와 '앉기'를 천천히 해보세요. 스크래치 프로그램에서 "한 개", "두 개", ... 이런 식으로 음성이 나오면 프로그램 동작이 잘 되는 겁니다.

도전하기 2.2 　 인공지능 홈 트레이너 업그레이드!

우리가 만든 프로그램에 기능을 하나 더 추가해 보겠습니다. 운동 목표 개수를 입력받아 그 목표를 달성하면 "축하합니다. 운동 목표를 달성했습니다."라는 음성이 나오게 프로그램을 업그레이드해 보세요.

Chapter 02 정리하기

이번 챕터에서는 이미지 인식 머신러닝 모델과 자세 인식 머신러닝 모델을 활용해 언택트 사회에 유용한 작품들을 만들었습니다. 다음 챕터에서도 조금 더 다양한 인공지능 기술을 활용하여 재미있는 작품들을 만들어 보겠습니다.

[인공지능 체험 사이트 2]
Auto Draw

Auto Draw는 머신러닝 기술과 아티스트의 멋진 그림이 결합된 새로운 형태의 그리기 도구입니다. 이 도구를 이용해 좀 더 쉽고 재미있게 그림을 그릴 수 있습니다.

Auto Draw는 앞서 소개한 'Quick, Draw!'와 동일한 머신러닝 기술을 사용하여 사용자가 무엇을 그리려고 하는지 추측하고, 사용자가 그리고자 하는 그림의 도면들을 제안합니다. 그러면 사용자는 아티스트들의 멋진 그림 도면 중 본인이 그리고자 했던 도면을 클릭하여 그림을 조금 더 쉽고, 멋지게 그리고 꾸며 볼 수 있습니다.

내가 원하는 그림을 그리는 데 자신이 없었나요? 그렇다면 Auto Draw를 이용해 보세요!

> **Auto Draw 웹사이트**
>
> [URL] https://www.autodraw.com

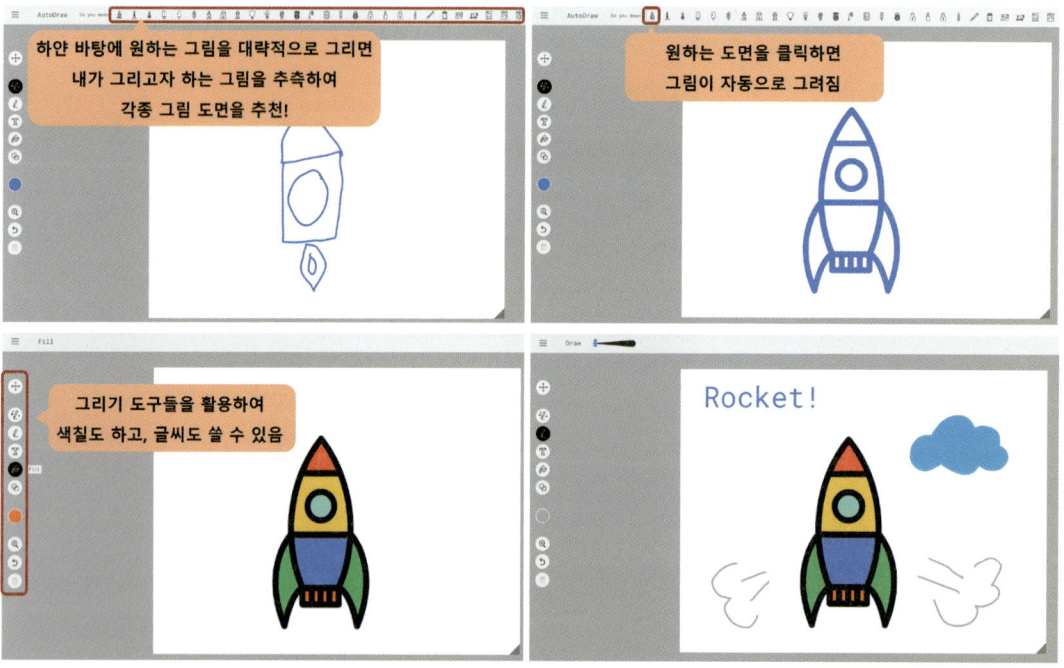

▲ Google AI Experiment에서 제공하는 Auto Draw

MEMO

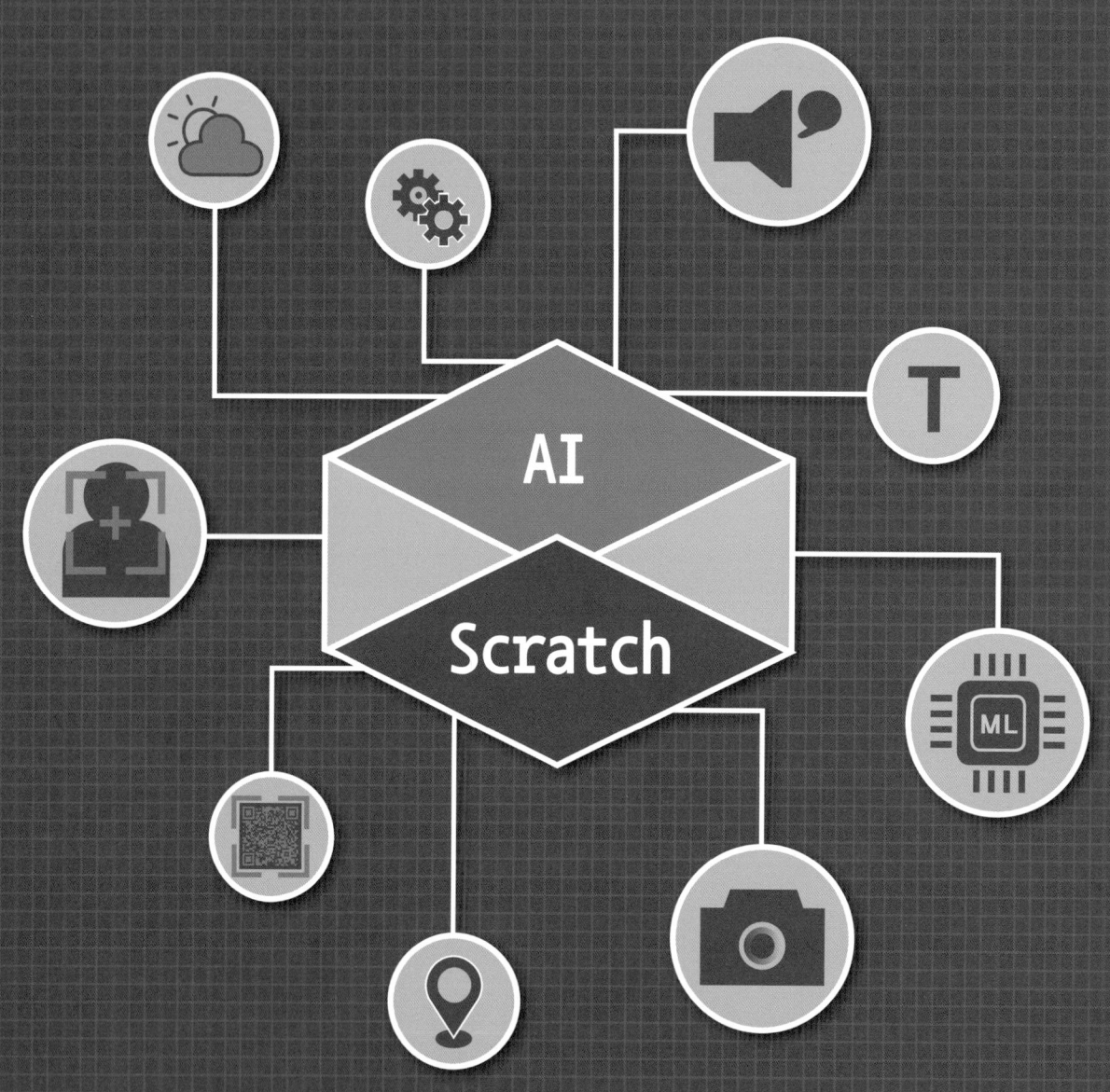

CHAPTER 03

가족과 함께 즐기는 인공지능 작품을 만들어 보아요!

Chapter 03에서는 이미지를 인식하는 머신러닝 모델과 얼굴 인식, 사물 인식 기능을 활용해 좀 더 재밌는 작품을 만들어 봅니다. 가족과 함께 즐기며 배워 보세요!

3.1 인공지능 관상가
3.2 멋쟁이 카메라 필터
3.3 우리 집 보물찾기
[인공지능 체험 사이트 3] Semi-Conductor

3.1 인공지능 관상가

아주 오래 전부터 사람의 얼굴과 생김새를 보고 그 사람의 운명, 수명, 성격 등을 판단해 주는 '관상가'라는 직업이 있었습니다. 관상가들은 사람의 얼굴을 '호랑이', '소' 등과 같은 동물에 비유하며 관상을 보기도 했다고 합니다.

작품 미리보기

이번 실습에서는 '인공지능 관상가'를 만들어 보겠습니다. 카메라에 촬영된 얼굴을 분석하여 강아지, 고양이, 원숭이, 공룡 중 어느 동물과 닮았는지 판단하고, 해당되는 동물상의 성격과 특징 그리고 각 동물상을 닮은 대표 연예인들을 알려주도록 코딩해 봅니다.

어디까지나 재미를 위해 만들어 보는 프로젝트이니 내가 원하는 결과가 나오지 않았다고 너무 실망하지는 마세요!

▲ [그림 3.1.1] 인공지능 관상가

머신러닝 모델 만들기

이번 실습은 카메라에 촬영된 얼굴 모습이 어떤 동물상인지 판단할 수 있는 머신러닝 모델이 필요합니다.

티처블 머신(Teachable Machine)을 사용하여 네 가지 클래스(강아지상, 고양이상, 공룡상, 원숭이상)로 구분하고, 머신러닝 모델을 만들어 학습시켜 보겠습니다.

01 컴퓨터에 설치된 PictoBlox 오프라인 에디터를 열어 로그인을 합니다.

> **NOTE** 오프라인 에디터를 사용하지만 PictoBlox의 [머신러닝(Machine Learning)] 확장 기능을 사용하려면 인터넷이 연결된 상태여야 합니다. 내 컴퓨터에 인터넷 연결이 되었는지 꼭 확인해 주세요.

02 PictoBlox 화면 상단 [파일] 메뉴에서 '3.1_인공지능 관상가_실습용' sb3 파일을 불러옵니다.

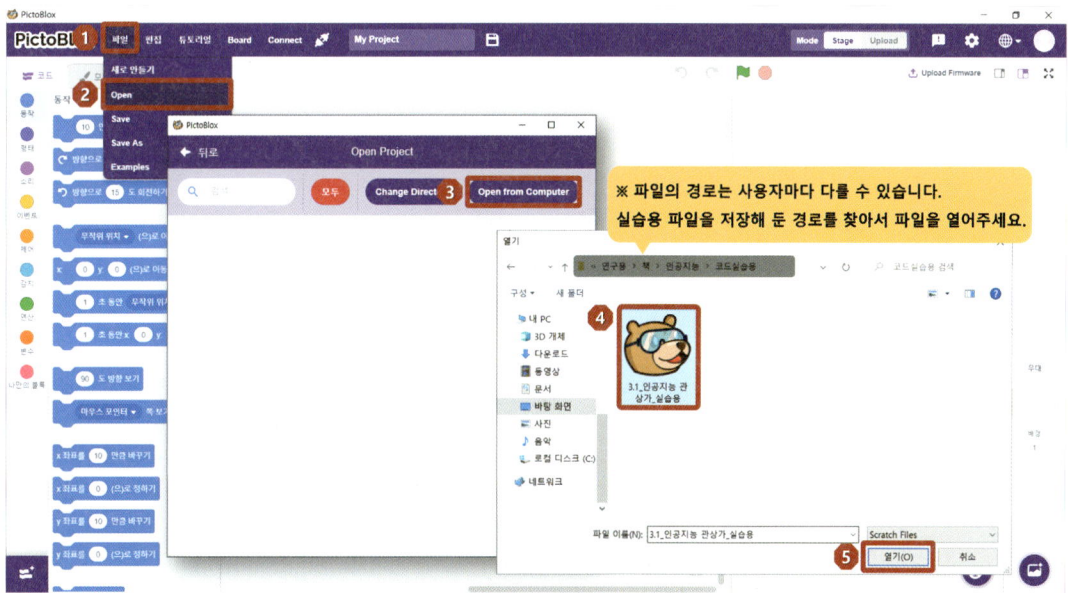

▲ [그림 3.1.2] Teachable Machine 웹사이트

03 PictoBlox 화면 왼쪽 하단의 [확장 기능 추가하기]를 누르고 [Machine Learning]을 선택합니다.

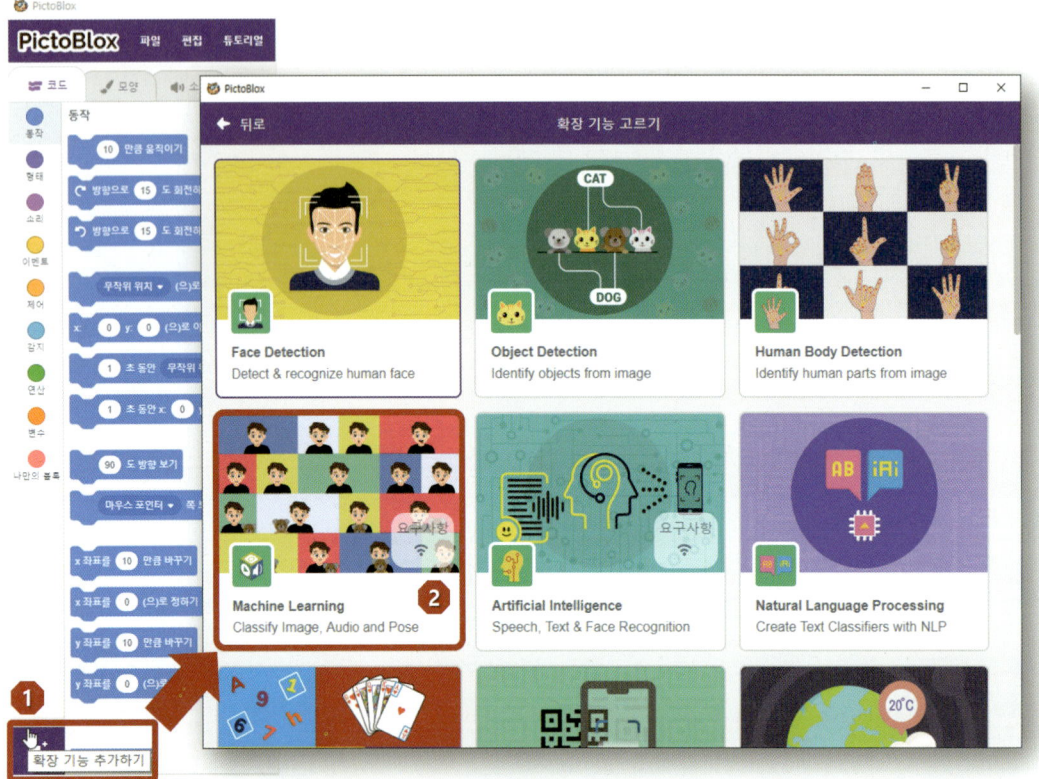

▲ [그림 3.1.3] 확장 기능 추가하기

 PictoBlox 블록 팔레트에서 [Machine Learning]을 선택한 후 [Create a Model]을 클릭해 Teachable Machine 사이트로 이동해 주세요. Teachable Machine 사이트에서 [Image Project]를 클릭한 후 [Standard image model]을 선택해 주세요.

> **NOTE** 우리 실습에서 Teachable Machine 사이트를 활용할 때는 크롬(Chrome) 웹 브라우저를 이용하도록 하겠습니다.

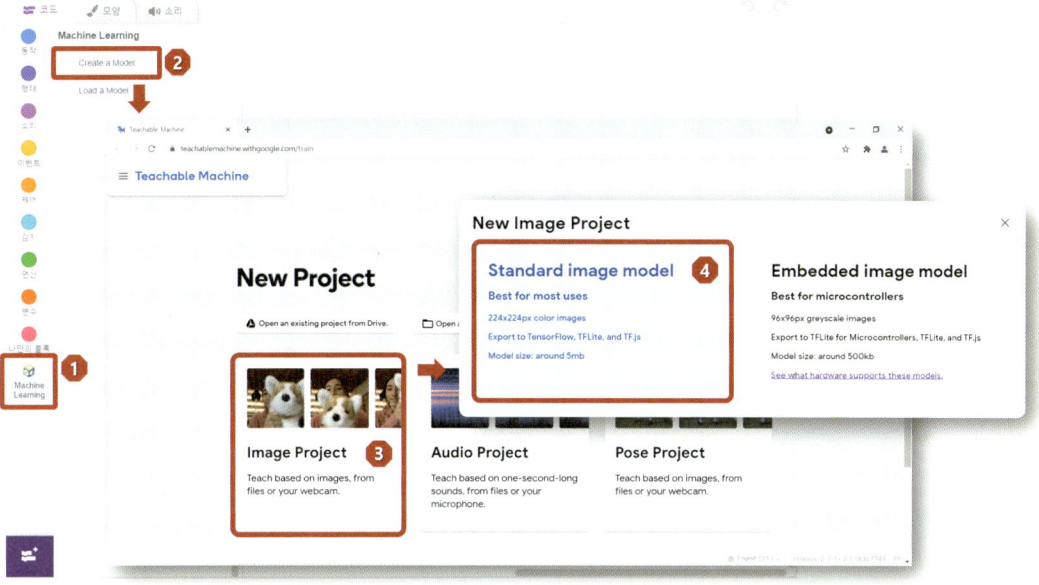

▲ [그림 3.1.4] Image Project 선택하기

05 이 프로젝트에서는 머신러닝 모델이 얼굴 모양을 인식하고 4가지 동물상 중 가장 닮은 동물상을 스스로 판단하게 만들려고 합니다. 따라서 총 4가지 클래스를 만들어 데이터를 학습시켜 보겠습니다.

현재 화면에는 2가지 항목을 학습시킬 수 있도록 클래스가 마련되어 있습니다. [Add a class]를 눌러 클래스를 2개 추가해 주세요.

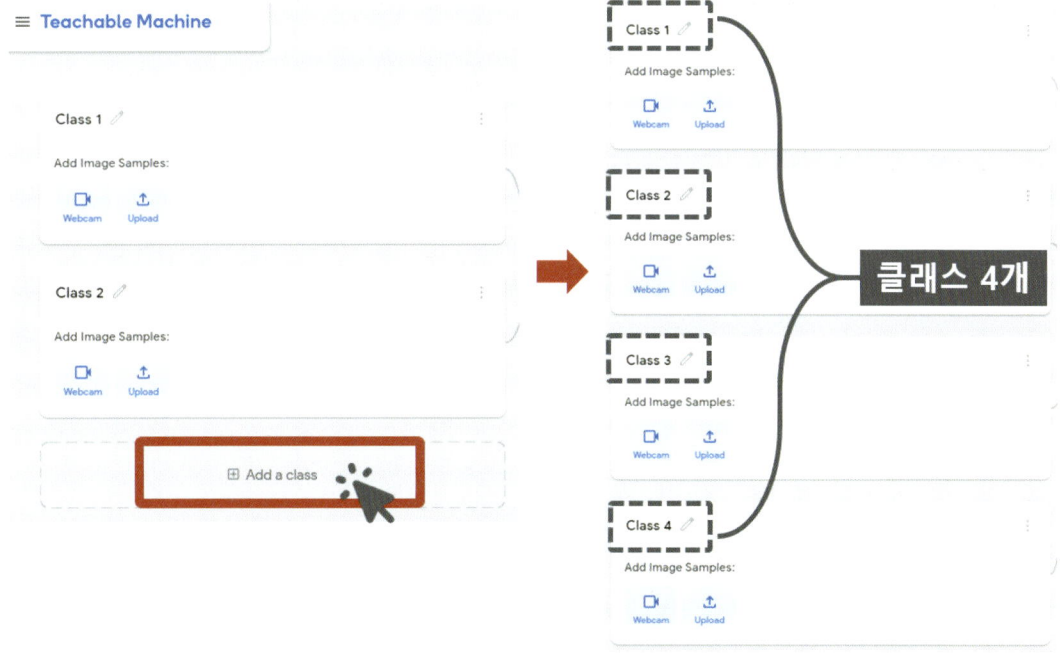

▲ [그림 3.1.5] 클래스 2개 추가하기

3.1 인공지능 관상가 85

06 학습 시킬 클래스의 이름(강아지상, 고양이상, 공룡상, 원숭이상)을 각각 입력해 주세요.

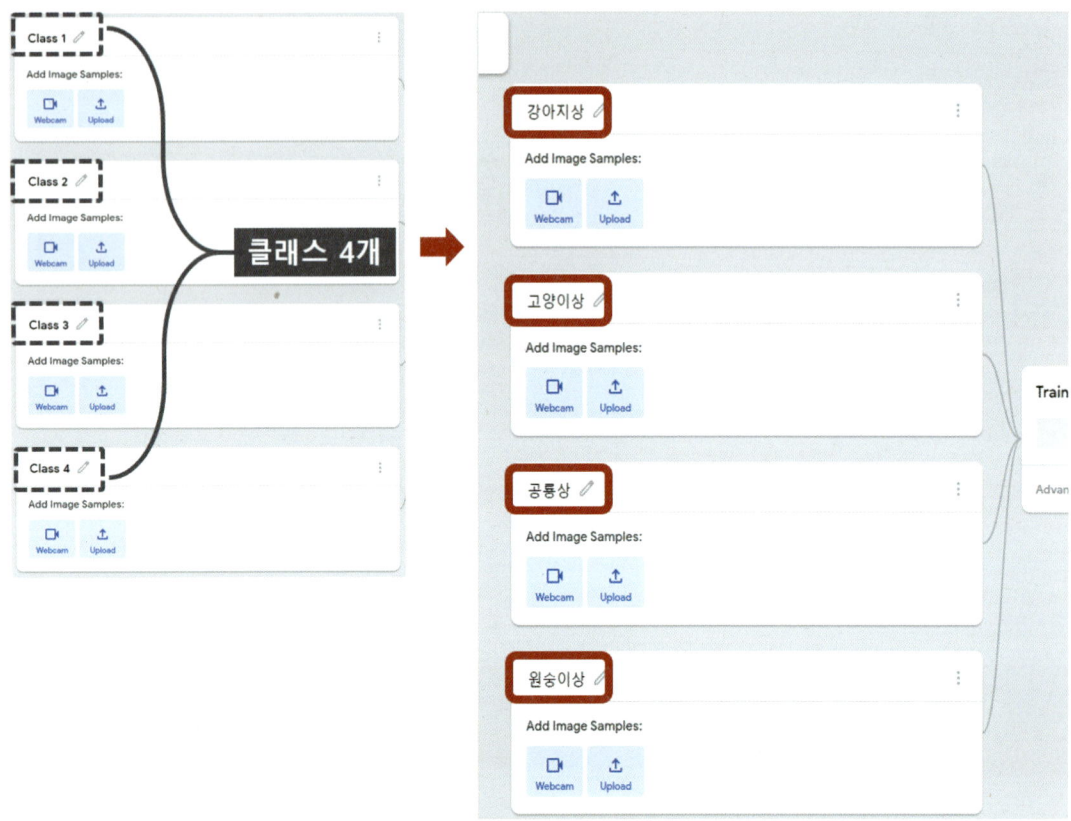

▲ [그림 3.1.6] 클래스 이름 변경하기

07 이번 실습에서는 [Upload]를 이용해 학습 데이터를 추가해 봅시다.

먼저 [강아지상] 클래스에 알맞은 학습 데이터를 넣어 보겠습니다. 학습 데이터 중 '강아지상' 폴더를 드래그해 [강아지상] 클래스로 드롭해 주세요. 그러면 폴더 내의 하위 폴더인 '강다니엘', '박보검', '임시완' 폴더의 이미지 파일들이 모두 클래스에 업로드됩니다.

> **NOTE** 학습 데이터는 저자 블로그에서 다운로드할 수 있습니다. 학습 데이터를 다운로드한 후 다음 그림과 같이 클래스에 업로드해 주세요.

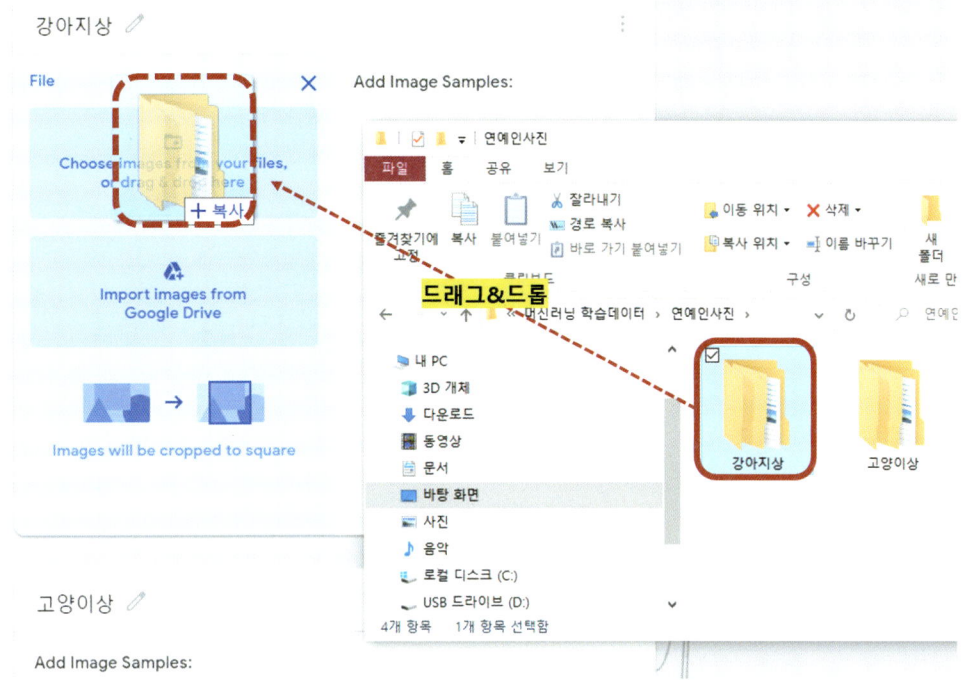

▲ [그림 3.1.7] 클래스에 학습 데이터 추가하기

08 07을 참고하여 [고양이상], [공룡상], [원숭이상] 클래스에도 알맞은 학습 데이터를 추가해 주세요. 4가지 클래스에 학습 데이터를 모두 추가하였다면 [Train Model]을 눌러 머신러닝 모델 학습을 시작합니다.

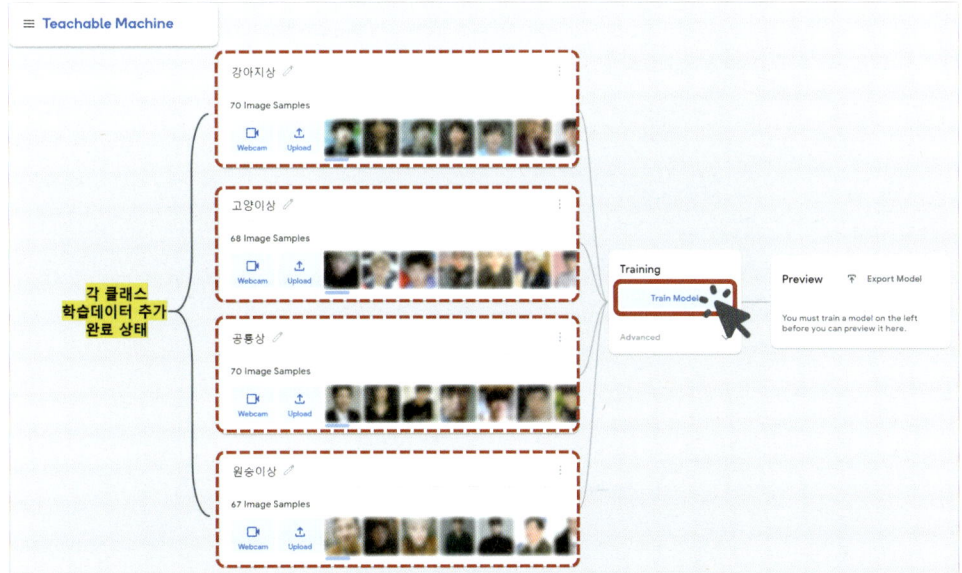

▲ [그림 3.1.8] 머신러닝 모델 학습시키기

3.1 인공지능 관상가

09 학습이 완료되었다면 Preview 창에서 웹캠에 얼굴을 비추거나 이미지 파일을 업로드하여 테스트를 해 보세요.

▲ [그림 3.1.9] 이미지 파일로 머신러닝 모델 테스트

10 테스트를 완료하였다면 머신러닝 모델을 PictoBlox에서 사용할 수 있도록 모델 내보내기를 합니다.

Preview 창에서 [Export Model]을 누르면 팝업 창이 나타납니다. 여기서 [Upload my model]을 클릭하고 잠시 후 화면 중앙에 링크가 생성되면 [Copy]를 눌러 주소를 복사해 주세요.

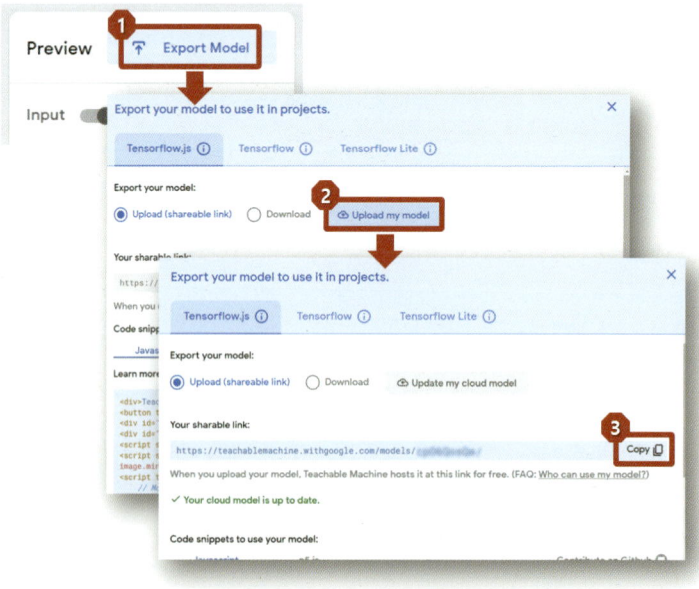

▲ [그림 3.1.10] 머신러닝 모델 내보내기

11 이제 PictoBlox 화면으로 돌아와서 복사한 주소를 이용해 머신러닝 모델을 로드해 봅시다.

[Machine Learning] 팔레트를 선택하고 [Load a Model]을 클릭합니다. 그리고 팝업 창이 나타나면 복사해 둔 머신러닝 모델 주소를 붙여 넣고 [Load Model]을 눌러 줍니다. 다음 그림과 같이 모델이 잘 로드됐다면 Teachable Machine 웹사이트를 종료해 주세요.

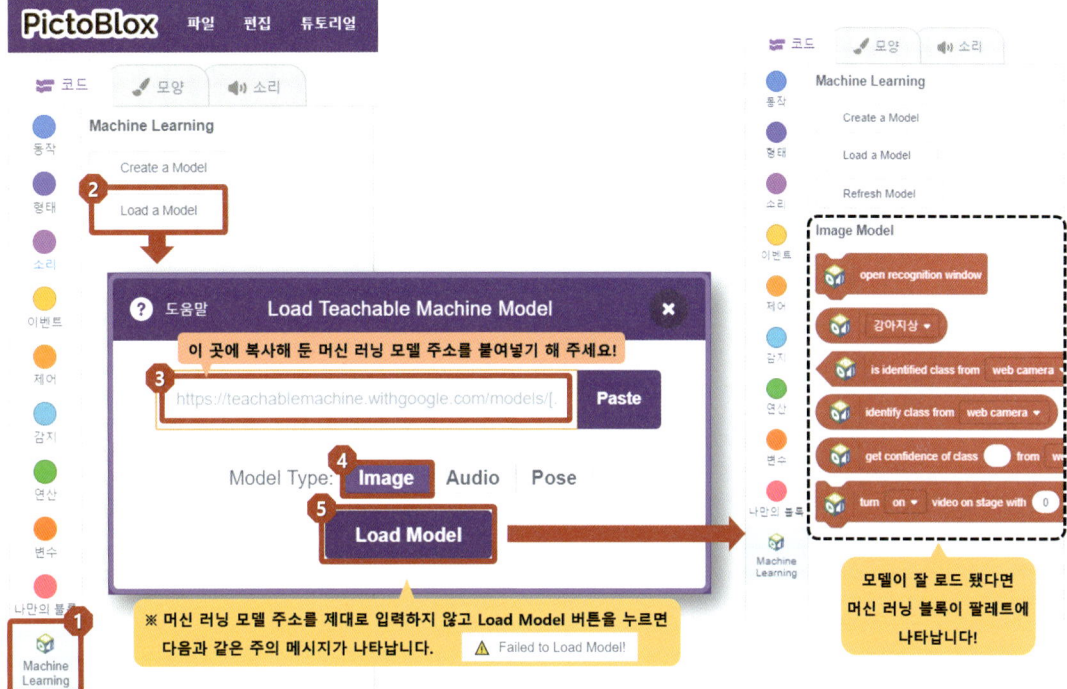

▲ [그림 3.1.11] PictoBlox에 머신러닝 모델 로드하기

코딩하기

이제 앞에서 만든 머신러닝 모델을 사용하여 '인공지능 관상가' 프로젝트를 완성해 봅시다.

01 이전 실습(2.2)과 같이 PictoBlox의 확장 기능을 추가하겠습니다. 화면 왼쪽 하단에서 [확장 기능 추가하기]를 눌러 [텍스트 음성 변환(TTS)] 기능을 가져 옵니다.

▲ [그림 3.1.12] 확장 기능 추가하기

02 이번 프로젝트는 '스페이스 키를 눌렀을 때' 동작되도록 해 봅시다.

먼저 [이벤트] 팔레트에서 [스페이스 키를 눌렀을 때] 블록을 가져 옵니다. 그리고 '초기화' 신호를 보내는 코드를 만드는데, 초기화되기 전까지는 다음 동작이 실행되면 안 되므로 [신호 보내고 기다리기] 블록을 연결해 주세요.

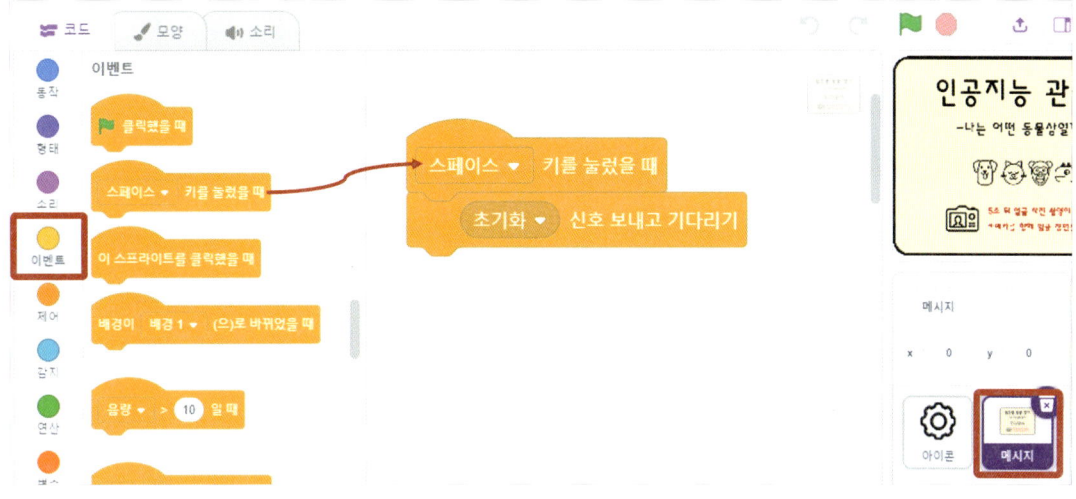

▲ [그림 3.1.13] 초기화 신호 보내기

03 '초기화' 신호를 보낸 후 화면에는 안내 메시지를 띄울 것입니다. 따라서 '메시지' 스프라이트의 초기화 코딩을 해 보겠습니다(그림 3.1.14 참조).

[x: ( ) y: ( ) (으)로 이동하기] 블록을 이용해 스프라이트 위치를 가운데로 초기화해 주세요. 그리고 [Machine Learning] 팔레트에서 [turn (off) video on stage with (0) transparency] 블록을 가져와 첫 시작 상태에서는 카메라 화면이 꺼지도록 합니다.

이어서 '안내_메시지' 모양이 나타나도록 [모양을 (안내_메시지) (으)로 바꾸기] 블록과 [보이기] 블록을 연결한 후, [소리] 팔레트에서 [(Xylo4) 끝까지 재생하기] 블록을 가져와 마지막에 연결해 주세요.

▲ [그림 3.1.14] 메시지 스프라이트 초기화

04 다음은 '아이콘' 스프라이트를 코딩해 봅시다.

이번 실습에서 아이콘 스프라이트의 역할은 사진 촬영 시 카운트다운을 하고, 촬영된 이미지를 분석하는 동안 분석 중임을 표시하는 것입니다. 따라서 프로그램이 처음 실행될 때는 아이콘 스프라이트를 숨겨야 하므로 다음 그림과 같이 초기화 코딩을 합니다(그림 3.1.15 참조).

아이콘 스프라이트의 모양은 첫 시작 화면에서는 나타날 필요가 없기 때문에 [숨기기]로 초기화를 합니다.

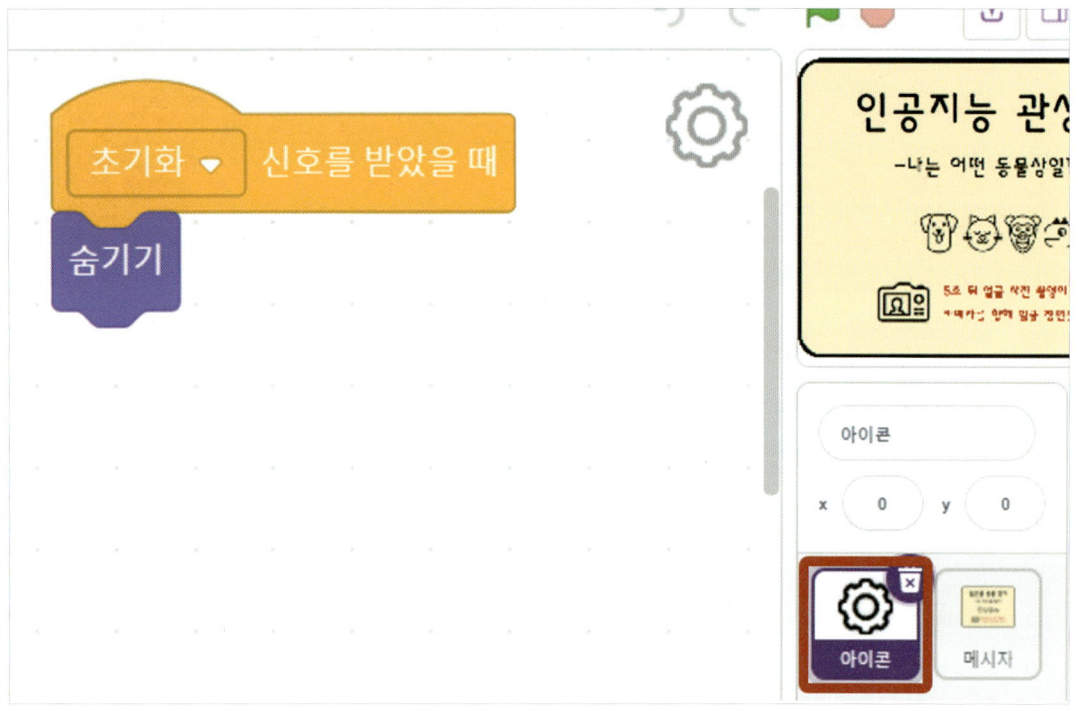

▲ [그림 3.1.15] 아이콘 스프라이트 초기화

05 '메시지' 스프라이트에서 [(초기화) 신호 보내고 기다리기] 블록 밑으로 [(사진촬영안내) 신호 보내고 기다리기]를 블록을 연결합니다.

신호를 보냈다면 신호를 받는 스크립트가 있어야 하겠죠? '사진촬영안내' 신호를 받았을 때 화면에 스프라이트 모양이 보이지 않도록 숨깁니다. 그리고 사진 촬영을 위한 무대를 준비합니다. 무대 배경을 투명하게 하여 카메라가 켜지도록 [turn (on) video on stages (0) transparency] 블록을 연결해 주세요. 그리고 [Text to Speech] 팔레트에서 [말하기] 블록을 사용하여 사진 촬영 안내를 하도록 코딩을 합니다(말하기 블록에 입력할 문구는 [그림 3.1.16]를 참고하세요).

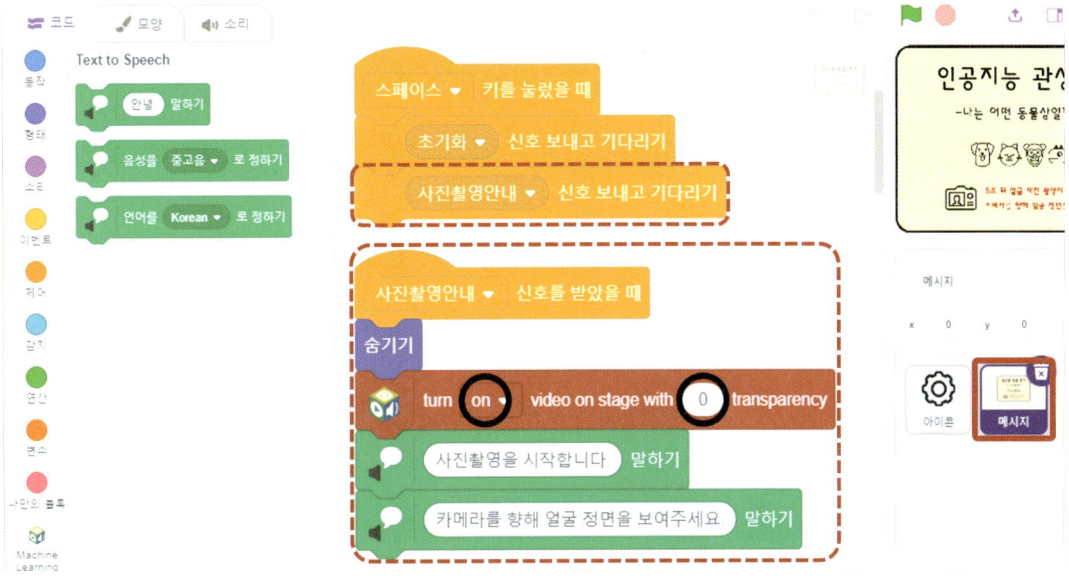

▲ [그림 3.1.16] 사진 촬영 안내

06 이제 사진촬영을 알리는 카운트다운을 할 수 있도록 해 봅시다.

'메시지' 스프라이트에서 [(사진촬영안내) 신호 보내고 기다리기] 블록 밑에 [(카운트다운) 신호 보내고 기다리기] 블록을 연결해 주세요.

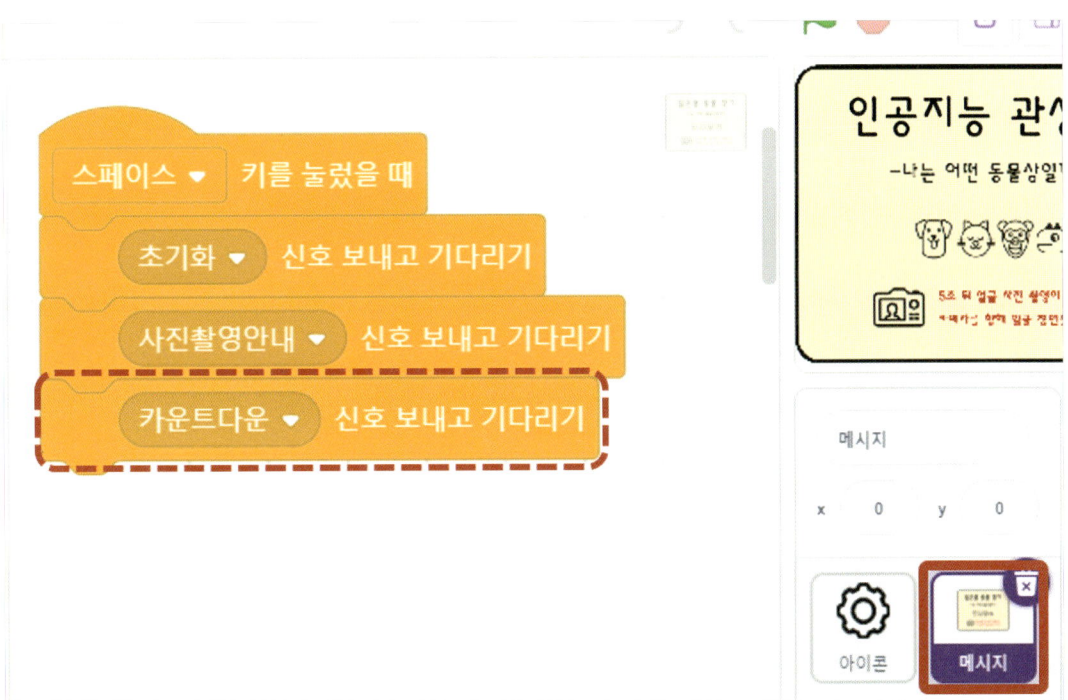

▲ [그림 3.1.17] 카운트다운 신호 보내기

07 '메시지' 스프라이트에서 카운트다운 신호를 보냈으니, 이번엔 '아이콘' 스프라이트로 이동하여 '카운트다운' 신호를 받았을 때의 코드를 만들어 봅시다.

'카운트다운' 신호를 받았을 때 5부터 1까지의 숫자를 1초마다 하나씩 화면에 보이게 합니다. 그리고 숫자가 하나씩 바뀌는 사이에 효과음(Collect)을 넣어 사진 촬영 타이밍을 알립니다. 카운트다운이 끝나면 모양을 숨기고 사진을 촬영하는 듯한 효과음(Machine)이 끝까지 재생되도록 합니다.

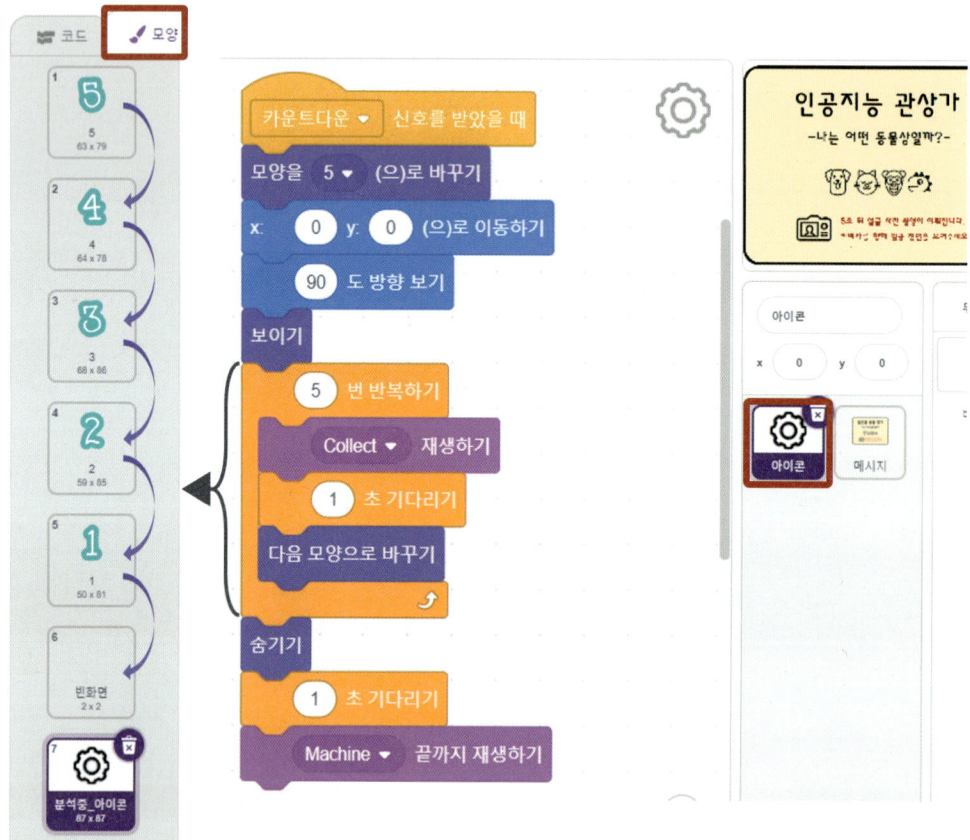

▲ [그림 3.1.18] 사진 촬영을 알리는 카운트다운

08 이제 카메라에 촬영된 얼굴 모습(정확히 말하면 무대에 비춰진 얼굴 모습)이 어떤 동물상에 가까운지 분석하도록 코딩해 봅시다.

'메시지' 스프라이트로 이동하여 [(카운트다운) 신호 보내고 기다리기] 블록 밑에 [(얼굴분석하기) 신호 보내고 기다리기] 블록을 만들어 연결해 주세요.

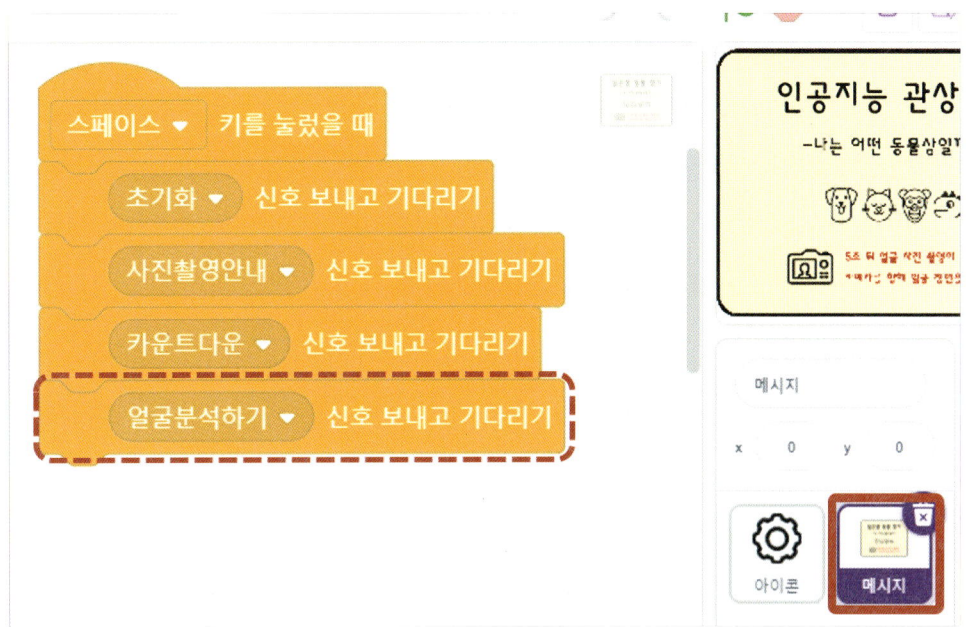

▲ [그림 3.1.19] 얼굴 분석 신호 보내기

09 다음으로 '메시지' 스프라이트에 '얼굴분석하기' 신호를 받았을 때의 코드를 추가해 봅시다. 먼저 각 동물상일 확률을 저장하는 변수를 네 개(강아지상확률, 고양이상확률, 공룡상확률, 원숭이상확률) 만들어 주세요.

변수를 만들었으면, 무대에 비친 얼굴이 머신러닝 모델에 훈련시킨 각각의 클래스와 얼마나 비슷한지 알리는 코딩을 해 봅시다. 변수 네 개에 각 동물상 클래스의 확률을 저장할 수 있도록, [Machine Learning] 팔레트에서 [get confidence of class (클래스명) from (stage)] 블록을 연결해 주세요.

그리고 각 동물상 클래스에 대한 확률값을 저장했다면 카메라 전원을 끄도록 만듭니다. [turn (off) video on stages (0) transparency] 블록을 제일 끝에 연결해 주세요.

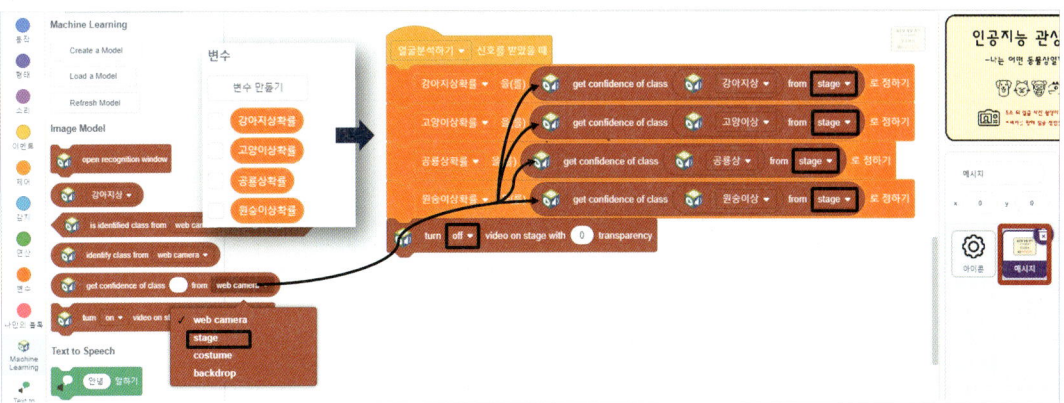

▲ [그림 3.1.20] 변수 네 개에 각 동물상 클래스의 확률 저장

10 분석 중임을 알리는 안내 신호를 보내 봅시다.

'메시지' 스프라이트로 이동해서 [(얼굴분석하기) 신호보내고 기다리기] 블록 밑에 [(분석중 안내) 신호 보내고 기다리기] 블록을 만들어 연결해 주세요.

▲ [그림 3.1.21] 분석 중임을 알리는 신호 보내기

11 '분석중 안내' 신호는 '메시지' 스프라이트와 '아이콘' 스프라이트가 동시에 신호를 받아서 각각 필요한 동작을 하도록 코드를 만들어야 합니다.

먼저 '메시지' 스프라이트에서 '분석중 안내' 신호를 받았을 때 코드를 완성해 봅시다. '분석중 안내' 신호를 받았을 때 스프라이트의 모양을 '분석중_메시지'로 바꾸고 메시지가 나타나도록 코딩해 주세요.

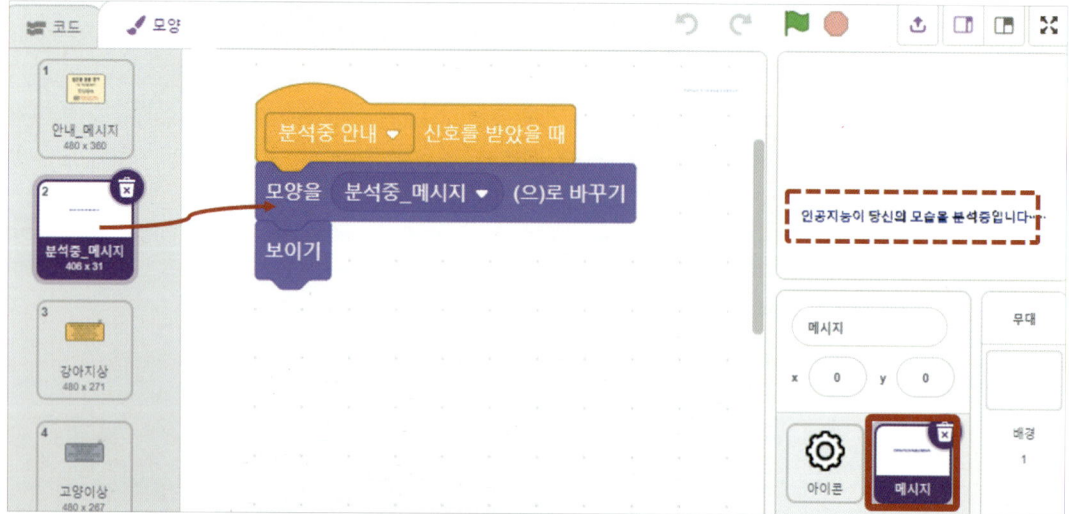

▲ [그림 3.1.22] 분석 중임을 알리는 메시지 나타내기

12 이번에는 '아이콘' 스프라이트로 이동해 '분석중 안내' 신호를 받았을 때 코드를 완성해 봅시다.

'분석중 안내' 신호를 받았을 때 '아이콘' 스프라이트의 모양을 '분석중_아이콘'으로 바꾸고 아이콘이 나타나도록 코딩해 주세요. 그리고 효과음(Computer Beep2)을 재생하며 '분석중_아이콘'이 빙글빙글 돌아가도록 합니다. 다음 그림과 같이 100번 반복 회전을 시킨 후 아이콘을 숨겨 주세요.

▲ [그림 3.1.23] 분석 중 아이콘 나타냈다가 숨기기

13 분석이 완료되면 가장 닮은꼴 동물상을 하나 정하여서 관련된 메시지가 화면에 나타나도록 코딩해 봅시다.

[(분석중 안내) 신호 보내고 기다리기] 블록 밑에 [(동물상 결정하기) 신호 보내고 기다리기] 블록과 [(분석결과 메시지) 신호 보내기] 블록을 만들어 연결해 주세요. [(분석결과 메시지) 신호를 보내기]는 가장 마지막에 연결되는 블록이므로 굳이 [신호 보내고 기다리기]를 사용할 필요가 없습니다.

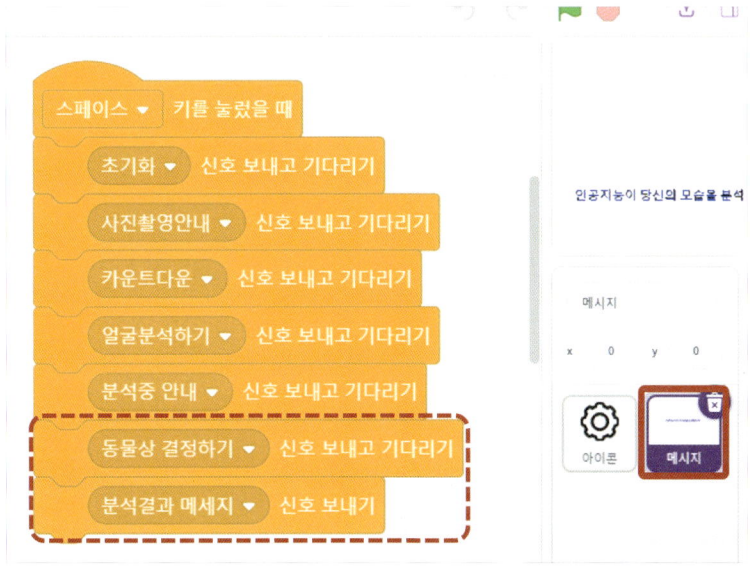

▲ [그림 3.1.24] 동물상 결정하는 신호 및 분석결과 메시지 보내는 신호 보내기

14 '메시지' 스프라이트에서 먼저 신호를 보낸 '동물상 결정하기' 신호를 받았을 때 코드를 만들어 봅시다. [그림 3.1.25]를 참고하여 '최대값'과 '최대값동물상'이라는 이름의 변수 2개를 만들어 주세요.

▲ [그림 3.1.25] '최대값', '최대값동물상' 변수 만들기

15 어떤 동물상이 가장 비슷한지 알려면 각 동물상의 확률을 하나씩 비교해 주어야 합니다. 가장 비슷한 동물상은 강아지상이라 일단 정한 후, 조건 블록과 비교 연산자 블록을 활용해 다른 동물상과의 확률을 비교하고 가장 큰 확률값이 나온 동물상을 찾아내 보겠습니다.

우선 '최대값' 변수에는 '강아지상확률' 값, '최대값동물상' 변수에는 '강아지상'을 저장해 주세요. 그리고 [만약 ( ) (이)라면] 블록을 이용해 '최대값'을 다른 동물상의 확률값과 비교합니다.

예를 들어 처음에 정해둔 '최대값'(강아지상확률)보다 '고양이상확률'이 더 크다면 '최대값'을 '고양이상확률'로 변경합니다. 반면에 '최대값'이 '고양이상확률'보다 더 크다면 '최대값'은 그대로 유지한 채 다음 동물상의 확률값과 비교합니다.

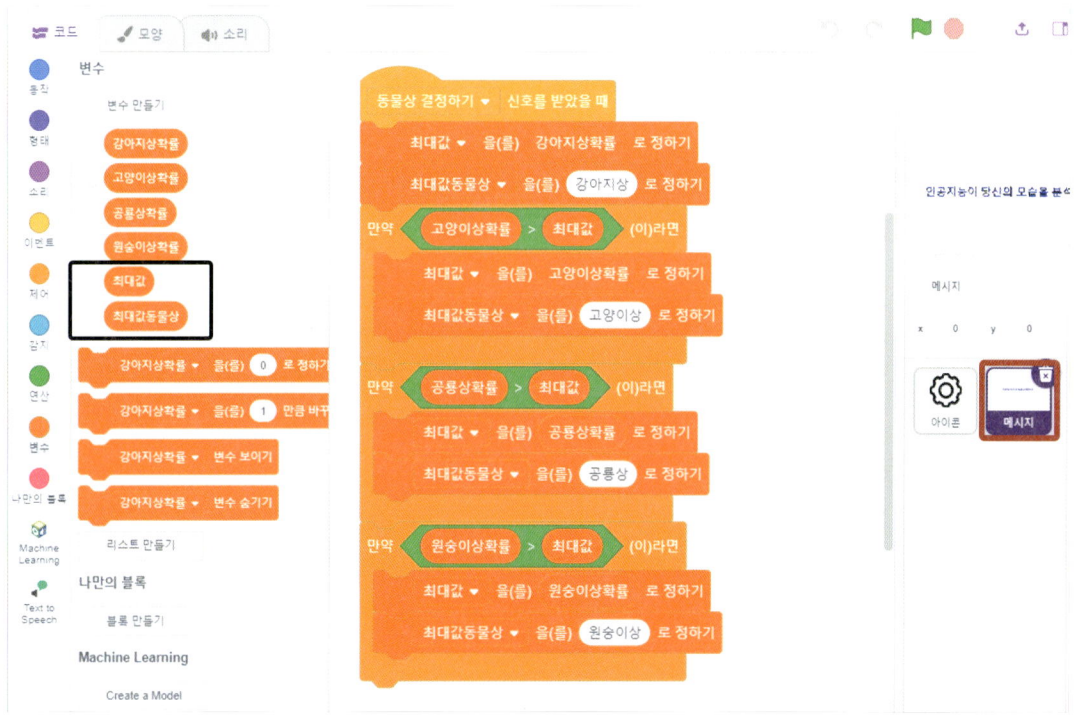

▲ [그림 3.1.26] 가장 큰 확률값을 가진 동물상 찾기

16 확률 값이 가장 높은 동물상이 정해졌다면 분석 결과를 메시지로 나타내주는 코드를 만들어 봅시다. '분석결과 메시지' 신호를 받았을 때 '최대값동물상' 변수 값이 무엇이냐에 따라서 화면에 나타나는 메시지 모양이 달라야 합니다. 그러려면 '최대값동물상'의 값이 '강아지상'과 같다면 강아지상으로 바꾸고, '고양이상'이라면 모양을 고양이상으로 바꿔 주면 됩니다.

[그림 3.1.27]과 같이 네 가지 비교 조건문을 만들고 '메시지' 모양이 화면에 나타날 때 효과음(Magic Spell)이 나타나도록 블록을 연결해 주세요.

> **잠깐!** 최대값과 비교할 값을 입력할 때는 해당 변수명과 똑같이 입력해 주세요
>
> '최대값동물상'과 비교하는 조건문을 만들 때 비교 값에 입력하는 글자는 14에서 입력한 글자와 변수 이름으로 입력해야 합니다. 띄어쓰기를 했다면 그 부분도 똑같이 입력을 해야 한다는 점을 잊지 마세요!

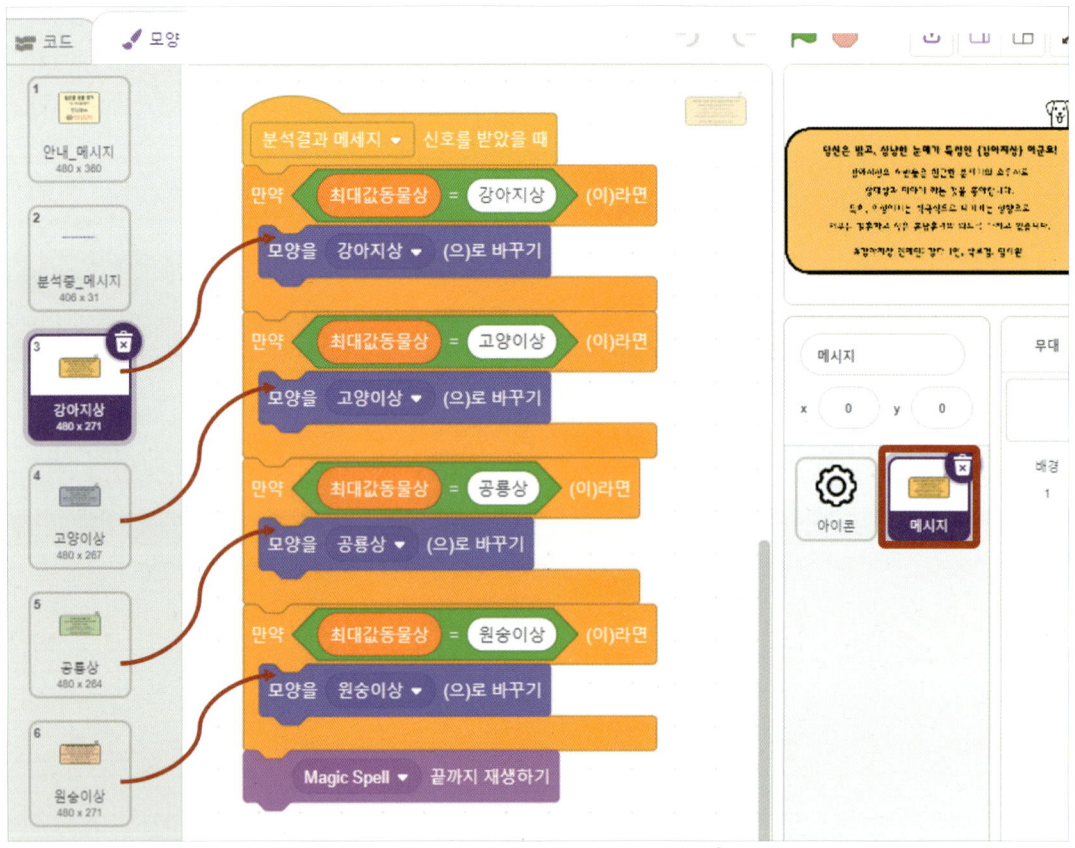

▲ [그림 3.1.27] 분석결과 메시지 코딩

| 17 | 이제 작품이 모두 완성되었습니다. 스페이스 키를 누른 후, [그림 3.1.28]과 같이 웹캠에 얼굴이 잘 나오도록 비추고 인공지능 관상가의 대답을 기다려 보세요! |

▲ [그림 3.1.28] 닮은 동물상 확인

도전하기 3.1 말(Horse)상 추가하기

4가지 동물상 외에 말(Horse)상 닮은꼴을 추가하여 인공지능 관상가 작품을 업그레이드해 보세요!

3.2 멋쟁이 카메라 필터

여러분들은 카메라 필터 앱을 이용해 사진을 찍어 본 적이 있나요? 카메라 필터를 이용하면 카메라 속 얼굴을 감지하여 얼굴 형태나 눈의 크기를 마음대로 변형시킬 수도 있고, 선글라스를 끼고 사진을 찍은 듯한 효과를 낼 수도 있습니다. 실제 착용하지 않은 모자도 필터를 활용하면 멋진 파티용 모자를 쓴 듯한 효과를 내기도 합니다. 호기심 많은 분이라면 카메라 필터가 어떻게 우리의 얼굴을 감지하는지 궁금할 겁니다. 다음 작품을 만들어 보며 카메라 필터 앱의 원리를 알아볼까요?

작품 미리보기

이번 실습에서는 멋쟁이 카메라 필터를 만들어 보겠습니다. 다양한 필터를 보여주고, 그중에서 선택한 필터를 카메라에 감지된 얼굴 크기와 위치에 맞춰 조정하도록 코딩해 보겠습니다.

▲ [그림 3.2.1] 멋쟁이 카메라 필터

머신러닝 모델 만들기

이번 실습은 따로 머신러닝 모델을 만들어 훈련시킬 필요 없이, PictoBlox의 확장 기능에서 제공하는 [얼굴 감지(Face Detection)] 블록을 활용하여 만들어 보겠습니다.

코딩하기

01 컴퓨터에 설치된 PictoBlox 오프라인 에디터를 열어 로그인을 합니다.

02 PictoBlox 화면 상단 [파일] 메뉴에서 '3.2_멋쟁이 카메라 필터_실습용' sb3 파일을 불러옵니다.

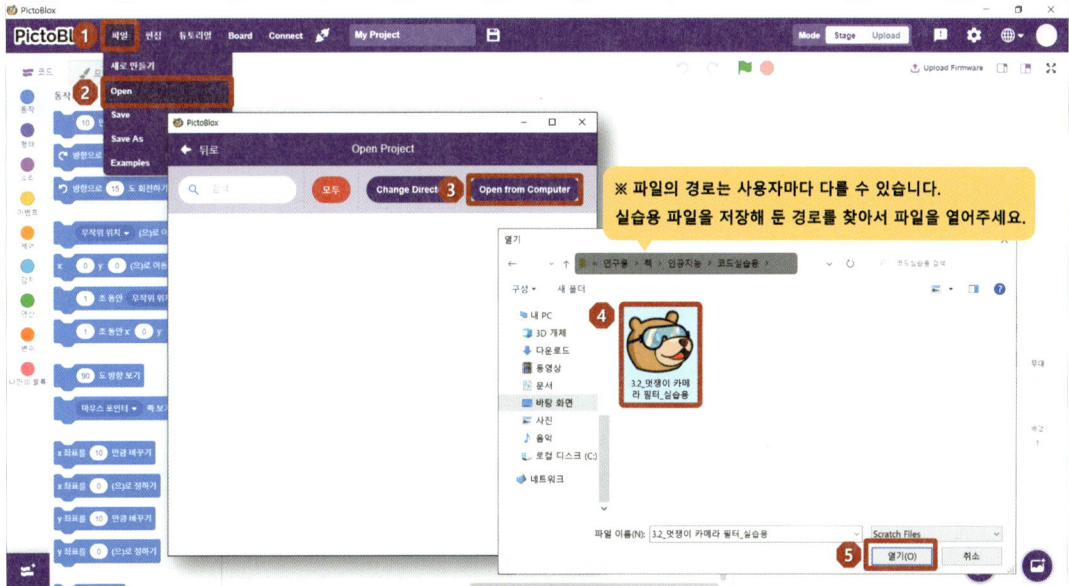

▲ [그림 3.2.2] 실습 파일 열기

03 PictoBlox 화면 왼쪽 하단의 [확장 기능 추가하기]를 누르고 [Face Detection]을 선택해 주세요.

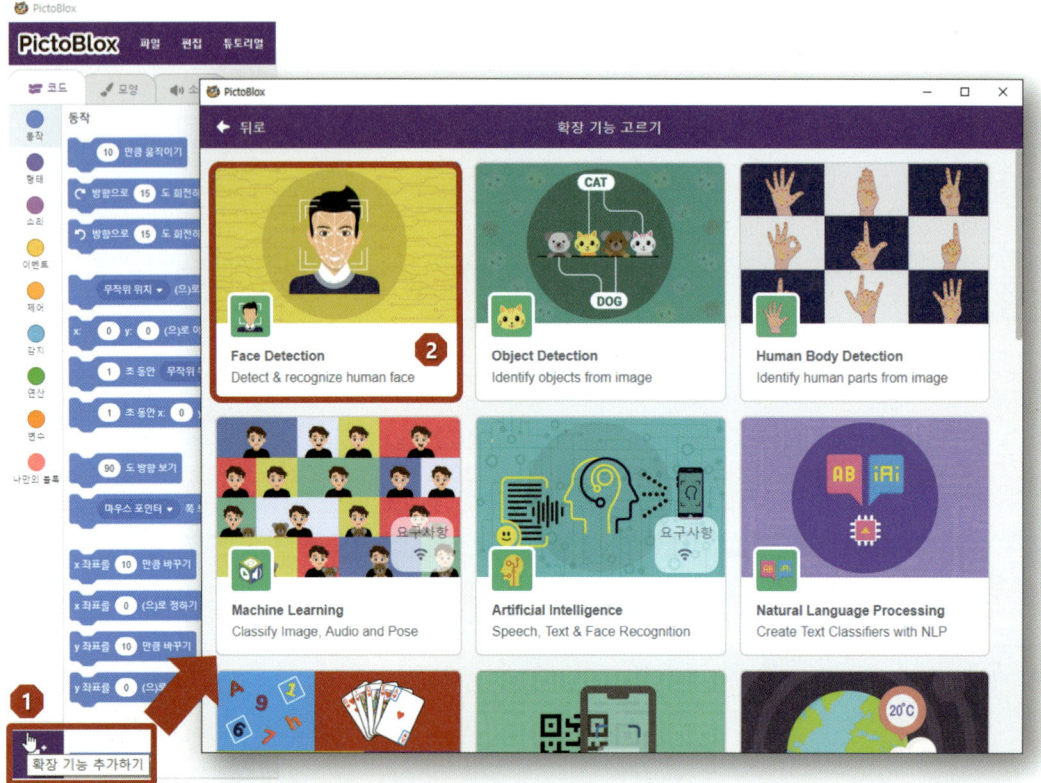

▲ [그림 3.2.3] 확장 기능 추가하기

04 먼저 스프라이트 창에서 실습에 활용할 필터 개수만큼 '필터효과' 스프라이트를 복사해 보겠습니다. '필터효과' 스프라이트 위에서 마우스 오른쪽 클릭으로 '필터효과' 스프라이트를 8개 추가해 주세요.

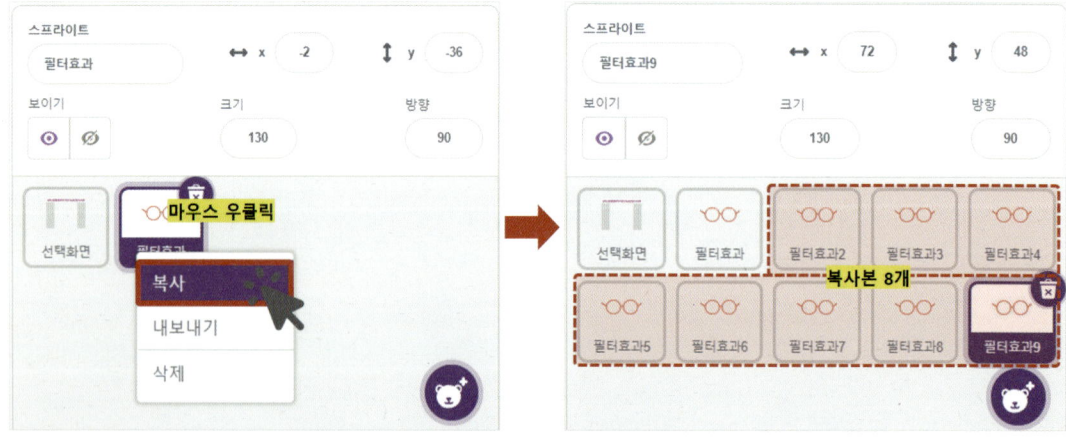

▲ [그림 3.2.4] '필터효과' 스프라이트 8개 추가하기

05 다음 그림을 참고하여 복사한 스프라이트의 이름과 모양을 변경해 주세요.

스프라이트 이름		선택 모양
변경 전	변경 후	모양
필터효과2	안경	1. 안경
필터효과3	하트선글라스	2. 하트선글라스
필터효과4	콧수염	3. 콧수염
필터효과5	얼굴수염	4. 얼굴수염
필터효과6	왕관1	5. 왕관1
필터효과7	곰돌이모자	6. 곰돌이모자
필터효과8	파티모자	7. 파티모자
필터효과9	토끼귀	8. 토끼귀

▲ [그림 3.2.5] 복사한 스프라이트의 이름 및 모양 변경

06 | 8가지 필터 스프라이트의 크기를 조절하는 코드를 만든 후, 초록색 깃발을 한 번 눌러 실행하고 화면 양쪽에 필터를 4개씩 알맞게 배치해 주세요.

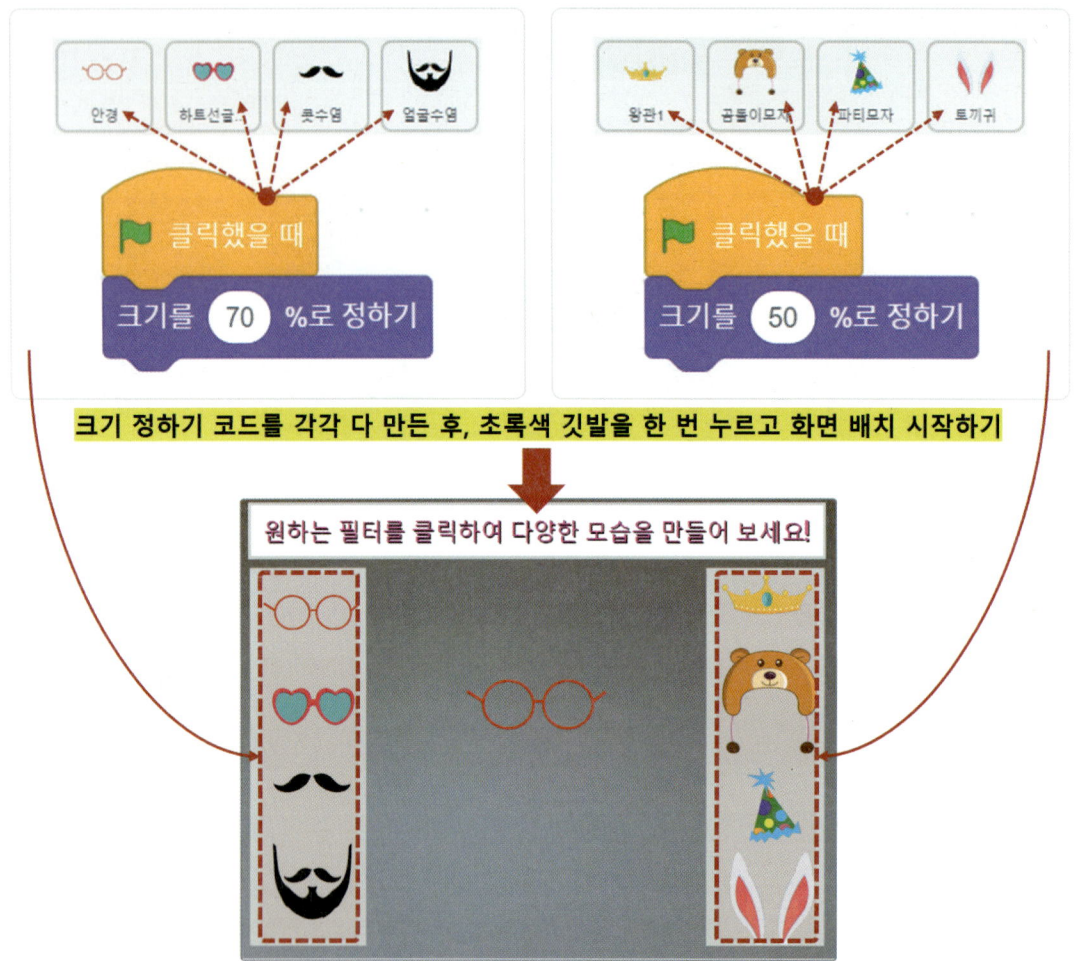

▲ [그림 3.2.6] 필터 스프라이트 크기 조절 후 화면에 배치

07 각각의 '필터'를 클릭했을 때의 코드를 만들어 봅시다.

필터 스프라이트는 클릭했을 때 직접적인 동작이 일어나지는 않고, '필터효과' 스프라이트에게 어떤 필터가 클릭됐는지 알려주는 역할을 합니다. [이벤트] 팔레트의 [( ) 신호 보내기] 블록을 이용해 다음 그림과 같이 코드를 완성해 주세요.

▲ [그림 3.2.7] 각 필터를 클릭했을 때 신호 보내기

08 이제 '필터효과' 스프라이트로 이동하여 얼굴 감지 코드를 완성해 봅시다.

'초록 깃발을 클릭했을 때' 카메라가 켜지도록 [Face Detection] 팔레트에서 [turn (on) video on stage with (0)% transparency] 블록을 가져와 연결해 주세요.

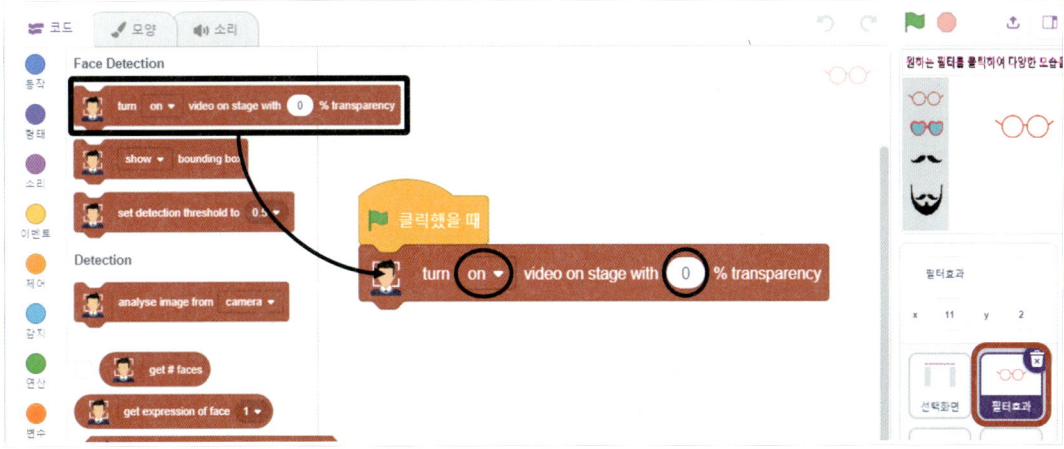

▲ [그림 3.2.8] 카메라 화면 켜기

09 방금 연결한 블록 밑에 새로운 블록을 추가해 보겠습니다. [Face Detection] 팔레트에서 [analyse image from (camera)] 블록을 가져와 [무한 반복하기] 블록으로 감싸 주세요.

> **NOTE** [analyse image from (camera)] 블록은 카메라에 비친 이미지를 지속적으로 분석하여 얼굴을 감지하는 역할을 합니다.

▲ [그림 3.2.9] 카메라에 비친 이미지 분석하기

10 감지된 얼굴 크기에 맞게 필터 크기를 조절하고, 얼굴 필터를 적용해야 하는 위치에 선택한 필터가 나타날 수 있도록 코드를 만들어 봅시다.

[Face Detection] 팔레트에는 [get ( ) of face ( )]라는 블록이 있습니다. 이 블록에는 두 가지 드롭 박스가 있습니다. 첫 번째 드롭 박스에서는 감지된 얼굴의 너비, 높이, x좌표, y좌표를 선택할 수 있고, 두 번째 드롭 박스에서는 몇 번째로 감지된 얼굴인지 선택할 수 있습니다(선택 가능한 최대 숫자는 10입니다).

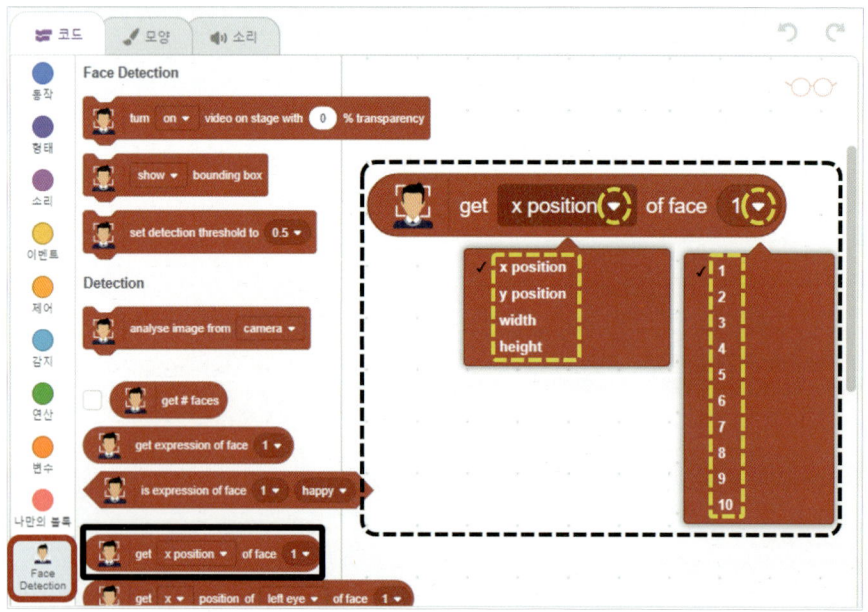

▲ [그림 3.2.10] 필터의 적용 위치 및 얼굴 감지 횟수 선택하기

11 방금 코딩한 블록을 [크기를 ( )%로 정하기] 블록과 [x: ( ) y: ( ) (으)로 이동하기] 블록에 각각 연결한 후 [무한 반복하기] 블록 안에 넣어 주세요. 그러면 필터가 우리 얼굴에 딱 맞게 나타나게 됩니다.

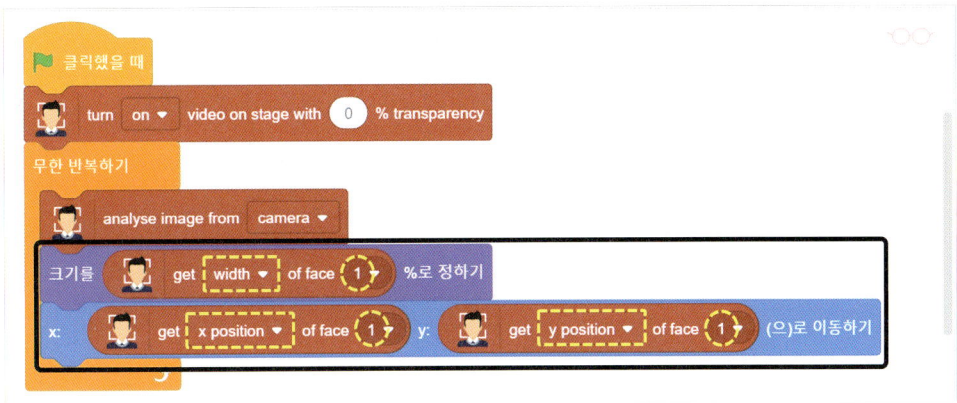

▲ [그림 3.2.11] 감지된 얼굴에 알맞게 필터 크기 및 위치 조정

12 이제 선택된 각 필터에서 보내 온 신호에 따라 '필터효과' 스프라이트의 모양이 바뀌도록, 다음 그림과 같이 '신호를 받았을 때' 코드를 만들어 주세요.

▲ [그림 3.2.12] 필터효과 스프라이트에 '신호를 받았을 때' 코딩

13 마지막으로 '선택화면' 스프라이트를 선택하여 코드를 만들어 봅시다.

'선택화면' 스프라이트는 필터를 돋보여주는 배경 역할을 합니다. 따라서 작품을 처음 실행할 때부터 항상 화면의 맨 뒤쪽에 위치해야 합니다. 다음 그림을 참고하여 스프라이트의 위치와 배치에 대해 코딩해 주세요.

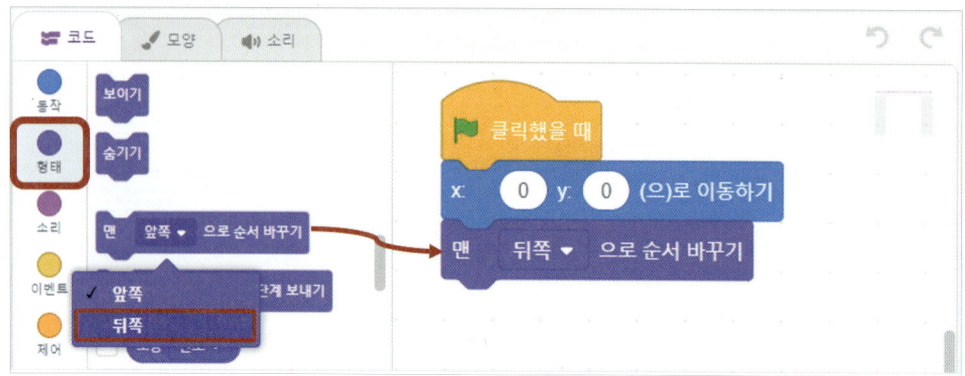

▲ [그림 3.2.13] '선택화면' 스프라이트 코딩

14 이제 작품 코드가 모두 완성되었습니다. 카메라 필터가 잘 동작하는지 테스트 해 보세요.

도전하기 3.2 　'필터효과' 스프라이트 추가하기

'필터효과' 스프라이트에는 실습에서 다루지 않은 다양한 모양이 더 준비되어 있습니다.
실습한 내용을 바탕으로 다른 모양의 필터도 얼굴 인식이 되도록 코드를 작성해 보세요.

3.3 우리 집 보물찾기

여러분들은 '보물찾기' 게임을 해 본 적이 있나요? 여기저기 돌아다니며 꼭꼭 숨은 '보물종이'를 찾아내면 종이에 적힌 멋진 상품을 획득할 수 있는 이 게임은 남녀노소 모두가 즐길 수 있는 실외 게임입니다.

그런데 실내 생활을 많이 하는 요즘과 같은 때는 어떨까요? 아무래도 실외에서 보물찾기 게임을 하기 어렵겠죠. 하지만 인공지능과 스크래치를 활용한다면 실내에서 보물찾기 게임을 해 볼 수 있습니다. 다음 작품을 만들고 가족, 친구들과 함께 실내에서 안전하고 즐겁게 게임을 즐겨 봅시다.

작품 미리보기

이번 실습에서는 우리 집 보물찾기를 만들어 보겠습니다. 찾을 물건을 제시하고 제한 시간을 주어 집 안 곳곳에 숨겨진 물건을 찾는 프로그램으로, 'Object Detection' 기능을 이용해 카메라에 비춘 물건을 인식하고 찾을 물건이 맞는지 판별해 냅니다.

▲ [그림 3.3.1] 우리 집 보물찾기

머신러닝 모델 만들기

이번 실습은 따로 머신러닝 모델을 만들어 훈련시킬 필요 없이, PictoBlox의 확장 기능에서 제공하는 [물체 감지(Object Dectection)] 블록을 활용하여 만들어 보겠습니다.

코딩하기

01 컴퓨터에 설치된 PictoBlox 오프라인 에디터를 열어 로그인을 합니다.

02 PictoBlox 화면 상단 [파일] 메뉴에서 '3.3_우리 집 보물찾기_실습용' sb3 파일을 불러옵니다.

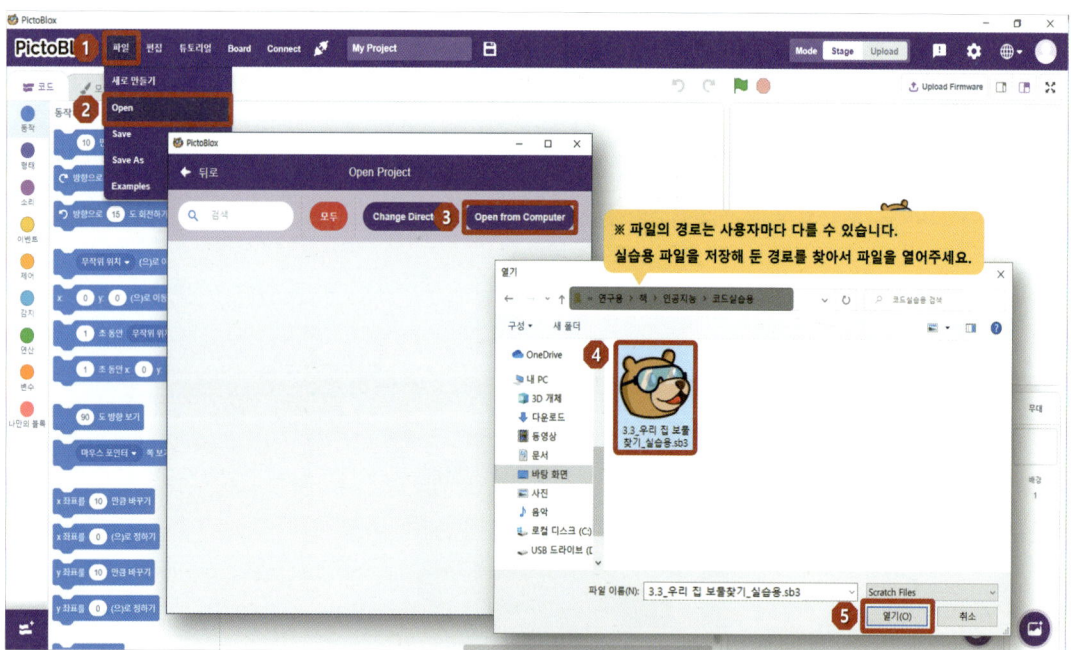

▲ [그림 3.3.2] 실습용 파일 열기

03 PictoBlox 화면 왼쪽 하단의 [확장 기능 추가하기]를 누르고 [Object Detection] 기능을 선택해 주세요.

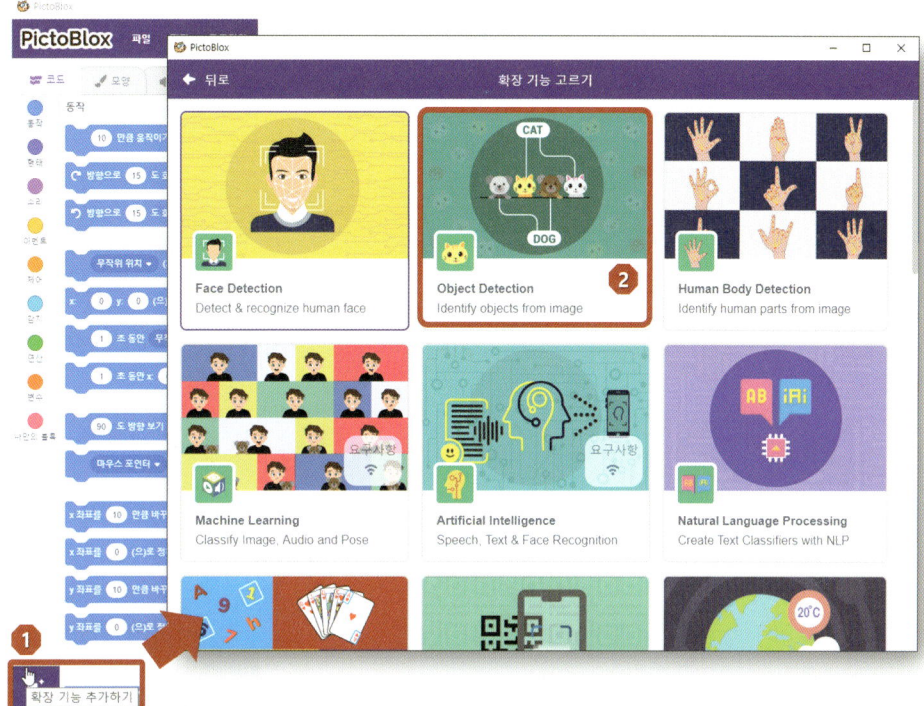

▲ [그림 3.3.3] 확장 기능 추가하기

04 다음 그림과 같이 추가된 [Object Detection] 블록들을 확인해 보세요.

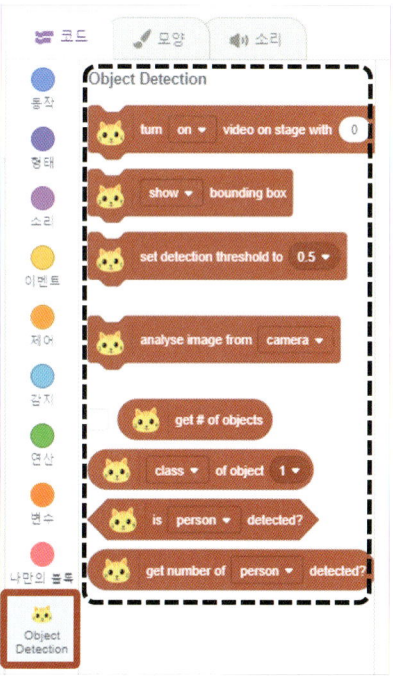

▲ [그림 3.3.4] 추가된 Object Detection 블록들

05 이번 실습은 '스페이스 키'를 누르면 게임이 시작되도록 만들어 보겠습니다.

[무대]의 [코드] 탭으로 이동하여 '초록 깃발을 클릭했을 때' 초기화 신호를 보낸 후 스페이스 키를 누르기 전까지는 게임이 시작되지 않고 기다리도록 코딩해 주세요(그림 3.3.5 참조).

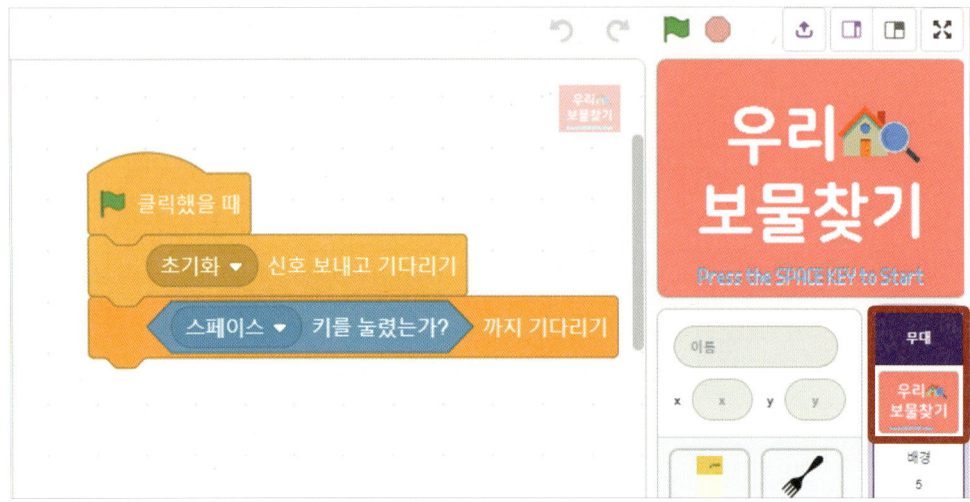

▲ [그림 3.3.5] 깃발 클릭했을 때 초기화 신호 보내고 기다리기

06 초기화 신호를 받았을 때 각각의 스프라이트가 '초기화'를 할 수 있도록 코드를 완성해 봅시다. 우선 [그림 3.3.6]을 참고하여 실습에 필요한 3가지 변수를 만들어 주세요.

- 제한 시간 내에 게임을 하는 형태로 남은 시간을 알려주는 '남은시간' 변수
- 맞혀야 하는 물건을 체크하는 '물건번호' 변수
- 물건을 맞힐 때 마다 점수를 저장하는 '점수' 변수

▲ [그림 3.3.6] 변수 만들기

07 [무대]에서 '초기화' 신호를 받았을 때 '남은시간'을 '50'으로 정한 후, 변수가 보이지 않도록 '남은시간' 변수를 숨깁니다. 그리고 '첫화면' 배경으로 바꾸고, 음악(Chill)을 재생하도록 코딩해 주세요.

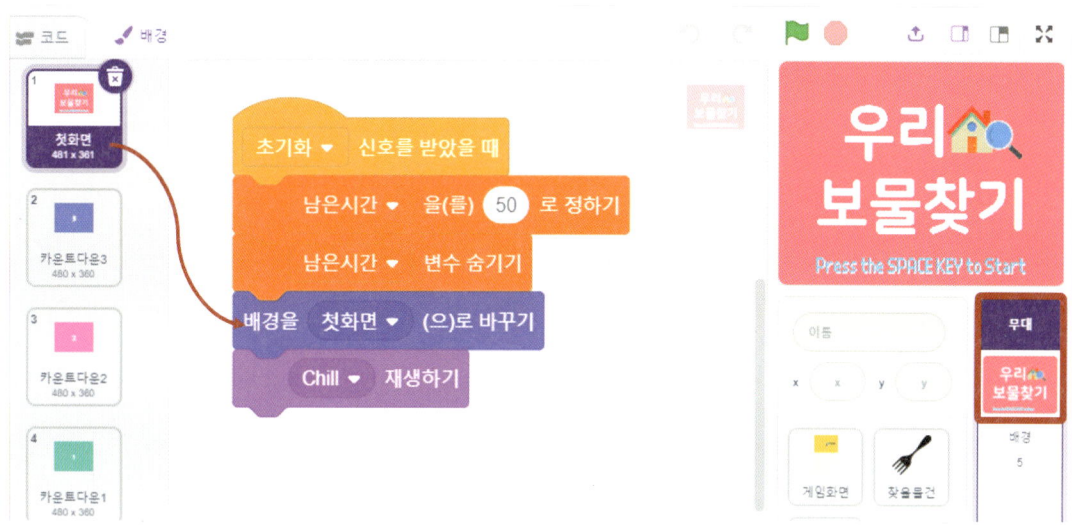

▲ [그림 3.3.7] 무대 초기화

08 이번에는 '찾을물건' 스프라이트로 이동해서 초기화 코드를 완성해 봅시다.

'초기화' 신호를 받았을 때 '물건번호' 변수를 0으로 정한 후 변수를 숨깁니다. 그리고 다음 그림과 같이 '찾을물건' 모양이 나타날 '위치 값'과 '크기'를 초기화한 후 아직 게임을 시작하기 전이니 스프라이트를 숨깁니다.

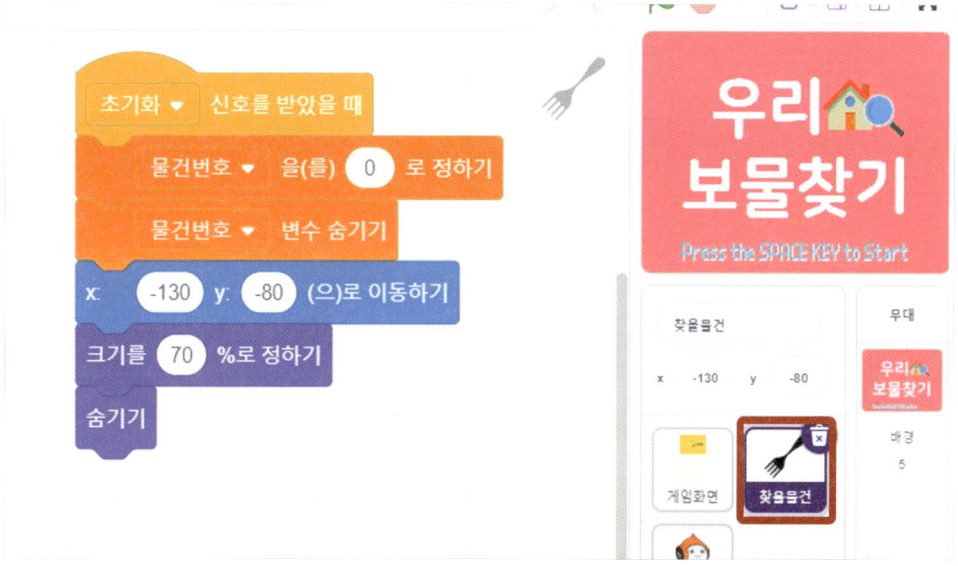

▲ [그림 3.3.8] 찾을물건 스프라이트 초기화

09 '게임화면' 스프라이트의 초기화는 매우 간단합니다.

'게임화면' 스프라이트는 게임을 시작하면 배경 화면으로 사용할 것입니다. 스프라이트가 화면 중앙에 나타날 수 있도록 '위치 값'을 주고 게임이 시작되기 전까지는 숨겨 주세요.

▲ [그림 3.3.9] 게임화면 스프라이트 초기화

10 이제 'Pico' 스프라이트의 초기화 코드를 완성해 봅시다.

다음 그림과 같이 '초기화' 신호를 받았을 때 '점수' 변수 값을 0으로 정한 후 변수를 숨깁니다. 그리고 [Object Detection] 팔레트에서 카메라 전원을 끄는 [turn (off) video on stage with (0)% transparency] 블록과 물체 인식을 위해 사용하는 [(hide) bounding box] 블록을 가져와 연결해 주세요. 마지막으로 스프라이트의 '위치 값'과 '모양'을 초기화하고 숨깁니다.

> **NOTE** Pico 스프라이트는 이 게임을 안내할 캐릭터의 화면입니다. 찾을 물건을 캐릭터가 제시하고 카메라에 비친 물건에 따라 표정을 바꾸도록 만들어 볼 예정입니다.

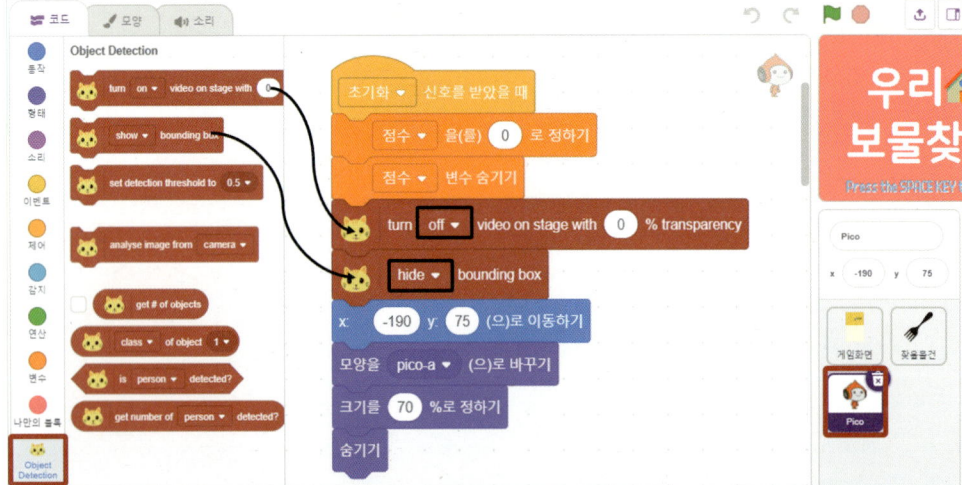

▲ [그림 3.3.10] Pico 스프라이트 초기화

11 [무대]의 [코드] 탭으로 다시 돌아와서 스페이스 키를 누른 이후 상황을 코딩해 봅시다.

다음 그림과 같이 [(스페이스) 키를 눌렀는가? 까지 기다리기] 블록 밑에 [모든 소리 끄기] 블록과 [(카운트다운) 신호 보내기] 블록을 연결해 주세요.

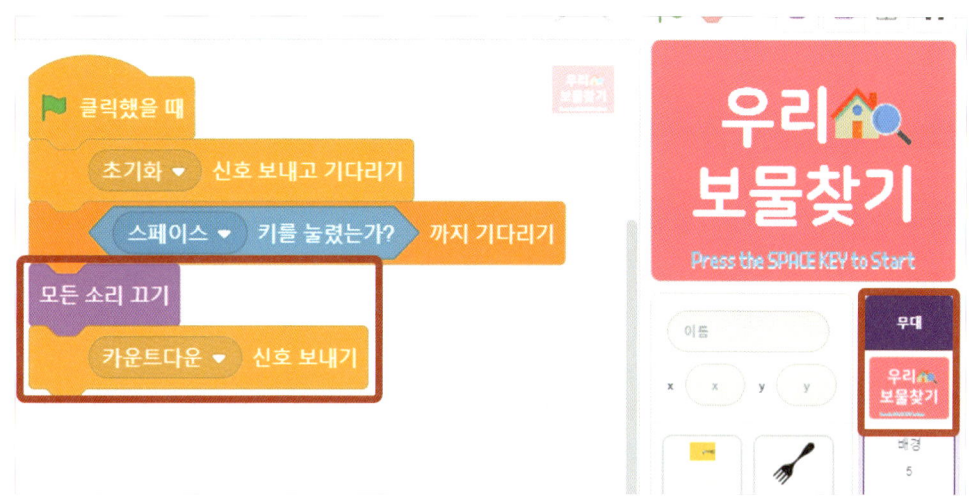

▲ [그림 3.3.11] 스페이스 키를 눌렀을 때 무대 코드

12 이제 게임의 시작을 알리는 '카운트다운' 코드를 [무대]에 만들어 볼 차례입니다.

다음 그림과 같이 '카운트다운' 신호를 받았을 때 준비된 배경이 순서대로 1초마다 바뀌도록 코드를 만듭니다. 그리고 카운트다운이 끝나면 게임이 시작되도록 [(게임시작) 신호 보내기] 블록을 만들어 연결해 주세요.

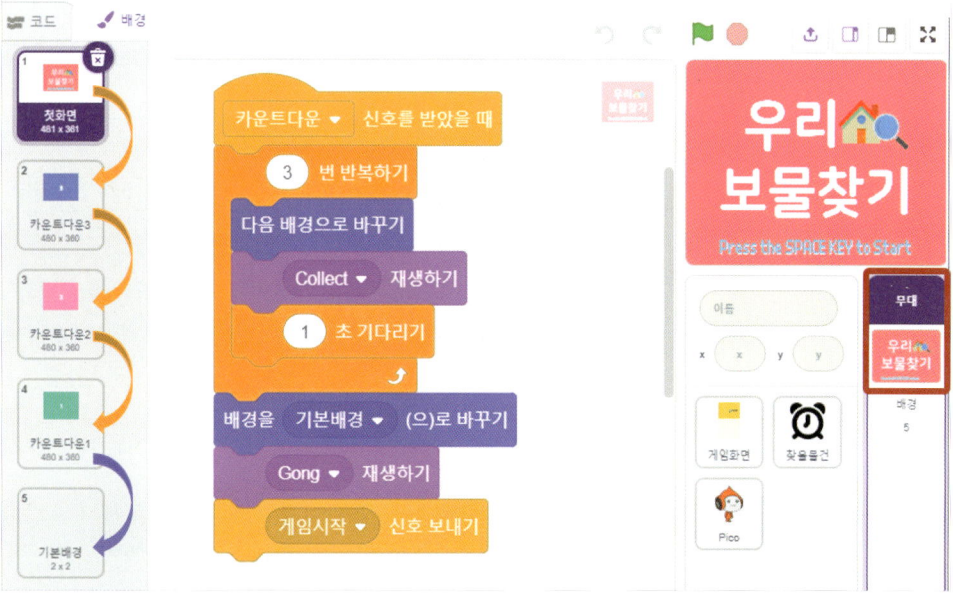

▲ [그림 3.3.12] 카운트다운 코드

13 계속해서 [무대]에 '게임시작' 신호를 받았을 때의 코드를 만들어 봅시다.

우선 배경 음악을 바꿔 보겠습니다. '게임시작' 신호를 받았을 때 '초기화' 때 나오던 음악과는 다른 음악(Drum Satellite)이 계속 재생되도록 코딩해 주세요.

배경 음악을 바꿨으면 '남은시간' 변수를 이용해 제한 시간을 알려주는 코드를 만들어 봅시다. '게임시작' 신호를 받았을 때 남은시간 변수를 보이고, 남은 시간이 1보다 작아지면 [멈추기 모두] 블록을 사용하여 게임이 종료되도록 합니다(그림 3.3.13의 타이머 기능 참조).

▲ [그림 3.3.13] 게임시작 신호 받았을 때 병렬 실행 구조

14 '게임화면' 스프라이트에도 '게임시작' 신호를 받았을 때 나타나도록 코드를 만들어 주세요.

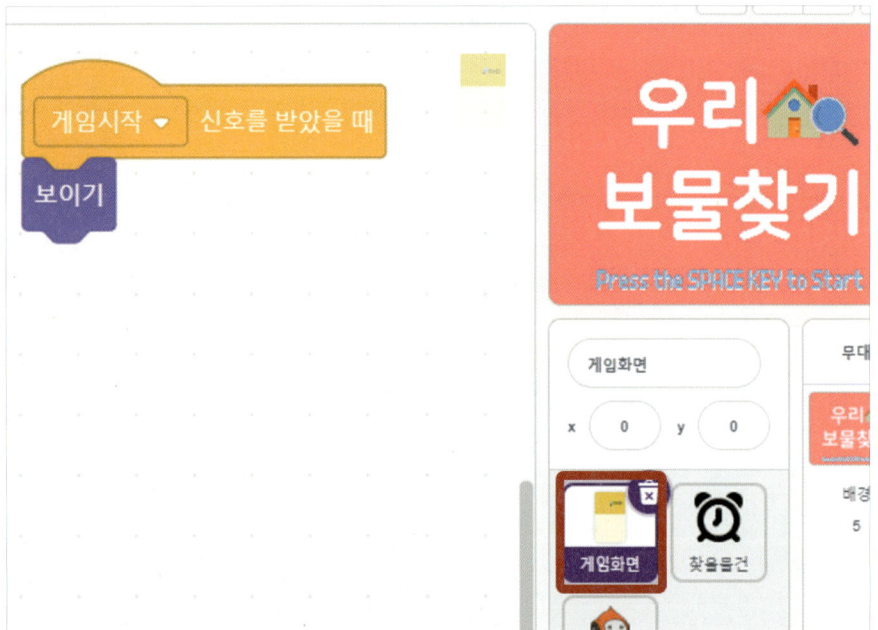

▲ [그림 3.3.14] 게임이 시작되면 게임화면 보이기

15 'Pico' 스프라이트로 이동하여 '게임시작' 신호를 받았을 때 코드를 만들어 봅시다.

'게임시작' 신호를 받았을 때는 카메라가 켜지도록 [Object Detection] 팔레트에서 [turn (on) video on stage with (0)% transparency] 블록을 사용합니다. 이때 투명도(transparency)는 꼭 '0'으로 하여 배경이 완전히 투명하게 보이도록 해 주세요.

그리고 '점수' 변수와 'Pico' 스프라이트가 보이도록 블록을 연결한 후, [Object Detection] 팔레트에서 [(show) bounding box]와 [analyse image from (stage)] 블록을 가져와 [무한 반복하기]로 감싸줍니다.

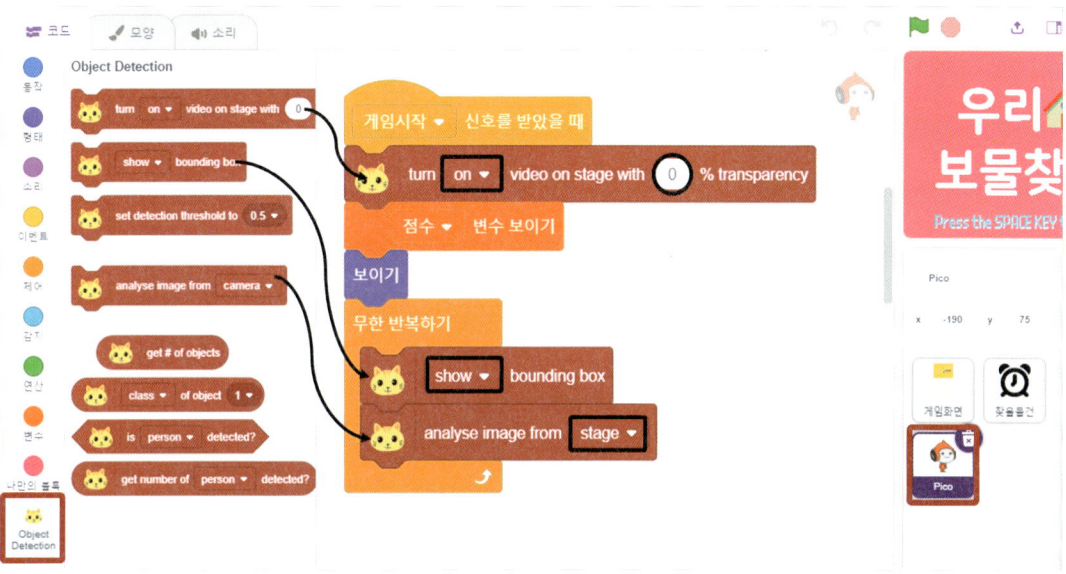

▲ [그림 3.3.15] 사물 인식을 위한 블록들

잠깐! [analyse image from ( )] 블록의 옵션 박스 선택에 따라 분석 범위가 달라집니다

[analyse image from ( )] 블록은 옵션 박스에서 [camera]와 [stage]를 선택할 수 있습니다. 선택 옵션에 따라 물체 인식 범위가 달라지는데요, 이번 실습 작품을 예로 들어 보겠습니다.

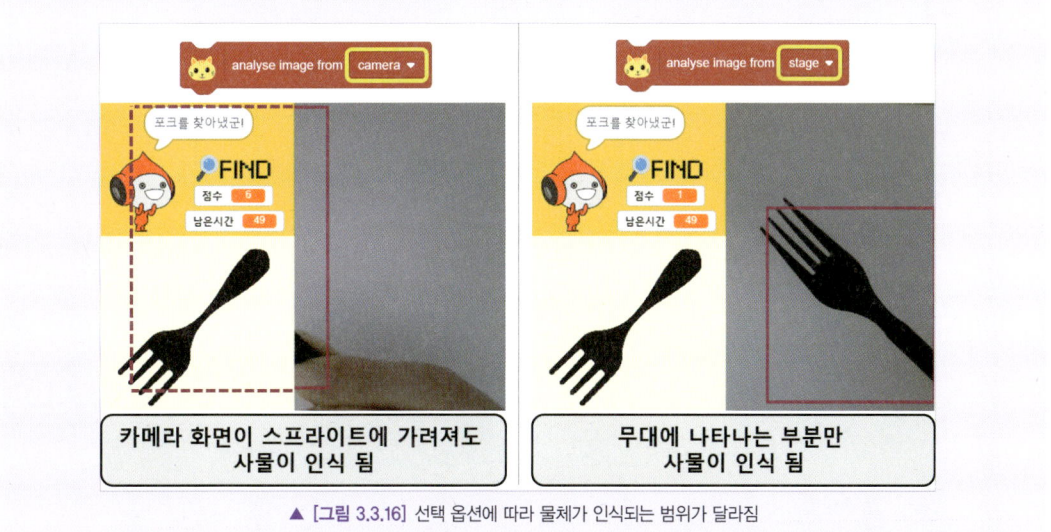

▲ [그림 3.3.16] 선택 옵션에 따라 물체가 인식되는 범위가 달라짐

16 이번에는 '찾을물건' 스프라이트로 가서 '게임시작' 신호를 받았을 때 [(찾을물건은?) 신호 보내기]를 코드를 만들어 주세요.

▲ [그림 3.3.17] 찾을물건 신호 보내기

17 '찾을물건' 스프라이트의 [모양] 탭을 살펴보면 다양한 모양이 준비돼 있습니다. '찾을물건은?' 신호를 받았을 때 이 모양들이 랜덤으로 보이게 합니다. 이때 랜덤 값(난수)의 범위는 모양의 개수를 넘어서는 안 됩니다.

이번 실습에서는 물건을 다섯 개만 찾도록 랜덤 값의 범위를 1부터 5까지 정하겠습니다. 랜덤 값에 따라 정해진 모양이 화면에 보이도록 한 후, 화면에 나타난 모양에 알맞은 답을 찾아 냈는지 확인할 수 있도록 '정답감지하기' 신호를 보내 주세요.

> **NOTE** 이번 실습에서는 랜덤 값 1~5에 해당하는 물건을 다음과 같이 정하였습니다.
> 1- 시계 / 2- 컵 / 3- 책 / 4- 리모콘 / 5- 포크

▲ [그림 3.3.18] 랜덤으로 찾을 물건 보여주기

18 감지한 물건에 따라 Pico의 표정이 변하게 만들어 봅시다.

우선 'Pico' 스프라이트에 [(정답감지하기) 신호를 받았을 때]를 블록을 가져옵니다. '정답감지하기' 신호를 받았을 때 Pico는 기본표정 모양(Pico–a)을 하고, 찾아야 할 '물건번호'가 무엇인지에 따라 다른 신호를 보냅니다. 찾아야 할 '물건번호'가 1번이라면, '찾을물건' 스프라이트의 1번 모양인 시계가 출제된 것입니다. 그러므로 [(시계_감지하기) 신호 보내고 기다리기] 블록을 만들어 연결하면 됩니다.

이어서 '시계_감지하기' 신호를 받았을 때의 코드를 만들어 보겠습니다. [Object Detection] 팔레트에서 [is (clock) detected?] 블록을 가져 옵니다. 이 블록을 이용해 시계가 감지되었을 때 효과음과 함께 Pico가 웃는 표정의 모양(Pico–c)으로 시계를 찾아냈다고 말하도록 코딩을 합니다. 그리고 다음 게임이 진행되도록 다시 [(찾을물건은?) 신호 보내기]를 연결하고 [멈추기 (이 스크립트)] 블록을 이용해 시계를 감지하던 스크립트를 멈추도록 합니다.

▲ [그림 3.3.19] 시계 감지하기

19 이번 실습에서는 총 5가지 물건을 찾도록 코드를 구성해 보았습니다. [그림 3.3.19]와 [그림 3.3.20]을 참고하여 나머지 4가지 물건에 대한 정답 감지 코드를 완성해 보세요.

▲ [그림 3.3.20] 나머지 사물 감지 코드들

20 이제 코드를 모두 완성하였습니다. 집안 곳곳에 어떤 물건이 있는지 잘 떠올리며 게임을 시작해 보세요!

도전하기 3.3 | 더 많은 물건을 찾아보자!

'찾을물건' 스프라이트의 나머지 모양들을 활용하여 더 많은 물건을 찾는 게임이 되도록 코드를 추가해 보세요.

📄 Chapter 03 정리하기

이번 챕터에서는 이미지 인식 머신러닝 모델과 얼굴 인식, 사물 인식 기술을 활용하여 재미있는 작품들을 만들었습니다. 다음 챕터에서는 우리 생활에 도움을 주는 발명품들을 인공지능 기술을 활용하여 만들어 보겠습니다.

[인공지능 체험 사이트 3]
Semi-Conductor

Semi-Conductor는 웹캠을 이용해 브라우저 속 오케스트라를 직접 지휘해 볼 수 있는 인공지능 체험 사이트입니다. 팔의 움직임을 감지하여 음악의 볼륨이나 템포, 악기를 변경할 수 있습니다.

이 사이트는 'PoseNet'이라는 머신러닝 라이브러리를 사용하여 만들어졌습니다. PoseNet 라이브러리는 주요 신체 관절의 위치를 예측하여 이미지나 비디오에서 사람의 포즈를 예측할 수 있는 비전 모델(Vision Model)입니다.

Semi-Conductor로 온라인 오케스트라를 이끄는 지휘자가 되어 멋진 연주를 해 보세요!

> **Semi-Conductor 웹사이트**
>
> [URL] https://experiments.withgoogle.com/semi-conductor

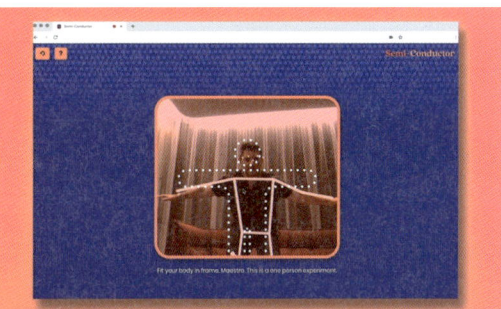

▲ Google AI Experiment에서 제공하는 Semi-Conductor

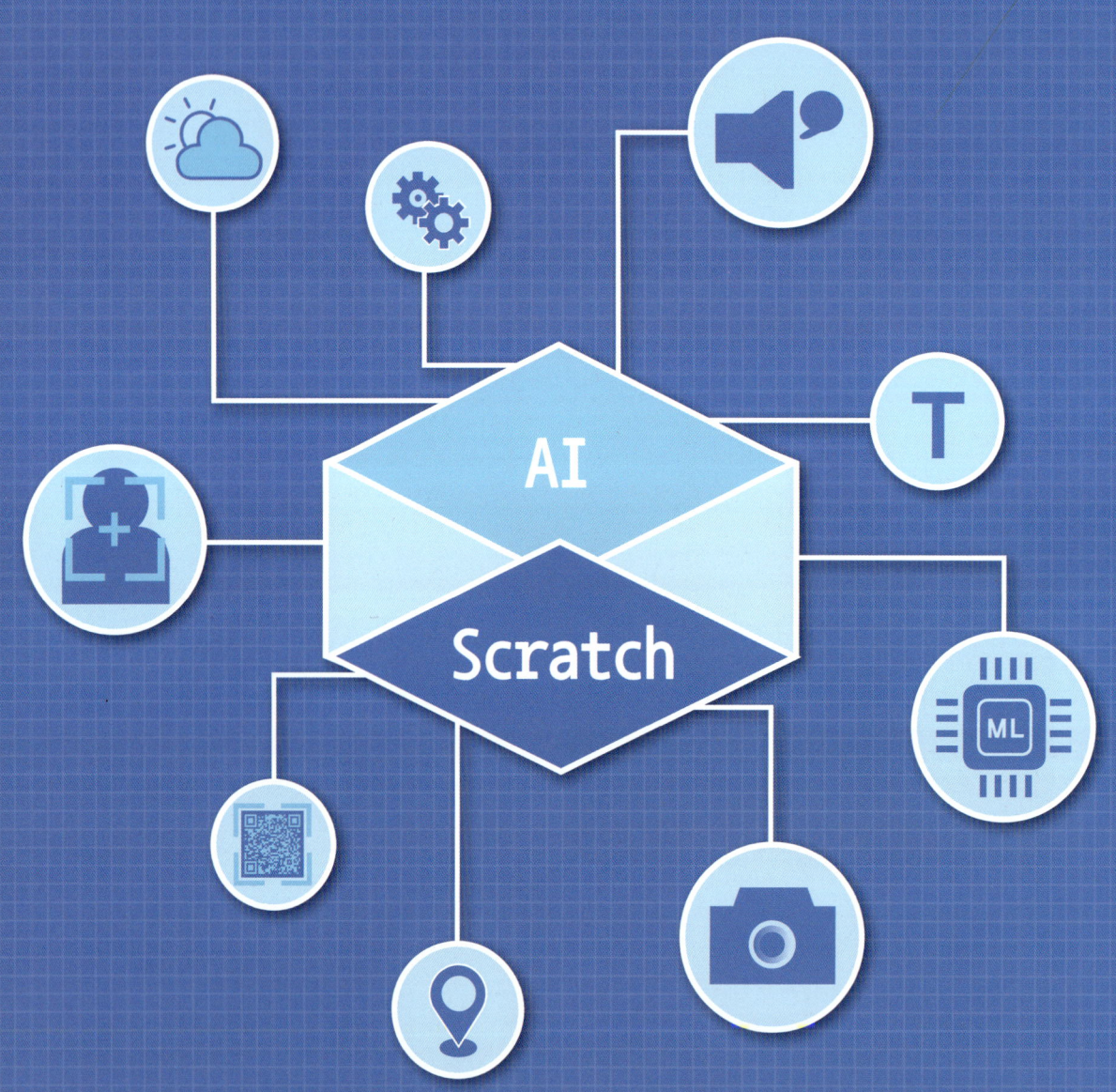

CHAPTER

04

우리 생활을 편리하게 도와줄
인공지능 작품을 만들어 보아요!

Chapter 04에서는 음성 인식 기능과 이미지 인식 기능을 이용해 우리 생활에 편리함과 도움을 주는 작품을 만들어 봅니다. 작품을 만들어 우리 집 어느 장소에 활용하면 좋을지 생각해 보세요!

4.1   인공지능 스피커
4.2   바나나 숙성 판별기
4.3   인공지능 쓰레기 분리배출함
[인공지능 체험 사이트 4] Shadow Art

4.1 인공지능 스피커

"알리사, 오늘 날씨 어때?"

"오늘 날씨는 대체로 흐리며, 오후 늦게 비가 내리겠습니다."

위의 대화는 사람과 기계, 조금 더 자세히 말하자면 인공지능 스피커와의 대화입니다.

최근 인공지능 스피커는 블루투스, 와이파이 등으로 다양한 가전 및 전자기기와 통신하며 비서 역할을 합니다. 마치 인간과 기계가 대화를 하듯이, 우리의 음성을 인식하고 명령한 대로 동작을 수행하게 도와줍니다.

그렇다면 인공지능 스피커는 어떻게 우리의 음성을 인식하여 동작을 할 수 있을까요? 다음 작품을 만들며 인공지능 스피커의 동작 원리를 알아보겠습니다.

작품 미리보기

이번 실습에서는 '인공지능 스피커'를 만들어 보겠습니다. '인공지능 음성 인식' 기술과 스크래치 코딩을 이용하여, 특정 음성(예: "불 켜", "불 꺼" 등)을 인식하고 동작하도록 코딩해 봅니다.

▲ [그림 4.1.1] 인공지능 스피커

머신러닝 모델 만들기

이번 실습은 따로 머신러닝 모델을 만들어 훈련시킬 필요 없이, PictoBlox의 확장 기능에서 제공하는 [Artificial Intelligence] 블록을 활용하여 만들어 보겠습니다.

코딩하기

01 컴퓨터에 설치된 PictoBlox 오프라인 에디터를 열어 로그인을 합니다.

> **NOTE** 오프라인 에디터를 사용하지만 PictoBlox의 [인공지능(Artificial Intelligence)] 확장 기능을 사용하려면 인터넷이 연결된 상태여야 합니다. 내 컴퓨터에 인터넷 연결이 되었는지 꼭 확인해 주세요. 또한 이 기능을 이용하려면 '크레딧'이 필요하므로 로그인이 되었는지 확인해 주세요.

잠깐! PictoBlox의 [Artificial Intelligence] 확장 기능 이용 시 크레딧이 필요합니다

PictoBlox에서 [Artificial Intelligence] 확장 기능을 이용하려면 크레딧(Credits)이 필요합니다. 크레딧은 PictoBlox에서 사용하는 사이버 머니로 회원 가입 시 바로 1000 Credits를 제공합니다.

[Artificial Intelligence] 확장 기능 중에서도 어떤 인식 기술을 활용했는지에 따라 사용되는 크레딧의 수가 다릅니다. 이번 실습에서는 'Speech Recognition(음성 인식)' 기술을 이용할 것인데, 인식된 음성 초당 1크레딧씩 사용됩니다.

크레딧을 모두 사용한 후에는 사이트에서 구매할 수도 있고, 새로운 계정으로 회원가입하여 다시 1000 Credits를 얻을 수도 있으니 이용에 참고하시기 바랍니다.

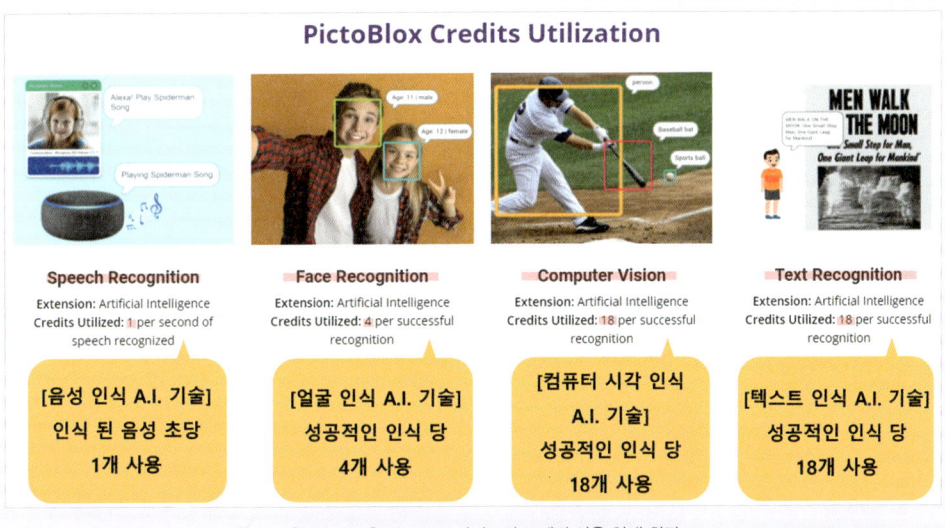

▲ [그림 4.1.2] PictoBlox 사이트의 크레딧 사용 안내 화면

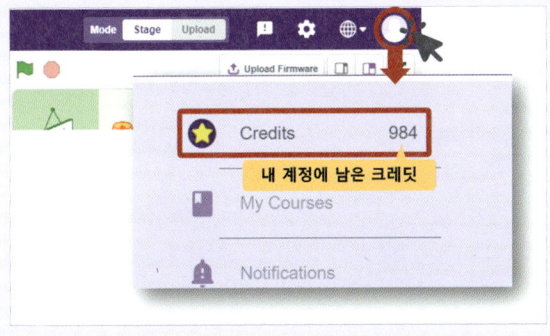

▲ [그림 4.1.3] 크레딧 남은 개수 확인 방법

02 PictoBlox 화면 상단 [파일] 메뉴에서 '4.1_인공지능 스피커_실습용' sb3 파일을 불러옵니다.

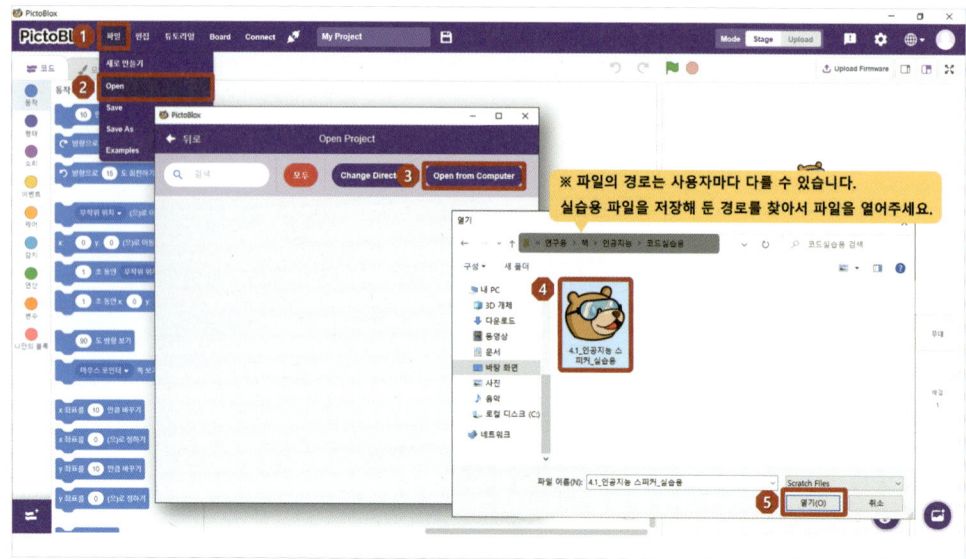

▲ [그림 4.1.4] 실습 파일 열기

03 PictoBlox 화면 왼쪽 하단의 [확장 기능 추가하기]를 누르고 음성인식을 할 수 있는 [Artificial Intelligence] 확장 기능을 선택합니다. 그리고 [Weather Data]와 [텍스트 음성 변환(TTS)] 확장 기능을 하나씩 선택합니다.

NOTE▶ [Weather Data]는 날씨 API를 이용해 날씨를 알려주는 역할을 합니다. 이 기능을 이용해 특정 도시의 날씨를 물어볼 때 인공지능 스피커가 대답하도록 코딩할 예정입니다.

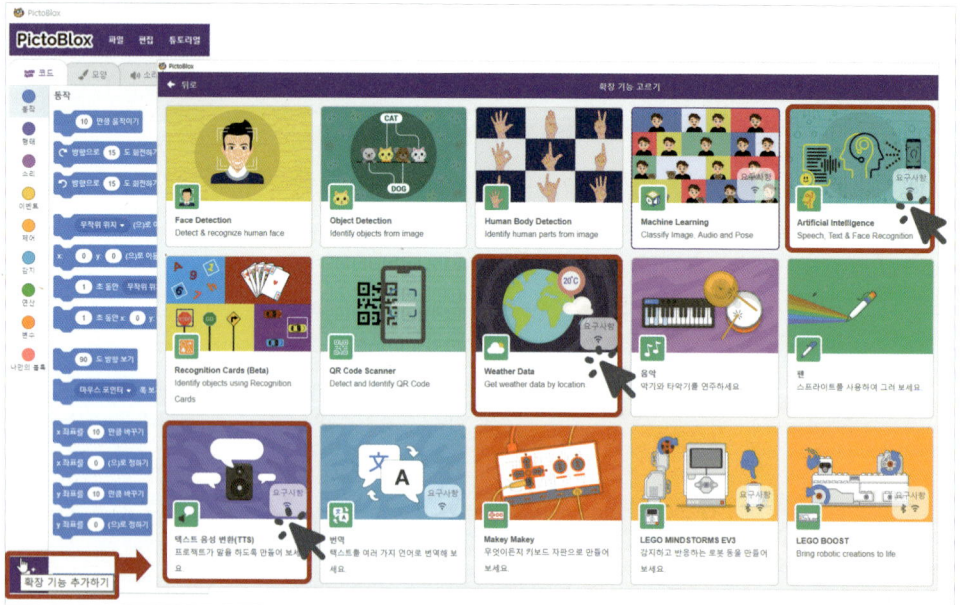

▲ [그림 4.1.5] 확장 기능 추가하기

04 이번 실습은 스페이스 키를 눌렀을 때 실행되도록 만들어 보겠습니다. 'Retro Robot' 스프라이트에 [(스페이스) 키를 눌렀을 때]를 시작 블록으로 가져 옵니다. 그리고 한국어로 말을 하는 인공지능 스피커를 만들 것이므로 [Text to Speech] 팔레트에서 [언어를 (Korean)로 정하기] 블록과 [음성을 (중고음)로 정하기] 블록을 가져와 시작 블록 아래에 연결해 주세요.

▲ [그림 4.1.6] 언어와 음성 설정 블록

05 언어와 음성 설정 블록이 연결되었다면 이번에는 [Artificial Intelligence] 팔레트에서 [recognize speech for (2)s in (Korean)] 블록을 가져와 연결합니다. 이 블록은 한국어로 말하는 것을 2초 동안 인식하는 역할을 합니다. 조금 더 길게 말하는 것을 인식하게 하려면 숫자 '2' 대신 다른 숫자 옵션을 선택하면 됩니다.

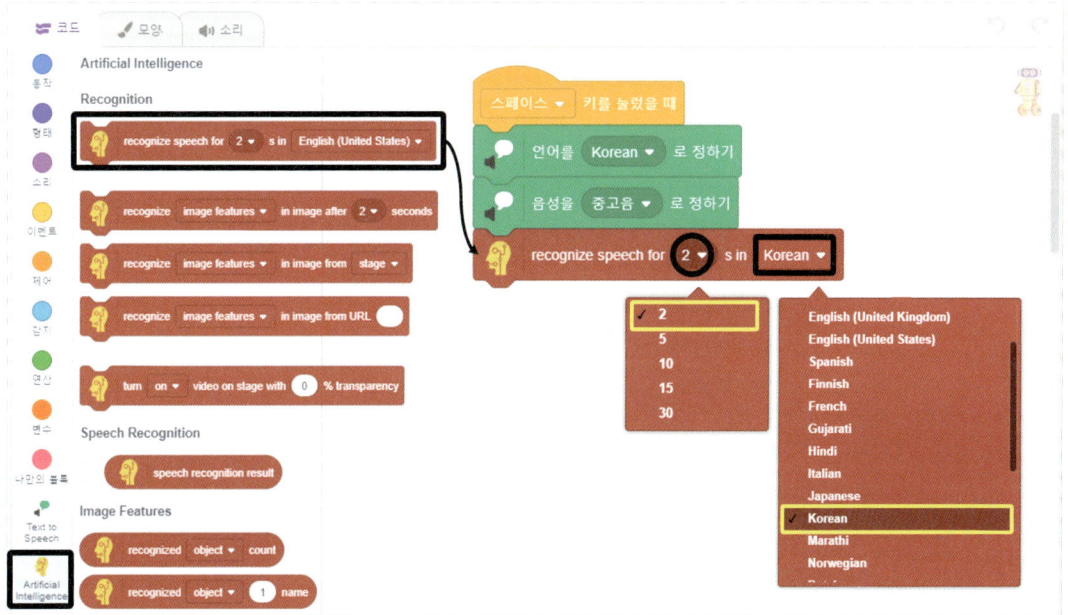

▲ [그림 4.1.7] 음성 인식 블록 사용

06 시중에 나와 있는 인공지능 스피커는 각각 스피커를 부르는 고유 단어가 있습니다.
예를 들면 KT의 "기가지니", Apple의 "시리(Siri)", Google의 "오케이 구글(OK, Google)", Amazon의 "알렉사(Alexa)" 등이 있습니다.

우리도 인공지능 스피커를 부르는 말을 정해 볼까요? 저자는 인공지능 스피커를 부르는 말을 '알리사'로 정해 보겠습니다.

07 '알리사'라는 단어가 인식되면 인공지능 스피커가 무엇을 도와줄지 물어본 후 사용자의 질문을 받고, 그렇지 않으면 다시 불러 달라는 안내가 나갈 수 있게 만들어 봅시다.

다음 그림과 같이 [Artificial Intelligence] 팔레트에서 음성 인식 결과 값을 반환하는 [speech recognition result] 블록을 가져와서 코드를 완성해 주세요.

NOTE ▶ '스페이스 키를 눌렀을 때' 실행하도록 코딩했기 때문에, 알리사를 다시 부를 땐 스페이스 키를 한 번 누른 후 불러야 합니다.

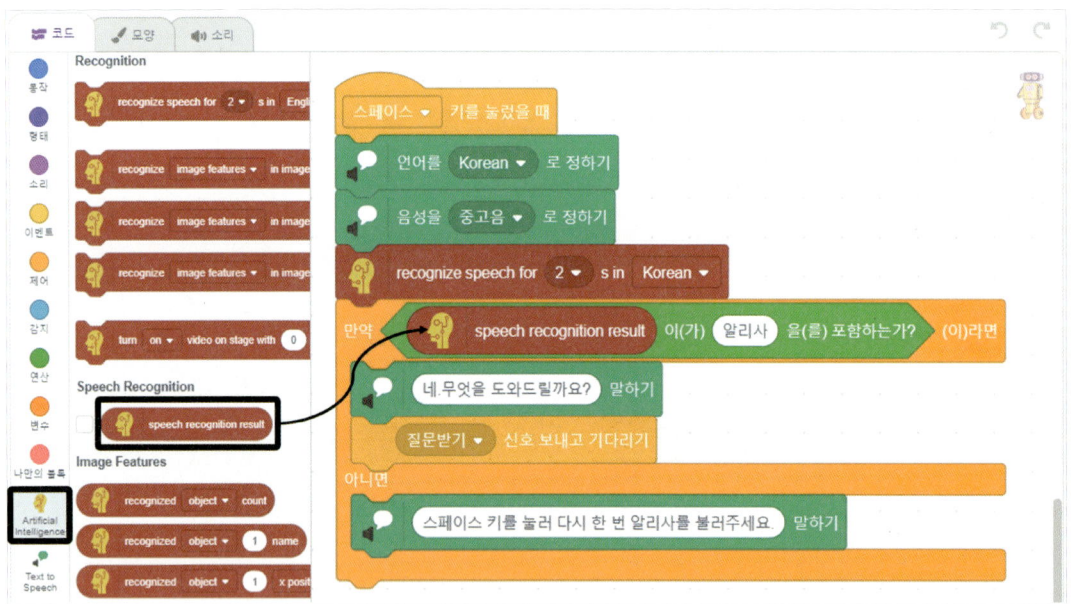

▲ [그림 4.1.8] '알리사'라는 한국어 음성 인식 후 대답하기

08 'Retro Robot' 스프라이트로 이동하여 '질문받기' 신호를 받았을 때 사용자가 어떤 질문을 하는지 5초 동안 음성 인식을 하도록 만들어 봅시다.

[Artificial Intelligence] 팔레트에서 [recognize speech for (5)s in (Korean)] 블록을 가져와 연결합니다. 그리고 우리가 정해 둔 질문에 대한 음성인식이 잘 됐는지 체크하는 '음성인식OK?' 변수를 하나 만들어 값을 '0'으로 정해 주세요.

> **NOTE** '음성인식OK?'의 변수값을 음성인식이 잘 되었을 때는 1, 잘 안 되었을 때는 0으로 정해 음성인식 여부를 확인할 예정입니다.

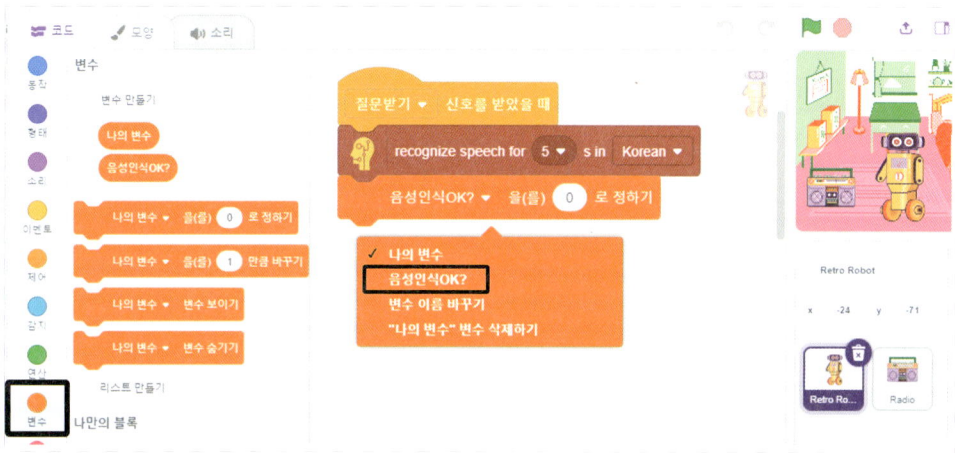

▲ [그림 4.1.9] 음성인식 여부 체크하기

09 이제부터 인공지능 스피커 사용자의 요청에 따라 동작하는 코드를 만들어 봅시다.

먼저 사용자가 방에 불을 켜라는 요청을 했을 때의 조건 코드를 만들어 보겠습니다. 만약 사용자의 음성에 '불 켜'라는 단어가 포함되고 음성인식이 잘 되었다면, 음성인식 체크 변수인 '음성인식OK?' 변수 값을 '1'로 정하고 불을 켜겠다는 안내 음성과 함께 '방불켜기' 신호를 보내고 기다리게 합니다.

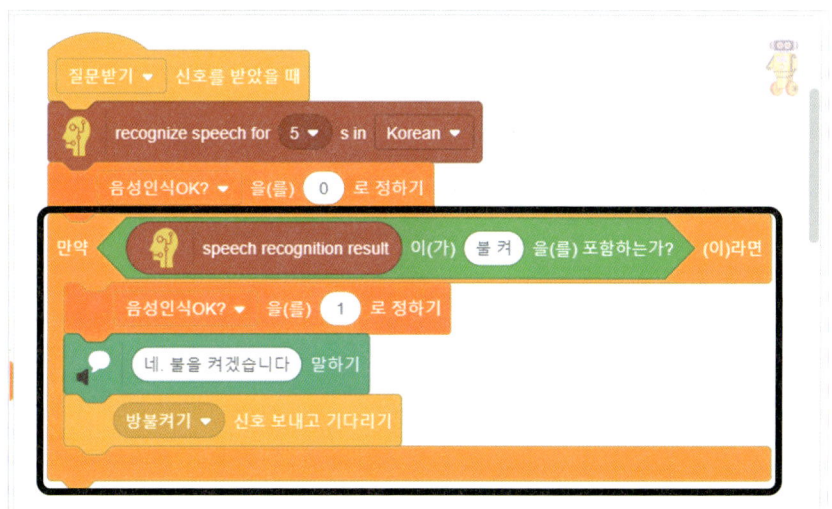

▲ [그림 4.1.10] '불 켜' 음성이 인식되었을 때

10 이번 실습에서는 음성 인식으로 다음 6가지 동작을 할 수 있게 해 보겠습니다.

불 켜기 / 불 끄기 / 클래식 음악 재생 / 신나는 음악 재생 / 음악 종료 / 오늘의 날씨 안내

방금 불 켜기 조건 코드를 만들어 보았으니 이번엔 [그림 4.1.11]과 [그림 4.1.12]를 참고하여 나머지 동작 조건 코드를 만들어 봅시다.

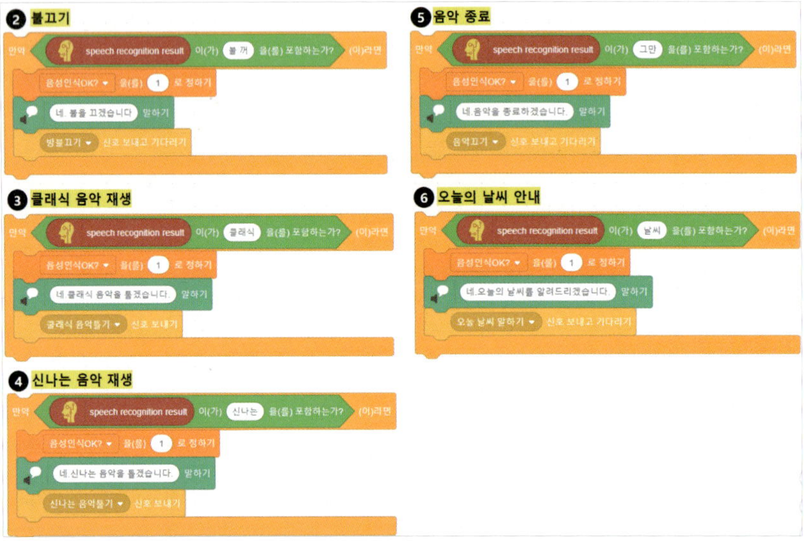

▲ [그림 4.1.11] 상황별 음성 인식 조건 코드

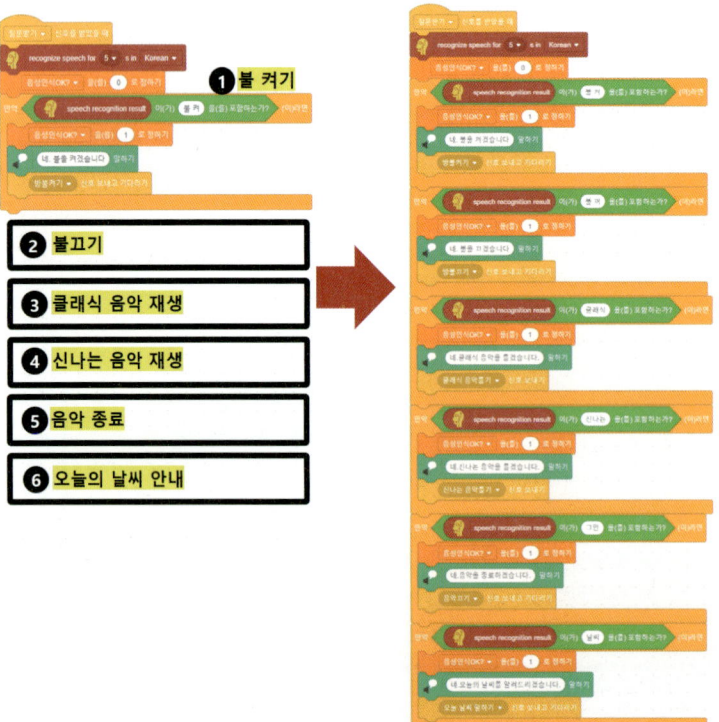

▲ [그림 4.1.12] 조건 코드를 연결한 모습

11 사용자가 우리가 정해둔 것 외의 질문을 할 경우에는 다시 질문을 받을 수 있도록 조건 코드를 만들어 봅시다.

방금 전에 우리가 정한 질문을 하는 경우(6가지 동작의 조건 코드)에는 '음성인식OK?' 변수를 1로 저장했지요. 하지만 우리가 정해 놓은 질문이 아닐 경우에는 '음성인식OK?' 변수 값이 그대로 0이 됩니다. 그러므로 변수 값이 '0'이라면 다시 질문을 받도록 신호를 보내면 됩니다.

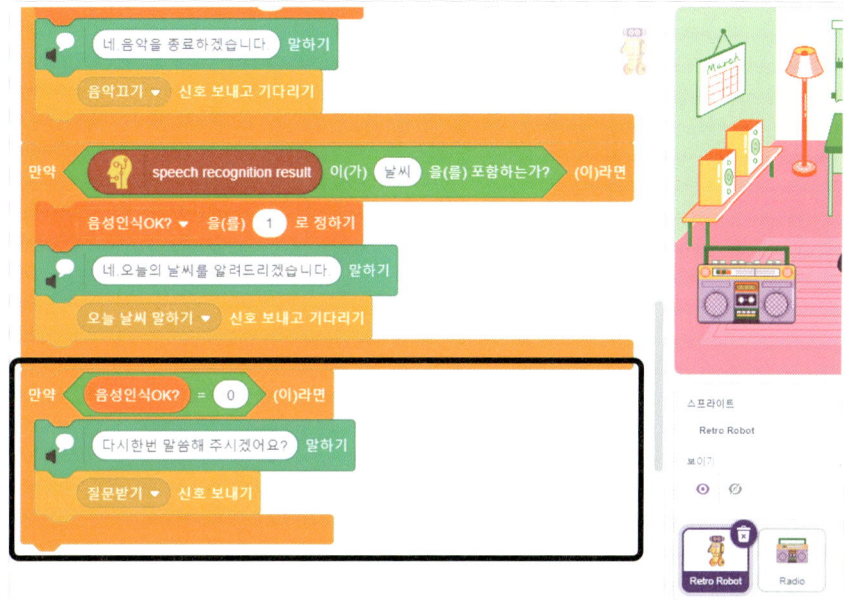

▲ [그림 4.1.13] 음성 인식이 안 되었을 때 조건 코드

12 이제 각 조건에서 보내온 신호에 따라 알맞은 동작을 하도록 만들 차례입니다. 먼저 [무대]의 [코드] 탭으로 이동하여 '방불켜기'와 '방불끄기' 신호를 받았을 때 코드를 만들어 보겠습니다.

[무대]의 [배경] 탭을 살펴보면 '불켜진방' 배경과 '불꺼진방' 배경이 준비되어 있습니다. 다음 그림과 같이 '방불켜기' 신호를 받았을 때는 효과음(Tennis Hit)을 재생하며 배경을 '불켜진방'으로 바꾸고, '방불끄기' 신호를 받았을 때도 동일한 효과음(Tennis Hit)을 재생하며 배경을 '불꺼진방'으로 바꿔 주세요.

▲ [그림 4.1.14] 불 켜기 끄기 동작 코드

13 이번에는 'Radio' 스프라이트로 이동하여 음악 관련 신호를 받았을 때의 코드를 만들어 봅시다.

'클래식 음악틀기' 신호를 받았을 때는 [모양을 (Radio-b)로 바꾸기]로 음악이 흐르는 듯한 효과를 주고, [(Classical Piano) 끝까지 재생하기]를 5번 반복하여 클래식 음악이 계속 재생되는 듯한 효과를 줍니다.

'신나는 음악틀기' 신호를 받았을 때는 끝까지 재생되는 소리만 'Dance Energetic'으로 바꾸어 주세요.

마지막으로 '음악끄기' 신호를 받았을 때는 라디오 모양을 'Radio-a'로 바꾼 후, [제어] 팔레트에 있는 [멈추기 (이 스프라이트에 있는 다른 스크립트)] 블록을 가져와 연결합니다.

> **잠깐!** 반복 재생되는 음악을 멈추려면 [멈추기] 블록을 사용하세요
>
> 이 코드에서는 음악을 종료할 때 [모든 소리 끄기] 블록을 사용하지 않고, [멈추기 ( )] 블록을 사용하여 소리를 끕니다. 그 이유는 현재 코드에서는 음악을 총 5번 반복해 재생하도록 되어 있기 때문입니다. 모든 소리 끄기 블록으로 재생하기 블록을 멈출 순 있지만 아직 반복 횟수가 남았다면 음악이 다시 재생됩니다. 그렇기 때문에 스크립트 멈추기 블록을 사용하여 코드 자체를 멈추게 하는 겁니다.

▲ [그림 4.1.15] 음악 관련 신호 받을 때 코드

14 'Retro Robot' 스프라이트로 이동하여 '오늘 날씨 말하기' 신호를 받았을 때 코드를 만들어 봅시다.

먼저 '오늘 날씨 말하기' 신호를 받았을 때, 서울의 날씨 정보를 받아 올 수 있게 [get weather data for lat(37.55942) & lot(126.98918)] 블록을 연결합니다.

PictoBlox는 'OpenWeather'라는 사이트에서 날씨 정보를 가져오게 되어 있습니다. [Weather Data] 팔레트에 있는 [get weather data for lat( ) & lot( )] 블록에 위도(latitude)와 경도(longitude) 값을 입력하면 해당 값이 가리키는 도시명과 날씨 정보를 'OpenWeather' 사이트를 통해서 받아 오게 됩니다. 그리고 해당 정보 값은 [get city], [get weather], [get temperature ( ) data] 등과 같은 변수 블록에 각각 저장됩니다.

이제 최저/최고 온도를 알리는 코딩을 합니다. 우선 '최저온도', '최고온도' 변수를 만들어 주세요. 그리고 [get temperature (Min in Celcius) data] 블록을 만들어 반올림 한 값을 '최저온도' 변수 값으로 저장하고, [get temperature (Max in Celcius) data] 블록도 만들어 반올림 한 값을 '최고온도' 변수 값으로 저장합니다.

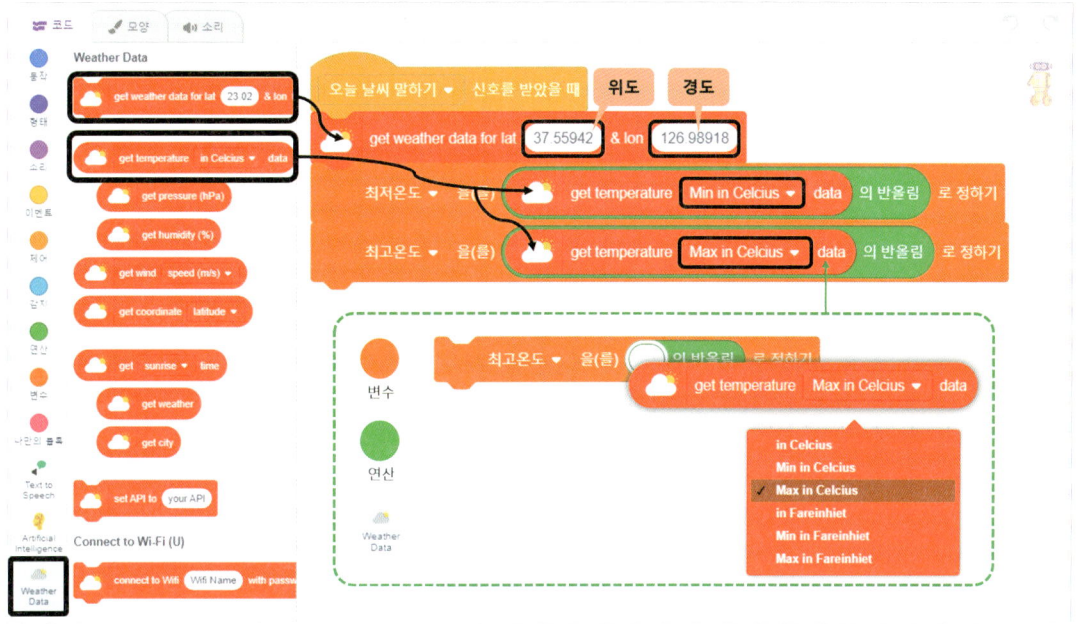

▲ [그림 4.1.16] 날씨 정보 저장하기

15 이제 [날씨] 변수를 만들어 날씨 조건에 따라 상태를 표현하는 문장을 변수 값으로 입력합니다. 이번 실습에서는 'Clear(맑음)', 'Clouds(구름)', 'Rain(비)', 'Snow(눈)' 총 4가지 날씨 정보에 대한 조건을 만들어 보겠습니다.

▲ [그림 4.1.17] 날씨 조건 코드

16 이제 텍스트 음성 변환 블록을 활용하여 지금까지 수집한 날씨 정보를 음성으로 말하도록 코드를 완성합니다.

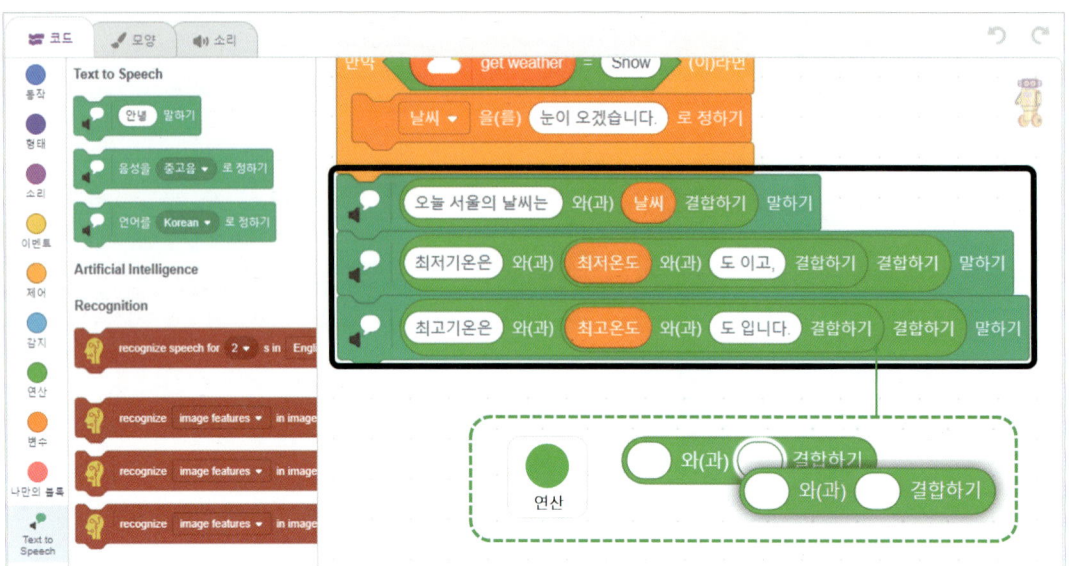

▲ [그림 4.1.18] 날씨 정보 말하기 코드

잠깐! 구글 지도를 이용하면 각 도시의 위도와 경도를 빠르게 알 수 있어요!

각 도시의 위도와 경도는 '구글 지도'를 이용하면 빠르게 확인할 수 있습니다. 구글 지도에서 원하는 지역명을 입력하고 검색한 후, 지도 위에서 마우스 우클릭을 하면 위도와 경도 정보가 담긴 화면이 나타납니다.

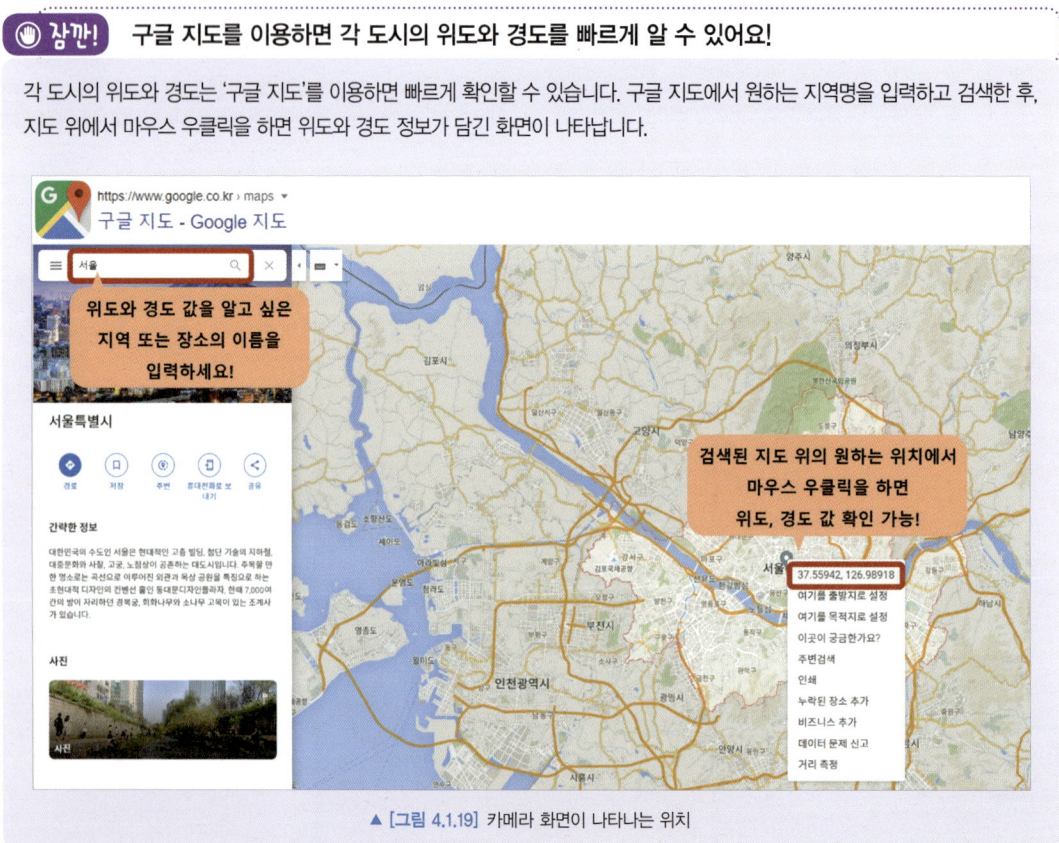

▲ [그림 4.1.19] 카메라 화면이 나타나는 위치

| 17 | 이제 인공지능 스피커 코드가 모두 완성되었습니다. "알리사"라고 불러 인공지능 스피커가 잘 동작하는지 테스트 해 보세요. |

도전하기 4.1 　 인공지능 스피커로 '보사노바 음악' 재생하기

우리가 만든 인공지능 스피커에는 '클래식 음악', '신나는 음악'을 재생하는 기능이 있습니다. 이번엔 브라질 대중음악인 '보사노바' 음악을 재생하는 기능을 추가해 봅시다. [소리] 탭에서 'Bosa Nova' 음악을 추가한 후, 인공지능 스피커에게 "보사노바 노래를 틀어줘."라고 말하면 보사노바 음악을 재생하도록 만들어 보세요!

4.2 바나나 숙성 판별기

여러분은 과일을 좋아하나요? 과일에는 비타민C, 베타카로틴, 섬유질 등의 영양소 함량이 높아서 우리 몸에도 좋은데요. 과일을 건강하게 먹으려면 상한 부분이나 흠결이 있지는 않은지 잘 구별해야 합니다. 상함이나 흠결은 과일의 품질에 영향을 주기 때문에, 과일을 키워서 파는 농가나 회사에서는 가장 좋은 과일과 그렇지 않은 과일을 구분하여 가격을 다르게 정하여 소비자에게 판매합니다.

본래 과일을 판별하는 작업(과일이 얼마나 신선한지, 얼마나 잘 익었는지 등)은 사람이 하였습니다. 그러다 1990년~2000년 초반에는 적외선 센서를 적용한 비파괴 과일선별기술이나 카메라 선별기술을 적용한 컴퓨터 기술로 과일을 자동으로 선별했습니다. 그리고 최근에는 인공지능 딥러닝 기술을 이용한 농산물 자동 선별기술이 연구되고 있고, 몇 군데에서는 실제로 이 기술을 사용해 과일을 선별하고 있습니다.

이렇게 컴퓨터에 과일 선별 작업을 맡기면, 과일 생산자 입장에서 신속하면서 높은 정확도로 과일 선별을 할 수 있어 효율적입니다. 그리고 과일의 겉모습을 알기 힘든 시각장애인에게도 과일 선별기 프로그램은 과일의 상태가 어떤지 알려줄 수 있어 큰 도움이 됩니다.

작품 미리보기

이번 실습에서는 바나나 숙성 판별기를 만들어 보겠습니다. 인공지능 기술과 스크래치 코딩을 이용하여 바나나의 숙성 상태를 분석하고 막대 그래프로 통계하도록 코딩해 봅니다.

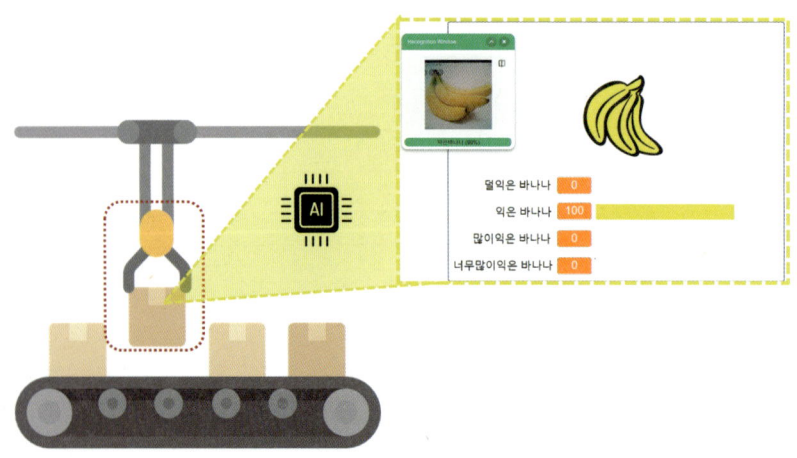

▲ [그림 4.2.1] 과일 공장에서 바나나 자동 분류

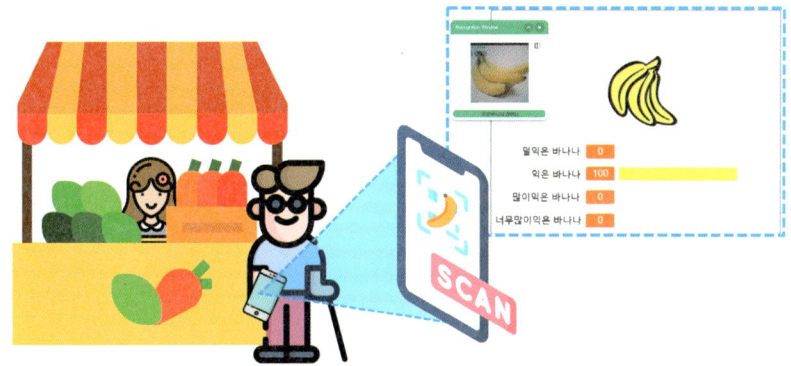

▲ [그림 4.2.2] 시각 장애인을 위한 바나나 상태 스캔

머신러닝 모델 만들기

이번 실습은 바나나의 숙성 상태를 판단할 수 있는 머신러닝 모델이 필요합니다.

티처블 머신(Teachable Machine)을 사용하여 네 가지 클래스(덜 익은 바나나, 익은 바나나, 많이 익은 바나나, 너무 많이 익은 바나나)로 구분하고, 머신러닝 모델을 만들어 학습시켜 보겠습니다.

01 컴퓨터에 설치된 PictoBlox 오프라인 에디터를 열어 로그인을 합니다.

02 PictoBlox 화면 상단 [파일] 메뉴에서 '4.2_바나나숙성판별기_실습용' sb3 파일을 불러옵니다.

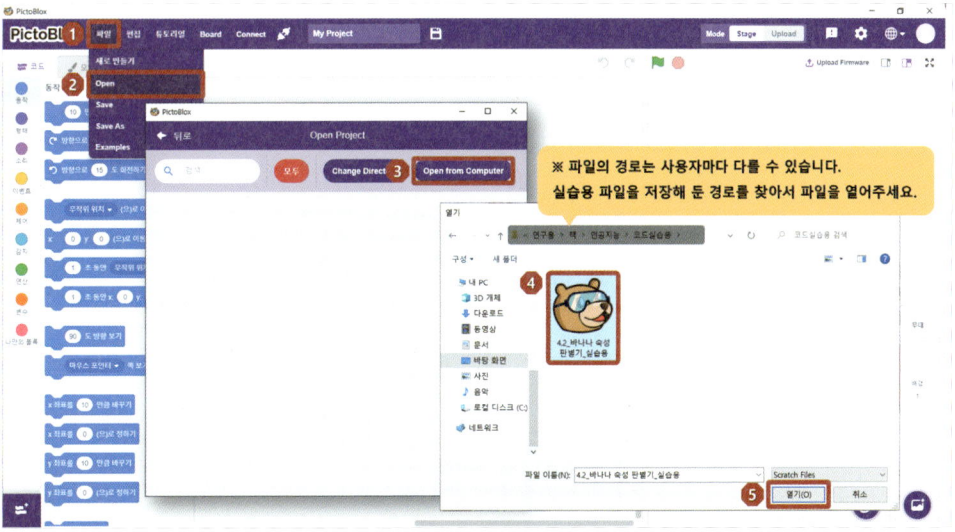

▲ [그림 4.2.3] 실습 파일 열기

03 PictoBlox 화면 왼쪽 하단의 [확장 기능 추가하기]를 누르고 [Machine Learning]을 선택해 주세요.

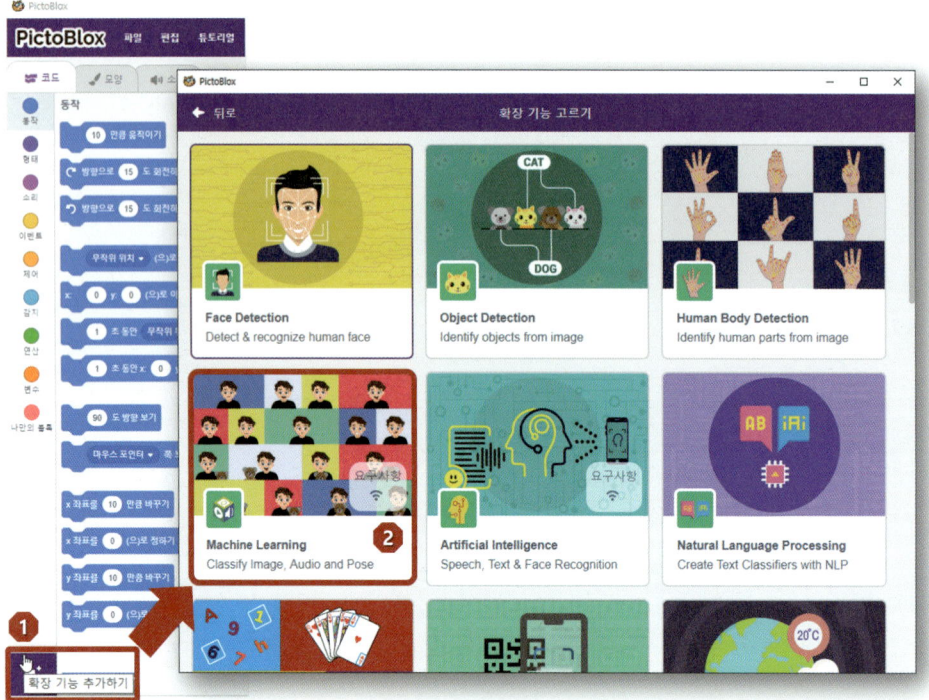

▲ [그림 4.2.4] 확장 기능 추가 화면

04 PictoBlox 블록 팔레트에서 [Machine Learning]을 선택한 후 [Create a Model]을 클릭해 Teachable Machine 사이트로 이동합니다. 그리고 Teachable Machine 사이트에서 [Image Project]를 클릭한 후 [Standard image model]을 클릭합니다.

NOTE ▶ 우리 실습에서 Teachable Machine 사이트를 활용할 때는 크롬(Chrome) 웹 브라우저를 이용하도록 하겠습니다.

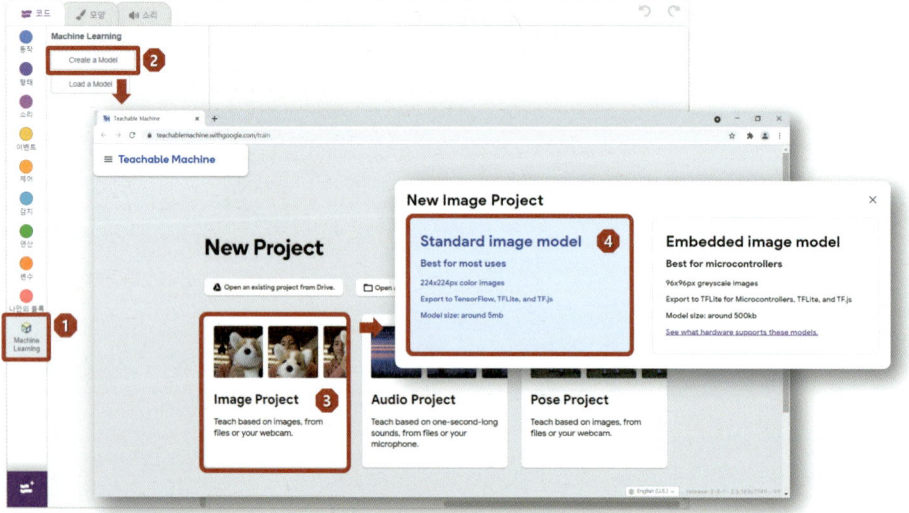

▲ [그림 4.2.5] Teachable Machine의 Image Project

05 총 4가지 클래스를 만들어 데이터를 학습시켜 봅시다.

현재 화면에는 총 2개의 항목을 학습시킬 수 있도록 클래스가 마련되어 있습니다. [Add a class]를 눌러 클래스를 2개 추가해 주세요.

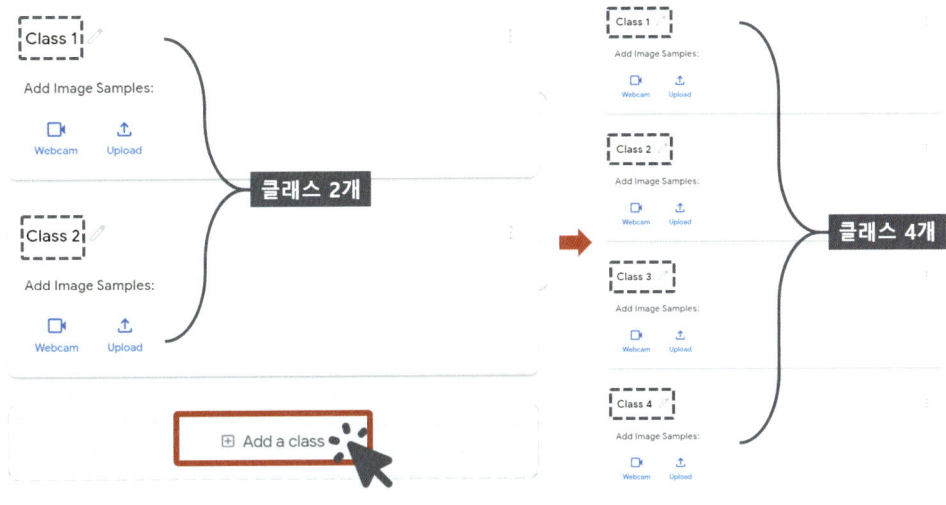

▲ [그림 4.2.6] 클래스 2개 추가하기

06 이 프로젝트에서는 머신러닝 모델이 바나나 이미지를 인식하고 숙성 정도를 스스로 판단하게 만들 겁니다. 다음 그림과 같이 머신러닝 모델에 학습시킬 클래스 이름(덜익은 바나나, 익은바나나, 많이익은바나나, 너무 많이익은바나나)을 각각 입력해 주세요.

▲ [그림 4.2.7] 클래스 이름 변경하기

07 이제 각 클래스에 학습할 데이터를 입력해 줍시다. [Upload] 버튼을 이용해 '덜익은바나나' 폴더를 학습 데이터로 입력해 주세요.

> NOTE 실제로 바나나를 모두 구입해서 웹캠으로 찍기는 부담스러울 수 있으니 저자의 블로그에서 이미지를 다운로드하여 학습할 것을 권장합니다.

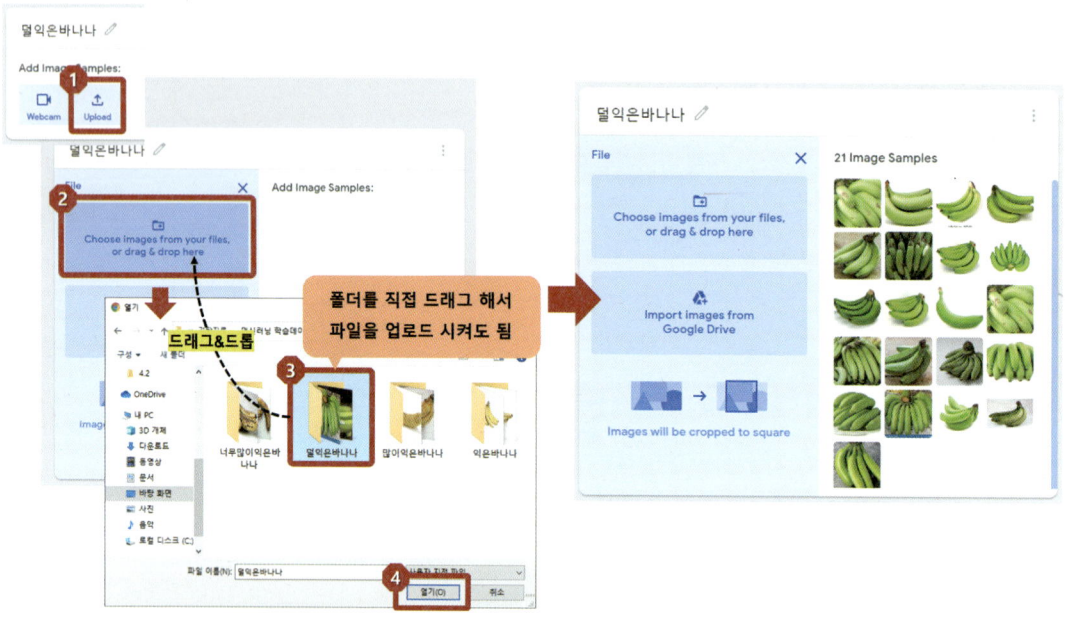

▲ [그림 4.2.8] 학습 데이터 업로드하기

08 '익은바나나', '많이익은바나나', '너무많이익은바나나' 폴더도 업로드하여 학습 데이터를 입력한 후 [Train Model]을 눌러 머신러닝 모델 학습을 시작합니다.

▲ [그림 4.2.9] 나머지 학습 데이터 업로드하기

09 학습이 완료되었다면 머신러닝 모델을 내보내 줍시다.

'Preview' 창에서 [Export Model]을 누른 후 팝업 창이 나오면 [Upload my model]을 클릭합니다. 잠시 후 화면 중앙에 링크가 생성되면 [Copy]를 눌러 주소를 복사해 주세요.

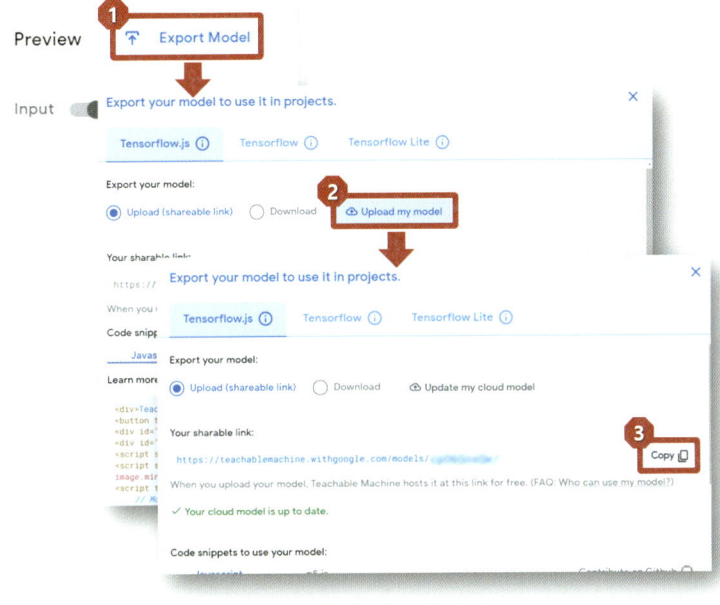

▲ [그림 4.2.10] 머신러닝 모델 내보내기

10 이제 PictoBlox 화면으로 돌아와서 복사한 주소를 이용해 머신러닝 모델을 로드해 봅시다.

[Machine Learning] 팔레트를 선택하고 [Load a Model]을 클릭합니다. 팝업 창이 나타나면 복사해 둔 머신러닝 모델 주소를 붙여 넣고 [Load Model]을 눌러 줍니다. 다음 그림과 같이 모델이 잘 로드됐다면 Teachable Machine 웹사이트를 종료해 주세요.

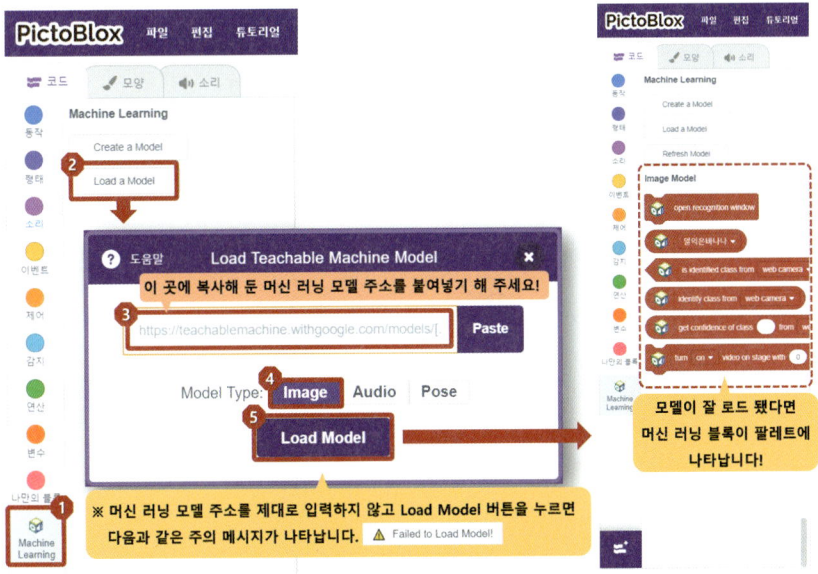

▲ [그림 4.2.11] PictoBlox에 머신러닝 모델 로드하기

코딩하기

이제 앞에서 만든 머신러닝 모델을 사용하여 바나나 숙성 판별기 작품을 완성해 봅시다.

01 먼저 이번 실습에서 사용될 PictoBlox의 확장 기능을 2가지 더 추가하겠습니다.

화면 왼쪽 하단 [확장 기능 추가하기] 버튼을 눌러 [펜]과 [텍스트 음성 변환(TTS)] 기능을 하나씩 가져옵니다.

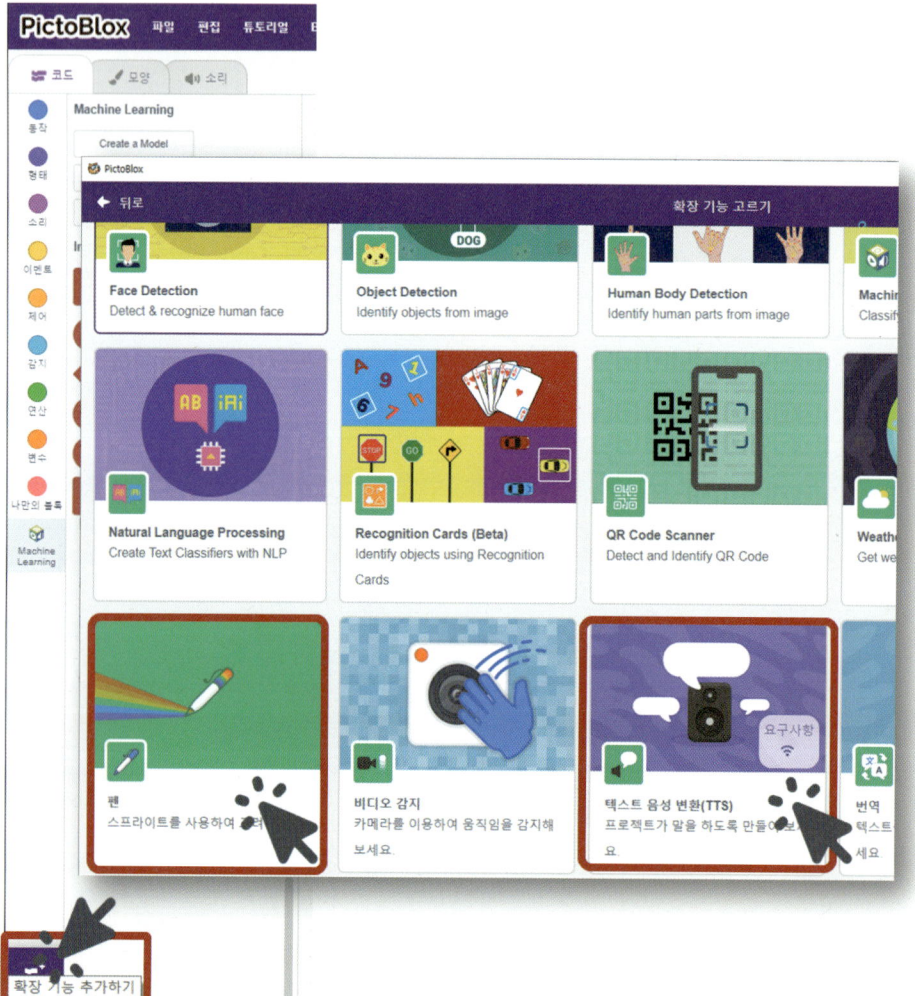

▲ [그림 4.2.12] 펜과 TTS 확장 기능 추가하기

02 실습에 활용되는 각 스프라이트의 역할은 다음과 같습니다.

'바나나' 스프라이트는 우리가 만든 인공지능 학습모델을 이용하여 카메라에 비친 바나나의 숙성상태를 판별하는 역할을 합니다. 4가지 '그래프' 스프라이트를 이용해 바나나의 숙성도를 막대 그래프로 보여줄 것인데 '그래프U'는 Unripe(덜 익은), '그래프R'은 Ripe(익은), '그래프V'는 Very ripe(많이 익은), '그래프O'는 Over ripe(너무 많이 익은)를 의미합니다.

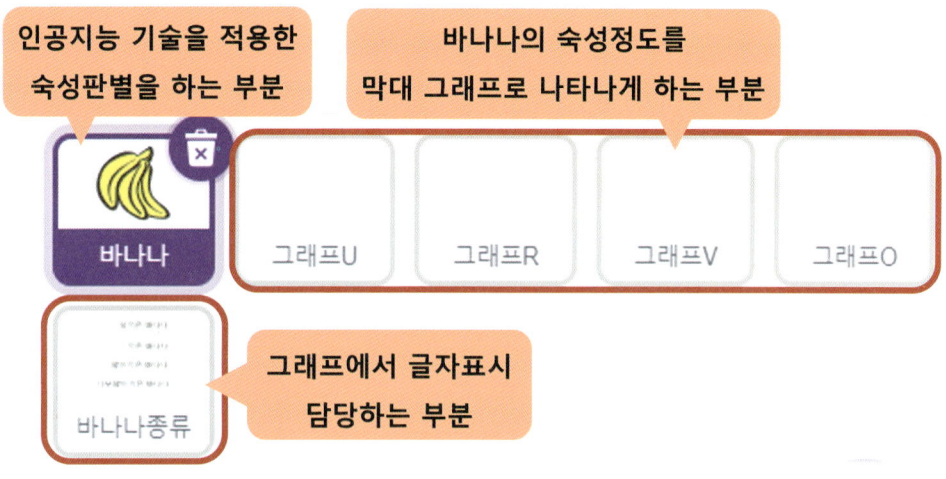

▲ [그림 4.2.13] 각 스프라이트의 역할

03 '바나나' 스프라이트부터 코딩을 해 봅시다. [스페이스 키를 눌렀을 때] 블록을 가져오고 그 밑에 [open recognition window] 블록을 연결해 주세요. 그러면 컴퓨터 화면에서 카메라 인식창이 바로 나오게 됩니다. 그리고 "바나나를 카메라에 비춰주세요.", "분석을 시작합니다."라는 멘트를 말풍선과 음성으로 나타날 수 있게 코딩을 합니다.

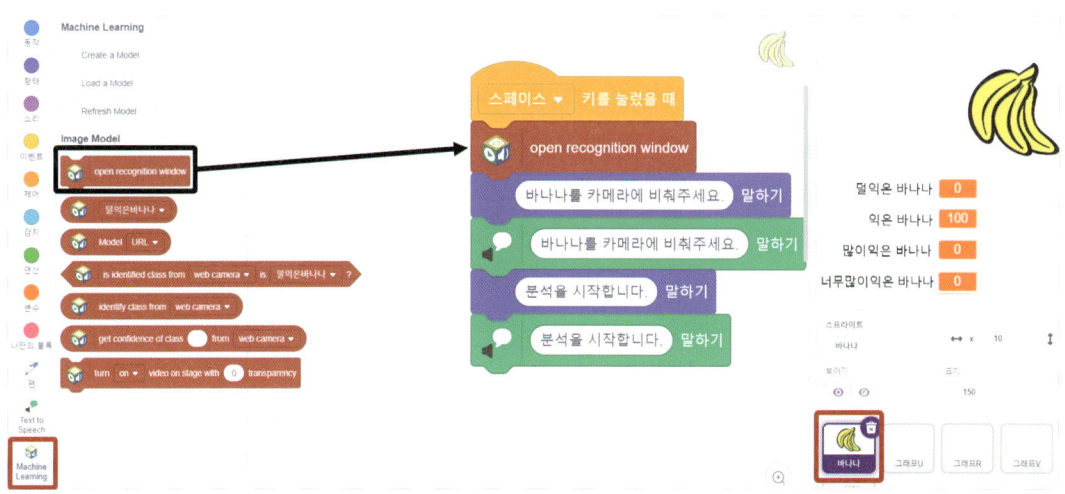

▲ [그림 4.2.14] 바나나 스프라이트 시작 멘트 코드

04 사용자가 카메라에 실제 바나나 또는 바나나 사진을 비출 때는 프로그램이 충분히 인식하도록 몇 초 정도 기다려 주어야 합니다. 따라서 3초 정도 효과음(Collect)을 내면서 기다리는 코드를 추가해 줍니다(효과음은 짧은 소리 중에 아무거나 가져와도 됩니다).

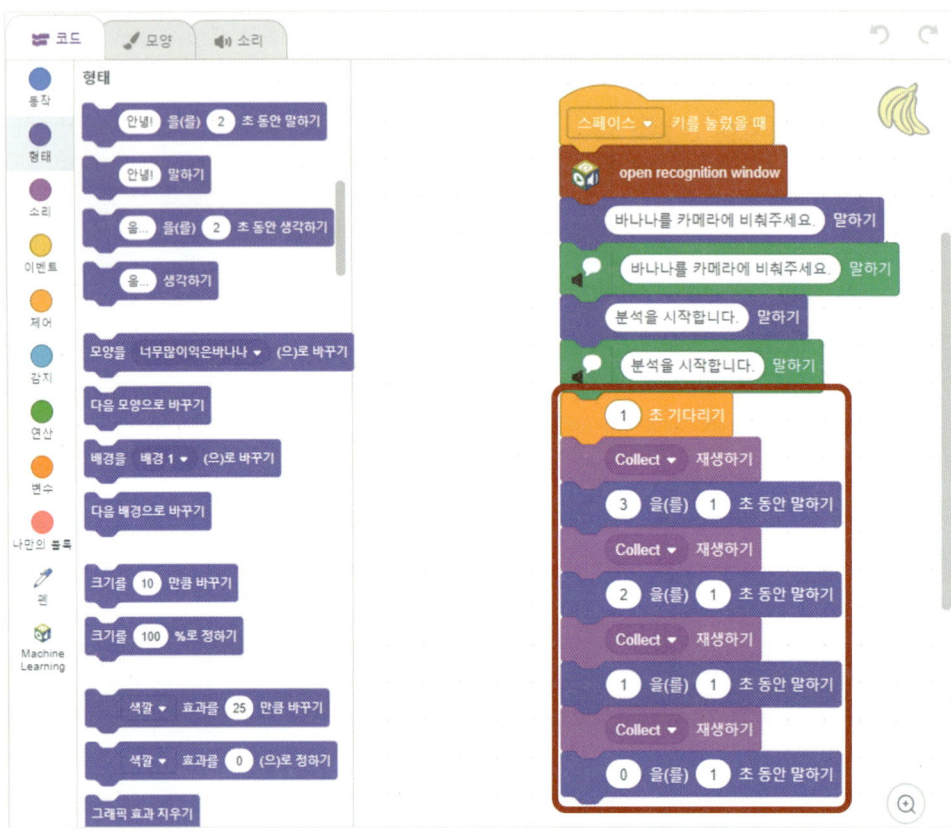

▲ [그림 4.2.15] 바나나 인식 시 대기하는 코드

05 카메라 비친 바나나가 얼마나 익은 건지 알려주려면 머신러닝 모델에 학습시켰던 각 클래스의 확률 값을 변수에 저장해야 합니다. 다음과 같은 이름의 변수를 각각 만들어 주세요.

- 덜익은바나나_확률
- 익은바나나_확률
- 많이익은바나나_확률
- 너무많이익은바나나_확률

06 카메라에 비친 바나나 이미지가 클래스별로 어떤 확률 값을 가지는지 알려주도록 코딩해 봅시다.

[get confidence of class ( ) from web camera] 블록을 이용하여 머신러닝 모델이 판단한 확률 값을 위의 변수 4개에 각각 저장해 주세요. 이때 확률 값이 '0~100' 사이의 값으로 나타나게끔 연산 블록을 이용하여 곱하기(×) 100을 합니다. 그리고 마지막에 [(그래프 그리기) 신호 보내고 기다리기]를 연결하여 바나나 숙성도에 대한 확률값을 그래프로 그리도록 신호를 줍니다.

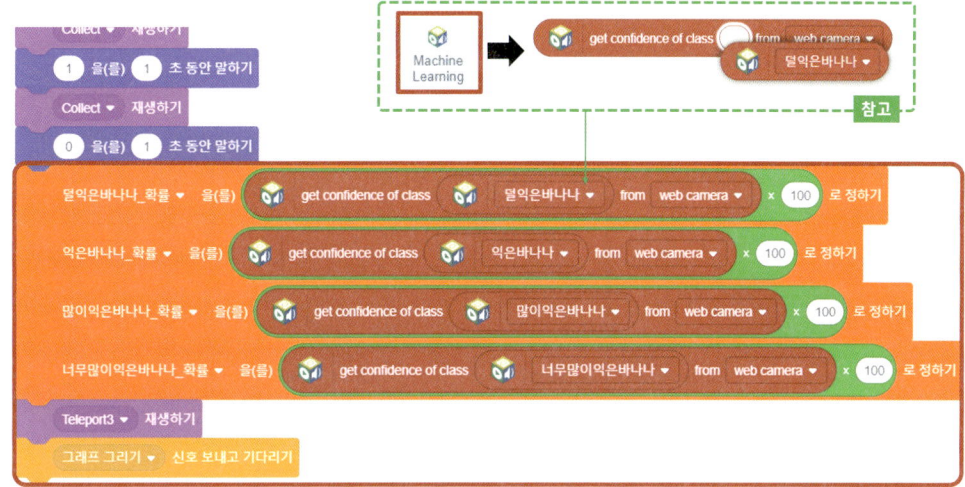

▲ [그림 4.2.16] 바나나 숙성 분류 코딩

07 이제 '그래프U' 스프라이트에서부터 그래프 그리기 코딩을 시작하겠습니다.

그래프U는 Unripe(덜 익은) 바나나로 판별된 확률 값을 막대그래프로 그려주는 부분입니다. '스페이스 키'를 눌렀을 때 우선 [지우기] 블록을 이용해 그래프를 모두 지워줍니다. 그리고 '바나나' 스프라이트로부터 '그래프 그리기' 방송 신호를 받았을 때, 그래프를 그릴 위치(x=-30, y=-37)를 정하고 [펜 내리기]를 이용해 선을 그릴 수 있게 코딩해 주세요.

이어서 막대그래프의 높이(가로)를 의미하는 'x좌표'를 '1'씩 증가시키고, 막대그래프의 두께(세로)를 의미하는 'y좌표'는 '20'씩 증가시키는 선 그리기를 여러 번 반복하면 마치 막대그래프 같은 효과가 나타납니다. 이 동작을 '덜익은바나나_확률' 변수 값만큼 반복해 주세요.

> **NOTE** 확률 변수에는 0~100 사이의 값이 들어가기 때문에 스크래치 화면에서 막대그래프의 최대 가로 길이가 100을 넘지 않습니다. 따라서 변수 값을 선 그리기의 반복 횟수로 사용하기 적당합니다.

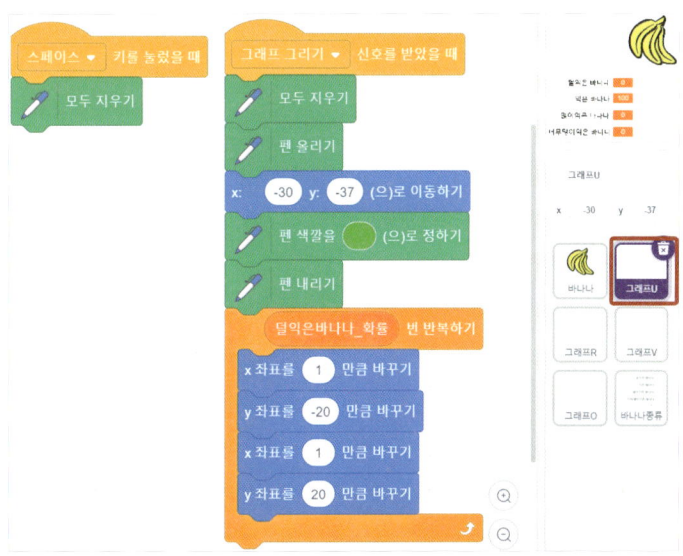

▲ [그림 4.2.17] 그래프U 그리기 코딩

08 그래프U에 추가했던 코드는 다른 그래프(R, V, O) 스프라이트에도 똑같이 적용되므로 코드를 그대로 복사해 주세요. 단, 그래프가 시작하는 x, y 위치는 다르므로 다음 그림과 같이 x, y 값만 수정해 주세요.

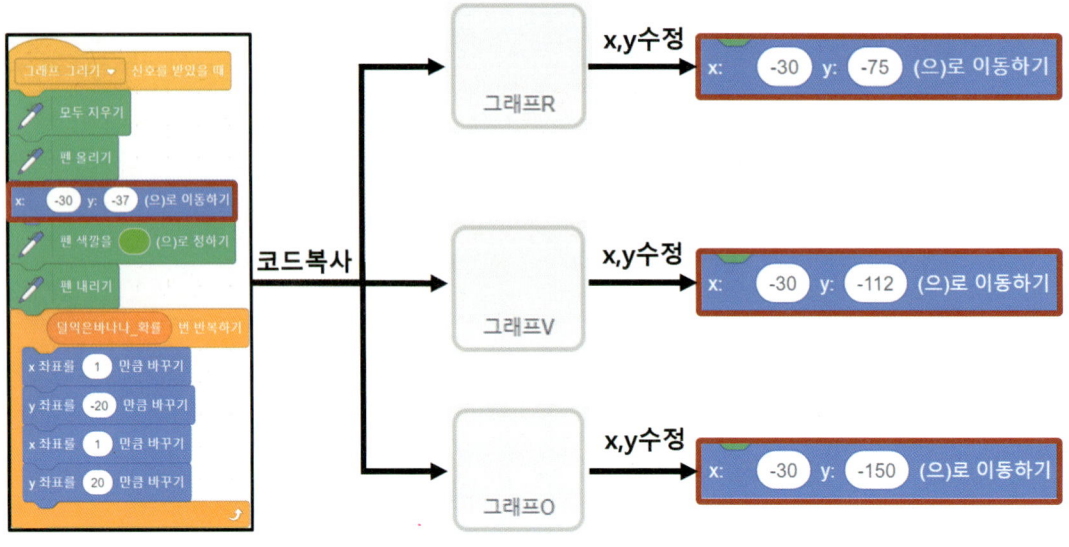

▲ [그림 4.2.18] 그래프 코드 복사

09 이제 모든 코딩이 완료되었습니다. 스마트폰으로 바나나 사진을 검색한 후 화면에 크게 띄워 주세요. 스크래치에서 스페이스 바를 눌러 바나나 숙성 프로그램을 시작하고, 화면에 뜨는 카메라에 스마트폰에서 검색한 바나나 사진을 가까이 비춰 보세요. 그리고 다음 그림과 같이 바나나의 숙성 확률 값에 따라 올바르게 결과가 나오는지 확인해 보세요.

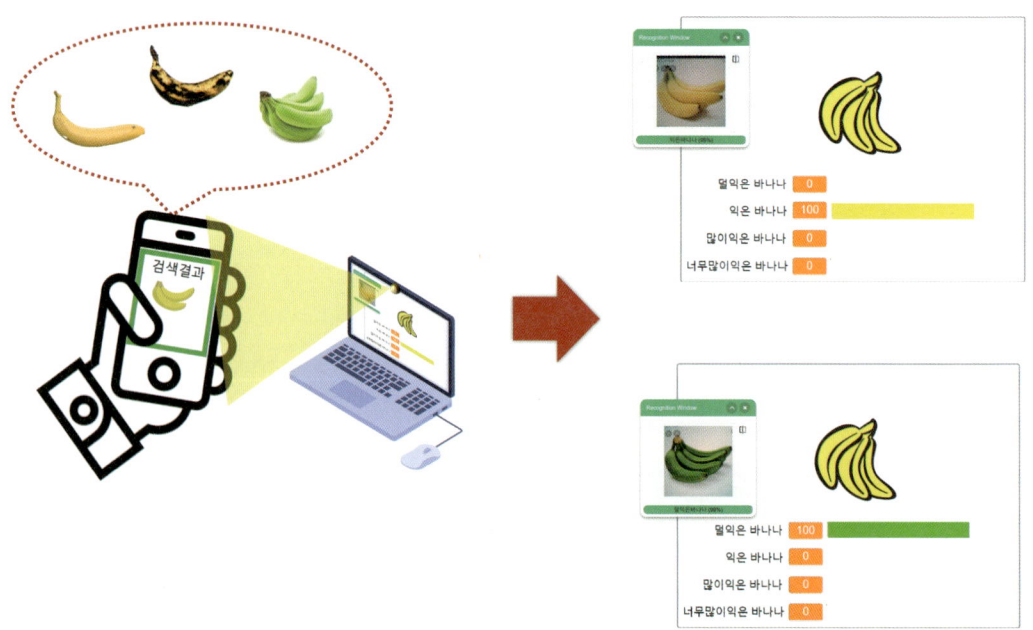

▲ [그림 4.2.19] 바나나 숙성 테스트하기

도전하기 4.2 　바나나 숙성도에 따라 스프라이트 모양 바꾸기

우리가 만든 프로그램에서, 바나나 스프라이트는 노란색의 잘 익은 이미지로만 유지되고 있습니다. 이를 실제로 비쳐준 바나나와 같은 숙성도를 가진 모양으로 바꿔주는 프로그램으로 업그레이드 해보세요.

- 덜 익은 바나나를 카메라에 비출 때 바나나 스프라이트의 모양: 덜 익은 바나나
- 많이 익은 바나나를 카메라에 비출 때 바나나 스프라이트의 모양: 많이 익은 바나나

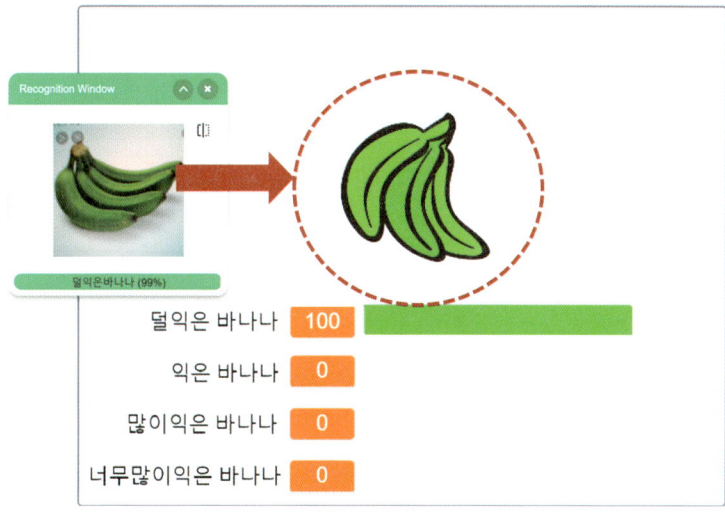

▲ [그림 4.2.20] 이미지 업그레이드

4.3 인공지능 쓰레기 분리배출함

우리나라에서 하루 평균 쓰레기 발생량은 40만 톤(1톤 = 1000kg)을 넘어섰습니다. 40만 톤의 쓰레기는 15톤 덤프트럭 약 1000만 대를 가득 채울 수 있을 정도로 양이 아주 많습니다. 이처럼 쓰레기 배출량은 계속 늘어나는데 처리시설은 갈수록 줄어 '쓰레기 산'이 생겨나고 있습니다. 조금이라도 환경을 생각한다면 재활용할 수 있는 쓰레기는 정확하게 분리해 버리는 것이 좋겠지요? 사람들이 재활용 가능한 쓰레기는 어떤 것인지 교육을 받고 실천하는 게 중요하지만, 현실에서는 귀찮고 재활용 쓰레기를 정확하게 판별하기 쉽지 않습니다. 그래서 최근에는 인공지능 기술을 이용하여 자동으로 쓰레기 분리배출을 하는 연구가 활발히 이루어지고 있습니다.

작품 미리보기

이번 실습에서는 인공지능 쓰레기 분리배출함을 만들어 보겠습니다. 스크래치의 인공지능 기술을 이용하여 각종 쓰레기를 자동으로 분리배출 하도록 코딩해 봅니다.

▲ [그림 4.3.1] 인공지능 쓰레기 분리배출 장치

머신러닝 모델 만들기

이번 실습은 쓰레기 종류를 스스로 판단할 수 있는 머신러닝 모델이 필요합니다.

티처블 머신(Teachable Machine)을 사용하여 세 가지 클래스(캔, 종이, 비닐)로 구분하고, 머신러닝 모델을 만들어 학습시켜 보겠습니다.

01 컴퓨터에 설치된 PictoBlox 오프라인 에디터를 열어 로그인을 합니다.

> **NOTE** 오프라인 에디터를 사용하지만 PictoBlox의 [머신러닝(Machine Learning)] 확장 기능을 사용하려면 인터넷이 연결된 상태여야 합니다. 내 컴퓨터에 인터넷 연결이 되었는지 꼭 확인해 주세요.

02 PictoBlox 화면 상단 [파일] 메뉴에서 '4.3_인공지능쓰레기분리배출_실습용' sb3 파일을 불러옵니다.

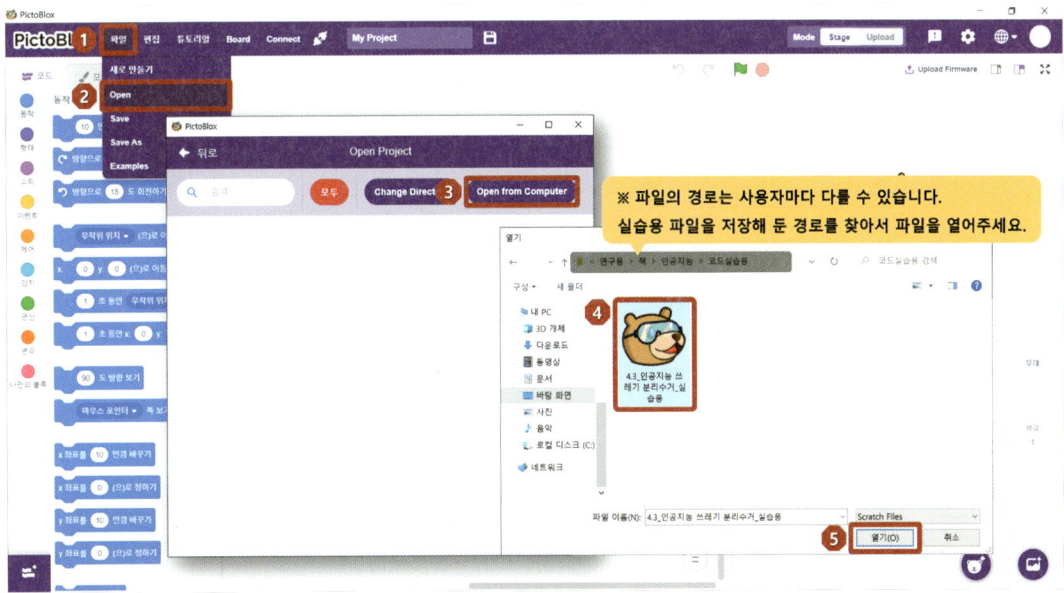

▲ [그림 4.3.2] 실습용 파일 열기

03 화면 왼쪽 하단의 [확장 기능 추가하기]를 눌러 [Machine Learning]을 선택해 주세요.

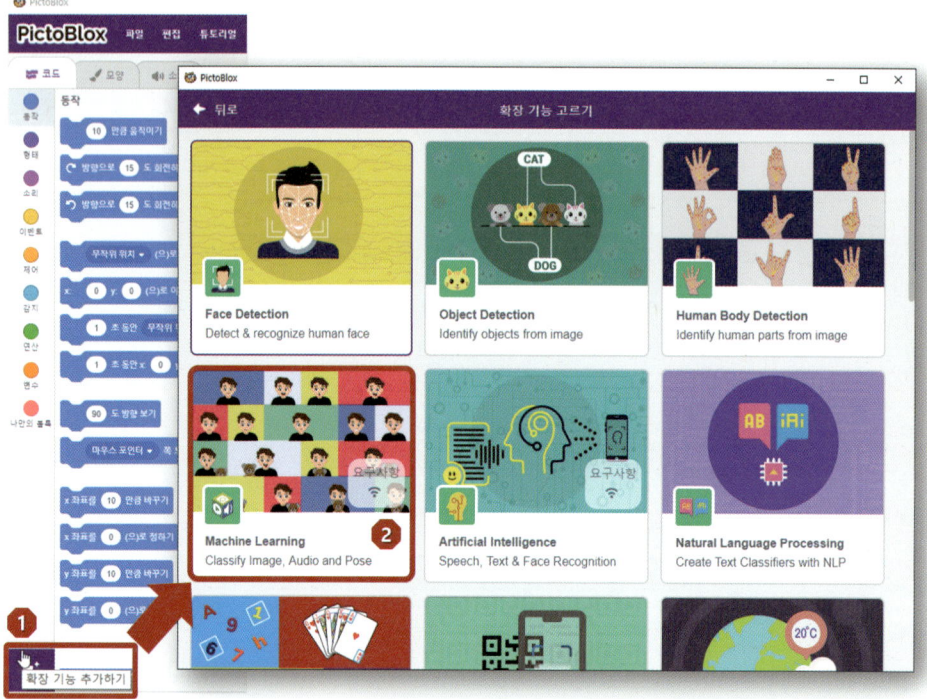

▲ [그림 4.3.3] 확장 기능 추가 화면

04 PictoBlox 블록 팔레트에서 [Machine Learning]을 선택한 후 [Create a Model]을 클릭해 Teachable Machine 사이트로 이동합니다. 그리고 Teachable Machine 사이트에서 [Image Project]를 클릭한 후 [Standard image model]을 클릭합니다.

> **NOTE** 우리 실습에서 Teachable Machine 사이트를 활용할 때는 크롬(Chrome) 웹 브라우저를 이용하도록 하겠습니다.

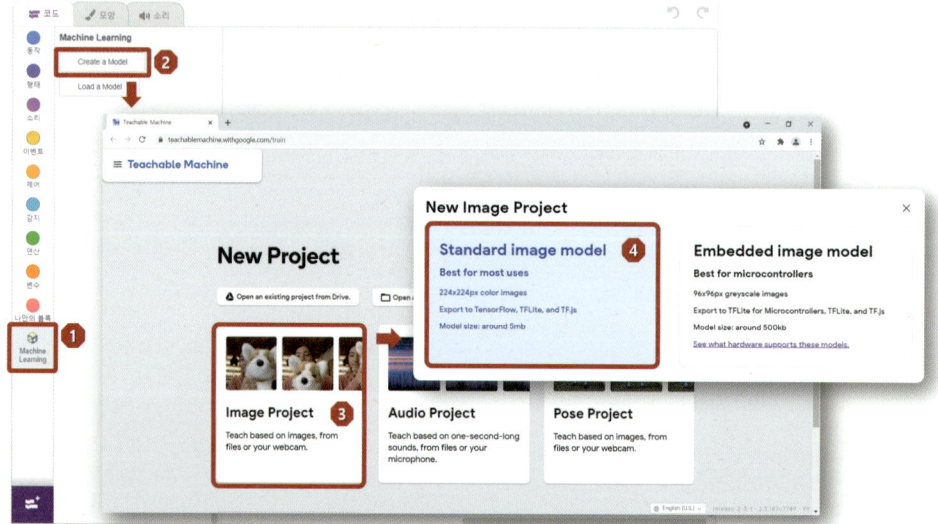

▲ [그림 4.3.4] Teachable Machine Image Project

05 총 3개의 클래스를 만들어 데이터를 학습시켜 봅시다.

현재 화면에는 총 2개의 항목을 학습시킬 수 있도록 클래스가 마련되어 있습니다. [Add a class]를 눌러 클래스를 1개 추가해 주세요.

▲ [그림 4.3.5] 클래스 3개 추가하기

06 이 프로젝트에서는 머신러닝 모델이 쓰레기 이미지를 보고 어떤 쓰레기인지를 스스로 판단하게 할 겁니다. 다음 그림과 같이 캔, 종이, 비닐류 쓰레기를 두세 종류 준비해 주세요.

▲ [그림 4.3.6] 학습에 사용할 쓰레기

4.3 인공지능 쓰레기 분리배출함 **153**

07 캔, 종이, 비닐 쓰레기를 직접 카메라에 비추어 머신러닝 모델 학습을 해 보겠습니다.

다음 그림과 같이 학습시킬 클래스 이름(캔, 종이, 비닐)을 각각 입력하고, 웹캠 버튼을 이용해 준비한 쓰레기를 카메라에 비추어 촬영해 주세요. 모든 이미지 촬영이 끝나면 [Train Model]을 눌러 머신러닝 모델 학습을 시작합니다.

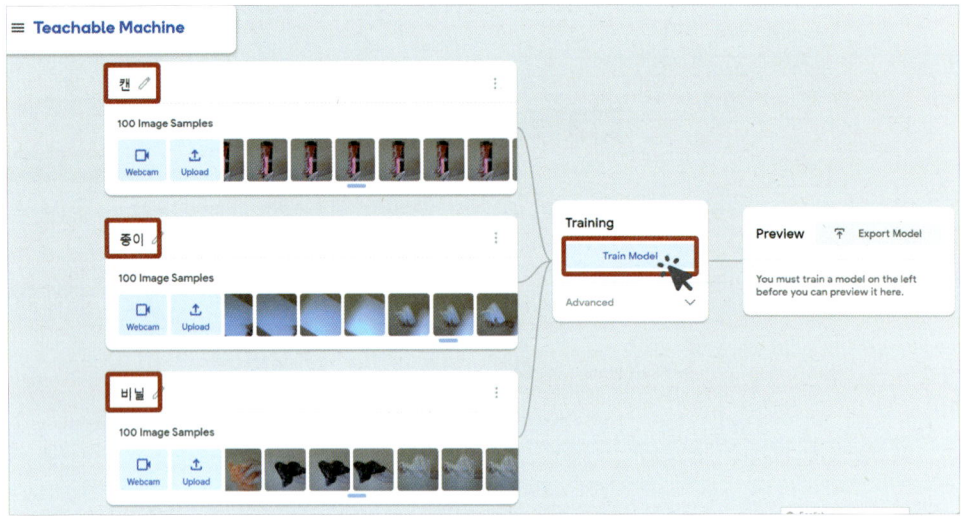

▲ [그림 4.3.7] 쓰레기 이미지 학습

08 학습이 완료되었다면 머신러닝 모델을 내보내 줍시다.

Preview 창에서 [Export Model]을 누른 후 팝업 창이 나오면 [Upload my model]을 클릭합니다. 잠시 후 화면 중앙에 링크가 생성되면 [Copy]를 눌러 주소를 복사해 줍니다.

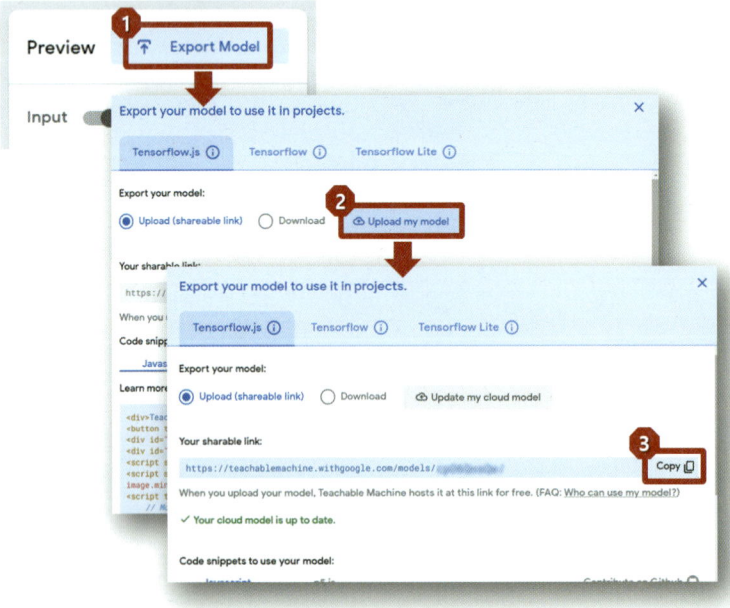

▲ [그림 4.3.8] 머신러닝 모델 내보내기

09 이제 PictoBlox 화면으로 돌아와서 복사한 주소를 이용해 머신러닝 모델을 로드해 봅시다.

[Machine Learning] 팔레트를 선택하고 [Load a Model]을 클릭합니다. 팝업 창이 나타나면 복사해 둔 머신러닝 모델 주소를 붙여 넣고 [Load Model]을 눌러 주세요. 다음 그림과 같이 모델이 잘 로드됐다면 Teachable Machine 웹사이트를 종료해 주세요.

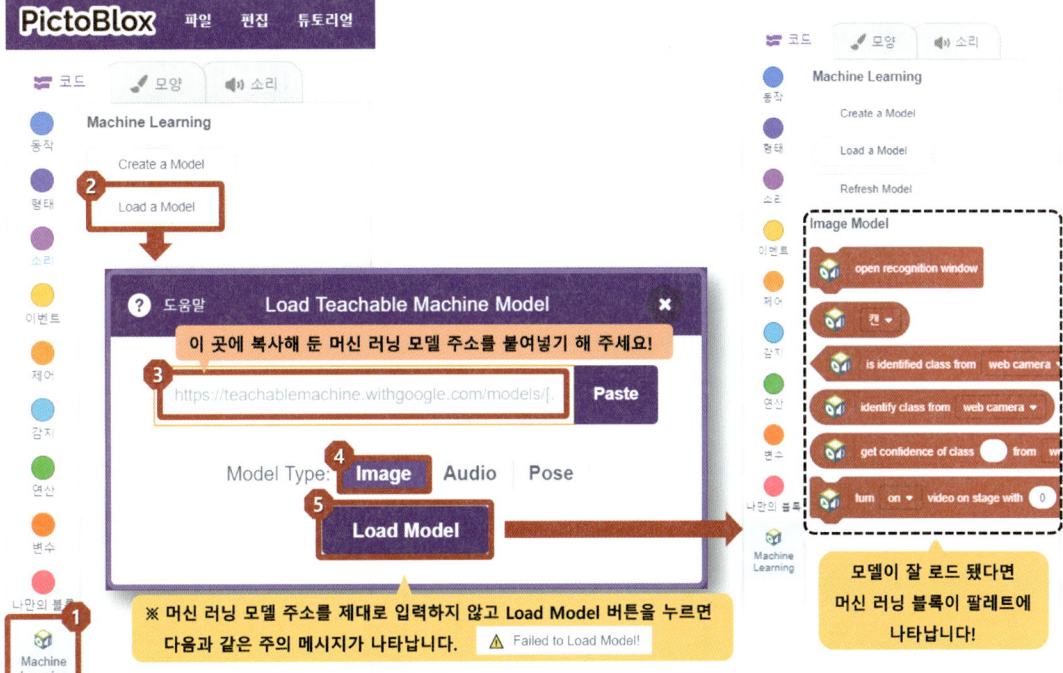

▲ [그림 4.3.9] PictoBlox에 머신러닝 모델 로드하기

코딩하기

이제 앞에서 만든 머신러닝 모델을 사용하여 인공지능 쓰레기 분리배출 프로그램을 완성시켜 봅시다.

01 먼저 이번 실습에서 사용될 PictoBlox 내의 확장 기능을 하나 더 추가하겠습니다.

화면 왼쪽 아래 보라색 네모의 [확장 기능 추가하기] 버튼을 눌러 [텍스트 음성 변환(TTS)] 기능을 가져옵니다.

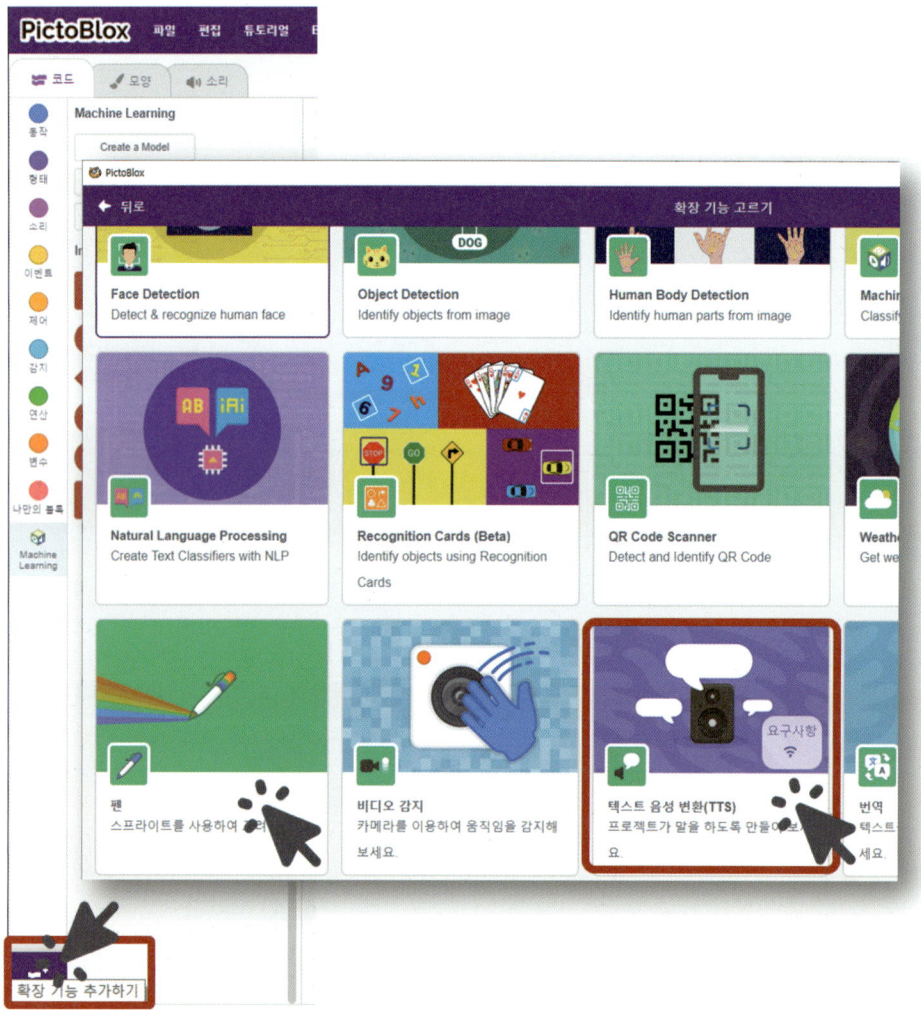

▲ [그림 4.3.10] 텍스트 음성 변환(TTS) 확장 기능 추가

02 'Retro Robot' 스프라이트부터 코딩을 시작하겠습니다.

'Retro Robot' 스프라이트에서는 카메라를 실행하고 쓰레기를 비추면 어떤 쓰레기인지 판단하는 코딩을 해야 합니다. 그래서 [스페이스 키를 눌렀을 때] 아래로 [open recognition window] 블록을 붙여 카메라가 실행되도록 합니다.

이어서 쓰레기를 구별하는 코딩을 해 보겠습니다. "쓰레기를 카메라에 비춰주세요."라는 안내 멘트를 하고 효과음(computer beeps2)을 줍니다. 그리고 [is identified class from (web camera) is ( )] 블록을 이용해 '캔', '종이', '비닐'을 구별하고 종류에 따라 [신호 보내고 기다리기]를 실행해 줍니다.

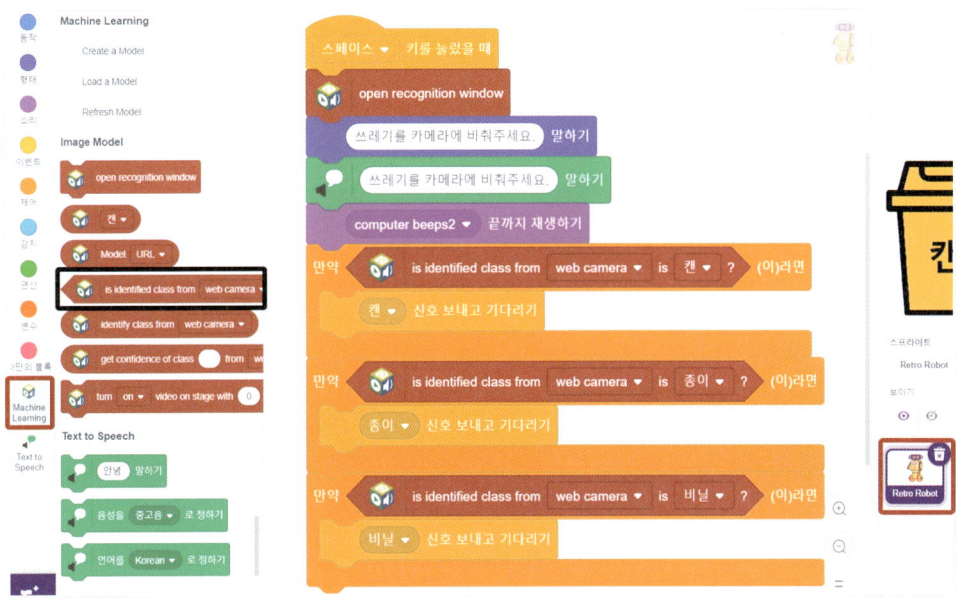

▲ [그림 4.3.11] Retro Robot 스프라이트 코딩

03 이제 '캔' 스프라이트로 가서 '캔 신호를 받았을 때'를 코딩하겠습니다.

캔이 방송신호를 받으면 자동적으로 캔 쓰레기통의 뚜껑을 열어 사람이 쓰레기를 버리기 쉽게 하는 효과를 만들어야 합니다. 그래서 모양을 '캔_열림'으로 바꾸고 2초 후에 '캔_닫힘'으로 바꿔 줍니다(캔이 열리는 효과는 빠른 테스트를 위해 짧게 2초만 하겠습니다). 추가적으로 캔 쓰레기통이 여닫힐 때 'Glug', 'Door Closing' 효과음을 넣어주면 좀 더 효과적입니다.

▲ [그림 4.3.12] 캔 스프라이트 코딩

04 '캔' 스프라이트의 코드를 '종이' 스프라이트로 복사하여 다음 그림과 같이 방송신호 이름과 모양 이름을 수정해 줍니다.

▲ [그림 4.3.13] 종이 스프라이트 코딩

05 '비닐' 스프라이트도 마찬가지로 코드를 복사해 붙여 넣고, 방송신호 이름과 모양 이름을 수정해 줍니다.

▲ [그림 4.3.14] 비닐 스프라이트 코딩

06 이제 모든 코딩이 완료되었습니다. 캔, 종이, 비닐을 2~3개씩 준비해 주세요. '스페이스 키'를 눌러 인공지능 쓰레기 분리배출 프로그램을 시작하고, 팝업되는 카메라 화면에 쓰레기를 가까이 비춰주세요. 그리고 다음 그림과 같이 쓰레기 감지 결과에 따라 올바르게 쓰레기통이 열리는 효과가 나타나는지 확인해 보세요.

▲ [그림 4.3.15] 인공지능 쓰레기 분리배출 테스트

도전하기 4.3 플라스틱 분리배출하기

우리가 만든 프로그램에서 플라스틱 쓰레기통을 추가해 주세요. 플라스틱 쓰레기를 추가로 학습시켜서 캔, 종이, 비닐, 플라스틱 총 4종류의 쓰레기를 자동으로 분리배출을 하는 프로그램으로 업그레이드해 보세요.

Chapter 04 정리하기

이번 챕터에서는 음성 인식과 이미지 인식 기술을 활용하여 우리 생활에 도움을 주는 발명품과 같은 작품들을 만들어 보았습니다.

기술은 우리의 삶을 더욱 윤택하게 해 줍니다. 이번 챕터에서 배운 기술들을 활용하여 여러분만의 멋진 아이디어로 우리 삶을 더욱 편리하게 해 줄 인공지능 작품을 만들어 보세요!

[인공지능 체험 사이트 4]
Shadow Art

Shadow Art는 인공지능과 그림자 인형극을 재미있게 경험할 수 있게 개발된 웹 브라우저 기반의 게임입니다. 20초 동안 제시된 동물의 손 모양을 만들고, 웹캠을 통해 손 모양이 인식되면 손 그림자가 인형 동물로 변하게 됩니다.

사이트에 접속해서 그림자 놀이를 즐겨보세요!

> **Shadow Art 웹사이트**
>
> [URL] https://shadowart.withgoogle.com

▲ Google AI Experiment에서 제공하는 Shdow Art

MEMO

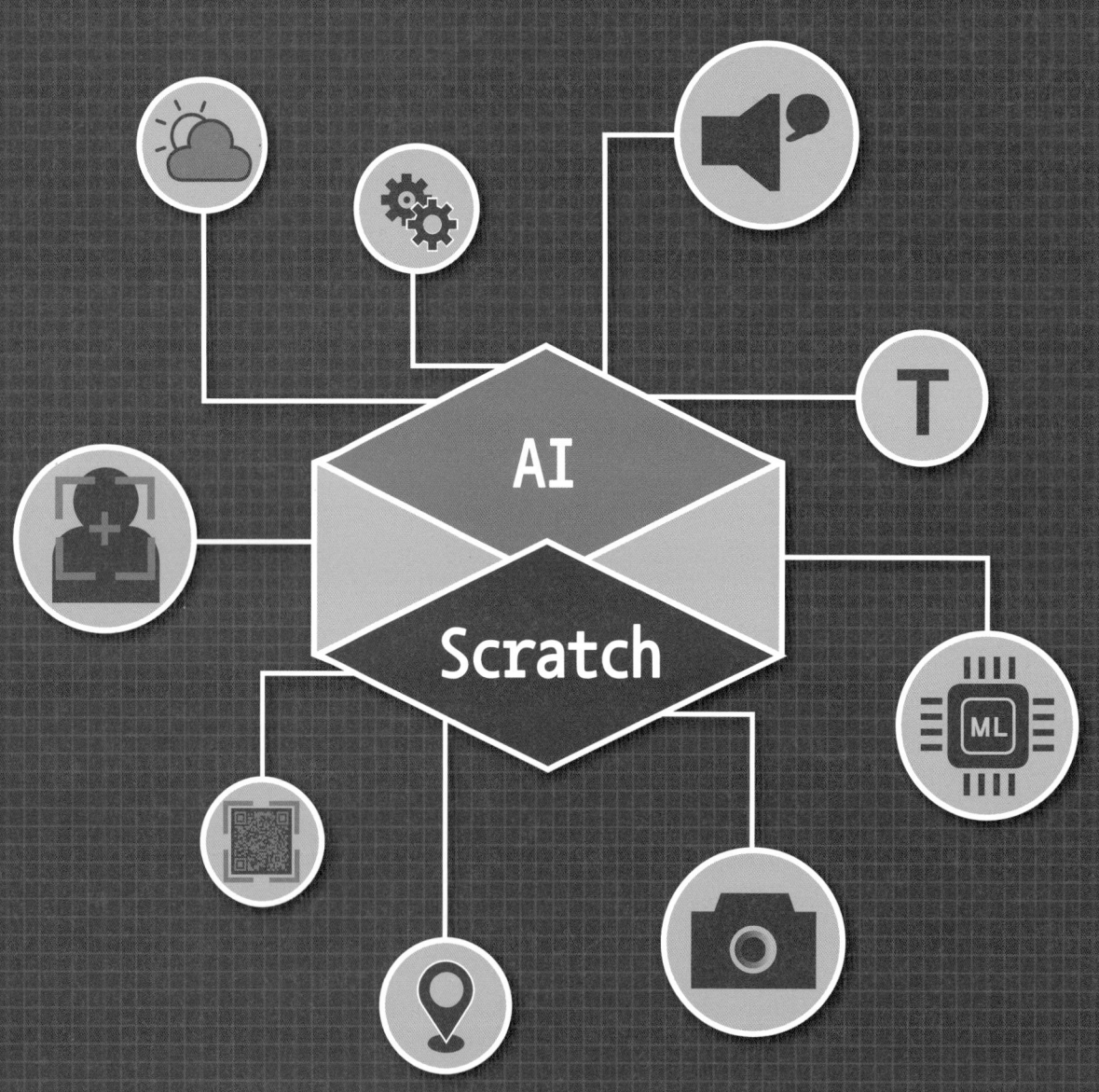

CHAPTER 05

인공지능 기술은 우리 생활에 어떤 영향을 줄까요?

Chapter 05에서는 PictoBlox의 인공지능 확장 기능을 활용해 불법주차 단속 프로그램을 만들어 봅니다. 그리고 우리 사회에 인공지능 기술을 이용함으로써 생기는 빛과 그림자는 무엇인지 생각해보는 시간을 가져 보겠습니다. 인공지능 기술이 우리 생활에 깊숙이 스며든 만큼 인공지능의 행동에 대해 우리가 생각할 점은 무엇인지 한 번쯤은 고민해보는 자세가 필요합니다.

5.1 인공지능을 이용한 불법주차 단속
인공지능 기계의 상용화와 윤리 규칙
[인공지능 체험 사이트 5] Which Face Is Real?

5.1 인공지능을 이용한 불법주차 단속

우리나라에는 자동차가 정말 많습니다. 그래서 요즘은 도로나 골목길 곳곳마다 주차장도 많이 있는데요. 주차장에 자동차를 잘 주차하는 사람들도 있지만, 아직도 여전히 불법주차를 서슴지 않는 경우도 많습니다. 불법주차를 사람이 일일이 단속하는 것은 어렵고 힘듭니다. 이때 인공지능 기술을 적용한 드론을 이용하면 불법주차 단속을 쉽고 빠르게 할 수 있습니다.

작품 미리보기

이번 챕터에서는 인공지능을 이용한 불법주차 단속을 만들어 보겠습니다. 카메라에 감지된 자동차의 번호를 인공지능 기술로 감지해, 불법주차한 자동차에 범칙금을 부과하도록 코딩해 봅니다.

▲ [그림 5.1.1] 인공지능을 이용한 불법주차 단속

머신러닝 모델 만들기

이번 실습은 따로 머신러닝 모델을 만들어 훈련시킬 필요 없이, PictoBlox의 확장 기능에서 제공하는 [Artificial Intelligence] 블록을 활용하여 만들어 보겠습니다.

코딩하기

 컴퓨터에 설치된 PictoBlox 오프라인 에디터를 열어 로그인을 합니다.

> **NOTE** 오프라인 에디터를 사용하지만 PictoBlox의 [인공지능(Artificial Intelligence)] 확장 기능을 사용하려면 인터넷이 연결된 상태여야 합니다. 내 컴퓨터에 인터넷 연결이 되었는지 꼭 확인해 주세요.

02 PictoBlox 화면 상단 [파일] 메뉴에서 '5.1_인공지능을 이용한 불법주차단속_실습용' sb3 파일을 불러옵니다.

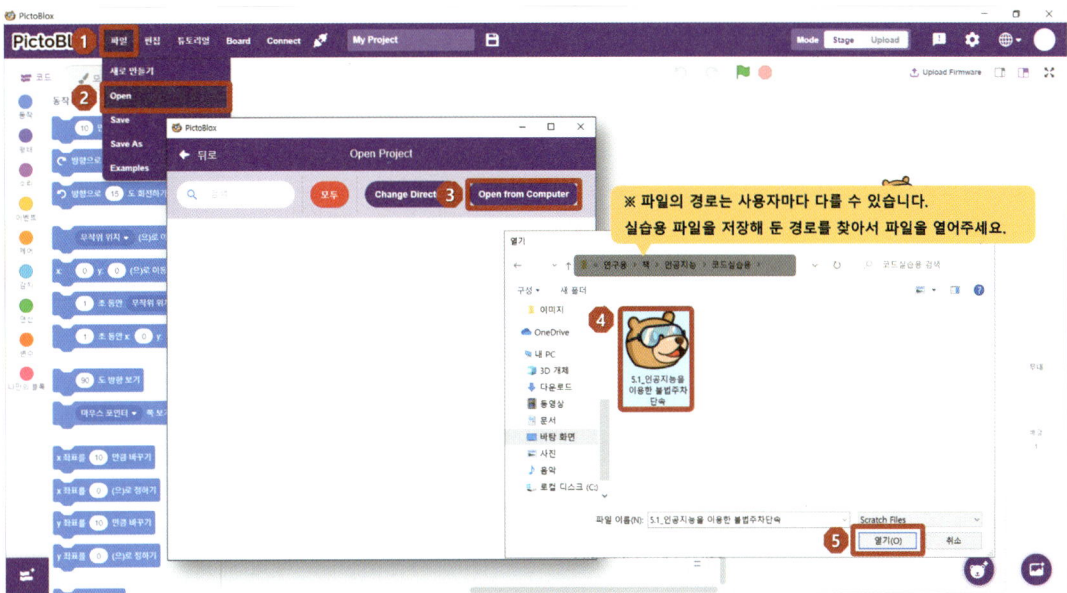

▲ [그림 5.1.2] 실습용 파일 열기

03 PictoBlox 화면 왼쪽 하단의 [확장 기능 추가하기]를 누르고 [Artificial Intelligence]와 [텍스트 음성 변환(TTS)] 확장 기능을 하나씩 선택합니다.

▲ [그림 5.1.3] 확장 기능 추가하기

04 '자동차' 스프라이트에서 자동차가 화면 멀리서 가까이 다가오다가 불법주차 금지구역에 주차를 하는 부분을 코딩으로 만들어 보겠습니다.

'자동차' 스프라이트의 모양은 총 3가지 '검정색', '파란색', '빨간색'이 있는데, 이 자동차의 모양 중 하나를 무작위로 고릅니다. 그리고 화면 멀리서 시작되는 효과를 위해 자동차 크기를 '5%'로 작게 만듭니다.

▲ [그림 5.1.4] 자동차 스프라이트 초기화

05 방금 코딩한 부분에 이어서 [(1)초 기다리기]를 한 후 자동차 소리 효과음(Car Horn)을 내어 자동차가 출발한다는 신호를 주세요. 그리고 '자동차' 스프라이트의 크기를 '1'씩 증가시키면서 도로 위를 자연스럽게 나아가는 효과를 위해 [x 좌표를 (-2)만큼 바꾸기], [y 좌표를 (-2)만큼 바꾸기]를 총 '60번' 반복해 주세요. 그러면 자동차가 불법주차 금지구역까지 오는 것처럼 보이게 됩니다.

▲ [그림 5.1.5] 자동차 스프라이트 움직이기 효과

06 자동차가 멈출 때 나는 효과음(Skid)을 재생하고, 불법주차 단속을 시작하기 위해 [(불법주차단속) 신호 보내고 기다리기]를 실행해 주세요.

> **NOTE** 나중에 '드론' 스프라이트에서 이 방송신호를 받아서 불법주차 단속과 관련된 코딩을 할 예정입니다.

▲ [그림 5.1.6] 자동차 방송신호 보내기

07 이제 '드론' 스프라이트에서 코딩을 해 봅시다.

'드론'은 불법주차를 한 자동차에 가까이 가서 인공지능 기술로 자동차 번호판을 읽고 그 자리에서 바로 범칙금을 부과하는 역할을 합니다. 불법주차 구간에 드론이 나타난 것처럼 보이도록 드론의 크기를 '50%'로 줄여 주고, 출발할 위치를 다음 그림과 같이 초기화해 주세요.

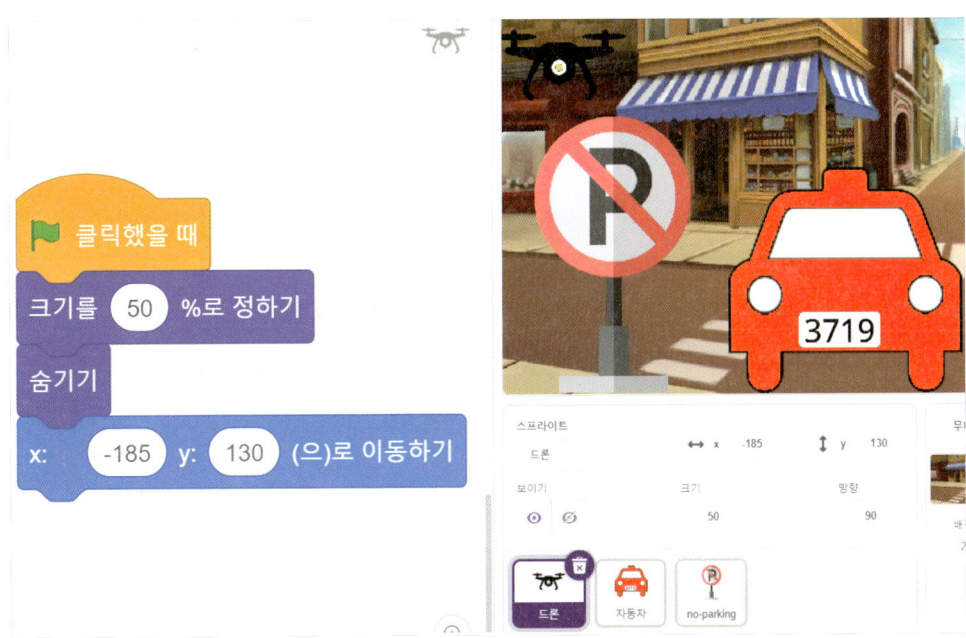

▲ [그림 5.1.7] 드론 스프라이트 초기화

5.1 인공지능을 이용한 불법주차 단속 **167**

불법주차 단속 구간에 드론을 나타내었으니, 불법주차 단속 신호 코딩을 시작할 차례입니다. '자동차' 스프라이트에서 보낸 불법주차 단속 신호를 '드론' 스프라이트에서 코딩해 보겠습니다.

[(불법주차단속) 신호를 받았을 때] 블록 다음에 드론이 나타나는 코딩을 하고, 1초 후에 [(사이렌소리) 신호 보내기]를 이용하여 경찰 출동 효과음(Police Siren)을 '6번' 반복 재생해 줍니다. 그리고 경찰 출동 효과음이 나오면서 드론은 x: 90, y: 90의 위치로 3초 동안 천천히 움직이게 해줍니다.

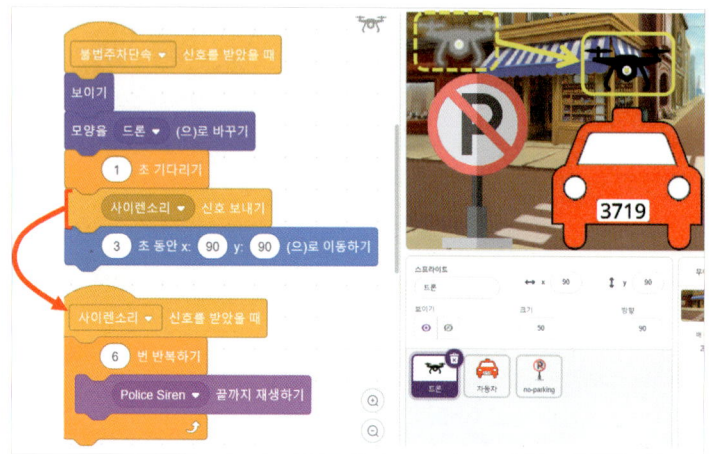

▲ [그림 5.1.8] 드론의 불법주차 단속 신호 코딩

드론이 출동하면 불법주차 단속을 시작해야 합니다. [(단속시작 알리기) 신호 보내기]를 이용하여 "불법주차 단속을 시작합니다"라는 음성이 흘러나오게 해줍니다. 음성이 나오는 것은 [Text to Speech] 팔레트의 [말하기] 블록을 사용하면 됩니다.

그리고 음성과 함께 말풍선도 나오도록 [(단속시작 알리기) 신호 보내기] 밑에 바로 [(불법주차 단속을 시작합니다)를 (4)초 동안 말하기] 블록을 넣어 주세요. 그 다음, 드론 모양을 '드론카메라촬영'으로 바꾸고 효과음(Computer Beep2)을 내어 드론이 불법주차를 한 자동차의 번호판을 인식하는 연출을 해 주세요.

▲ [그림 5.1.9] 불법주차 단속 시작 및 드론 카메라 촬영 코딩

10 이제 인공지능 기술을 이용하여 자동차의 번호판을 인식하고 범칙금을 부과해야 합니다.

[Artificial Intelligence] 팔레트에서 [recognize (handwritten text) in image from stage] 블록을 가져와 실행하면, 무대 화면(stage)에서 숫자로 표현된 것을 인공지능이 인식하여 텍스트로 바꿔 줍니다. 이렇게 바뀐 텍스트는 자동차 번호 4자리입니다. 이 4자리 번호에 '범칙금이 부과되었다'는 문구를 붙여 주고 '카메라단속'이라는 변수를 만들어 문구를 저장해 줍니다.

그 다음, [(범칙금 부과 알리기) 신호 보내기]를 하여 변수 '카메라단속'에 담긴 말을 음성인식으로 흘러나오게 하고, 동시에 [형태] 팔레트의 [말하기] 블록을 활용하여 말풍선 모양에도 그 말이 나타나게 해줍니다.

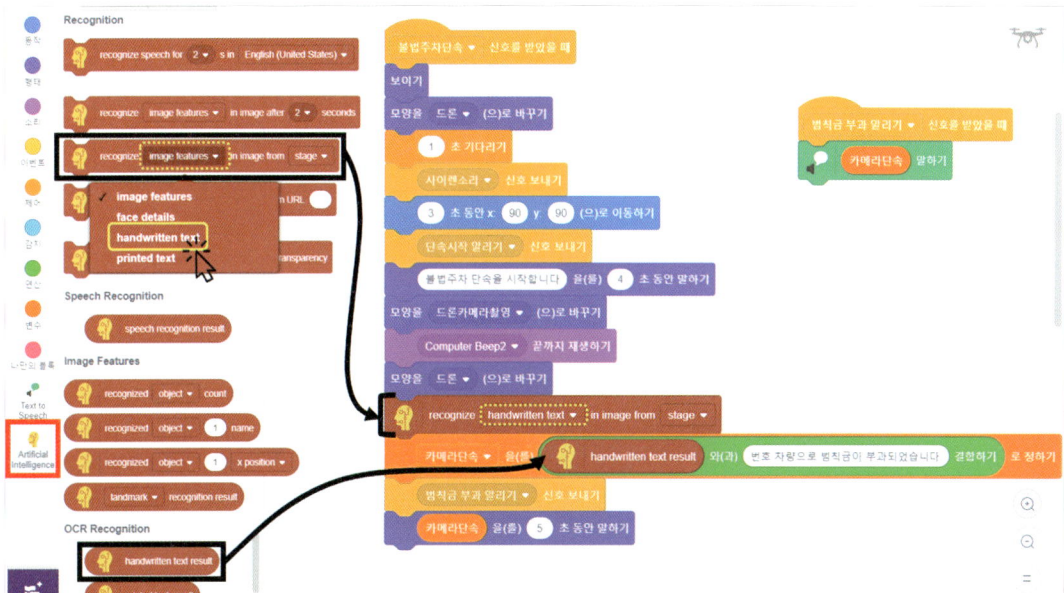

▲ [그림 5.1.10] 불법주차한 자동차 번호판 인식 및 범칙금 부과 코딩

11 작품의 모든 코딩이 완료되었습니다. 녹색 깃발을 눌러 실행했을 때 드론 스프라이트를 통해 인식된 자동차 번호판이 올바른지 확인하면서 테스트를 해보세요.

> **잠깐!** [Artificial Intelligence] 확장 기능 사용 시 크레딧이 부과되는 점 잊지 마세요!
>
> 4.1에서 언급하였듯이 [Artificial Intelligence] 확장 기능을 사용할 때는 인식 되는 기술에 따라 '크레딧'이 사용됩니다. 자세한 사항은 '4.1 인공지능 스피커'를 확인해 주세요.

도전하기 5.1 불법주차 차량의 번호판을 잘 인식하지 못한 경우

우리가 만든 작품에서 드론이 스크래치 화면에 비친 자동차 번호를 잘못 인식하면 'null(널)'이라는 결과 값으로 나타납니다. 그래서 [만약 ( ) (이)라면] 명령 블록을 이용하여 자동차 번호가 null이 아니면 원래 작품을 그대로 실행하고, null이면 "자동차 번호가 인식되지 않았습니다."라고 음성이 나오게 코딩해 보세요.

Chapter 05 정리하기

이번 챕터에서는 인공지능 글자인식 기술을 활용하여 불법주차단속 프로그램을 만들어 보았습니다. 인공지능 기술을 활용하면 우리 사회의 다양한 문제 해결에 도움이 될 수 있습니다. 여러분도 우리 생활 속 불편했던 문제점을 찾아보고, 지금까지 실습해 본 인공지능 프로젝트 내용을 바탕으로 해결해 볼 수 있는 아이디어를 찾아보세요!

인공지능 기계의 상용화와 윤리 규칙

우리가 앞에서 실습했던 인공지능 기술은 많은 전문가들에 의해 획기적으로 발달하였습니다. 이에 따라 인공지능 자율주행차, 자동화 로봇, 인공지능 수술 로봇, 개인맞춤형 인공지능 투자 프로그램 등이 신산업 분야로 주목 받고 있습니다. 최근 코로나19로 비대면 활동이 늘면서 인공지능이 실제 산업에 빠르게 적용되고 있습니다. 따라서 인공지능의 진출 분야는 더욱 넓어질 것입니다.

그러나 인공지능 기술이 상용화되기 전에 따져 봐야 할 문제들이 있습니다. 인공지능 프로그램에 기능적 오류는 없는지, 지속가능한 기술인 것인지 등 앞으로 해결해 나가야 할 문제가 많지만, 그중에서도 '윤리적 문제'와 '법적 책임 방향'이 주요 논쟁거리입니다.

인공지능에 윤리 문제가 거론되는 이유는, 인공지능이 사람이 아닌 '기계'라는 점 때문입니다. 컴퓨터 프로그램에 의해 결정되는 인공지능의 판단에는 인간만이 가질 수 있는 '도덕적 감정'이 반영되지 않습니다. 아무리 인공지능 기계가 인간처럼 행동을 하더라도 그것은 흉내를 내는 정도일 뿐입니다. 도덕적 판단이 필요한 상황에서, 인공지능 기계는 프로그램의 계산 결과에 따라 가장 유리한 결론을 도출하여 선택을 할 것이고, 이 결과로 인간 사회에 윤리 문제를 발생시킬 가능성이 있습니다. 이것이 인공지능의 윤리적 딜레마(ethical dilemma)입니다.

인공지능은 벌써 몇 가지 윤리적 문제를 우리 사회에 발생시켰습니다. MS의 인공지능 챗봇인 테이(Tay)는 인종차별, 여성차별 관련 메시지를 학습하게 되어 비윤리적 대답을 하게 되었고 결국 16시간 만에 서비스가 종료되었습니다. 이외에도 구글이 개발한 인공지능 프로그램이 온도계를 든 흑인 사진을 '총을 든 범죄자'로 해석해 논란이 되었습니다. 기존에 쌓였던 '흑인 범죄자가 많다'는 인식이 인공지능의 판단에도 반영된 결과였습니다. 또한 구글의 인공지능 이미지 검색 프로그램에서 흑인을 고릴라로 인식해 인종차별 논란을 일으킨 바 있습니다.

인공지능은 효율성을 위주로 프로그래밍 됩니다. 그렇기 때문에 트롤리 딜레마(Trolly dilemma) 같은 문제에 직면할 경우 인공지능의 도덕적 판단 문제가 불거질 가능성이 높습니다. '트롤리 딜레마'는 다수를 구하기 위해 소수를 희생할 수 있는지 판단해야 할 문제 상황을 뜻합니다. 여러분이라면 이 상황에서 어떤 판단을 내릴까요? 이런 윤리적 문제에 대해 인공지능이 어떤 판단을 하는 게 옳은지 사람들에게 테스트를 해보는 흥미로운 웹사이트가 있습니다. 'Moral Machine'이라는 웹사이트(https://www.moralmachine.net)인데, 이 사이트에서는 제시된 상황에서 인공지능 자율 주행차(self-driving car)가 어떤 판단을 하는 게 옳은 것인지 사람들에게 선택해 보라는 질문지가 13개 있습니다.

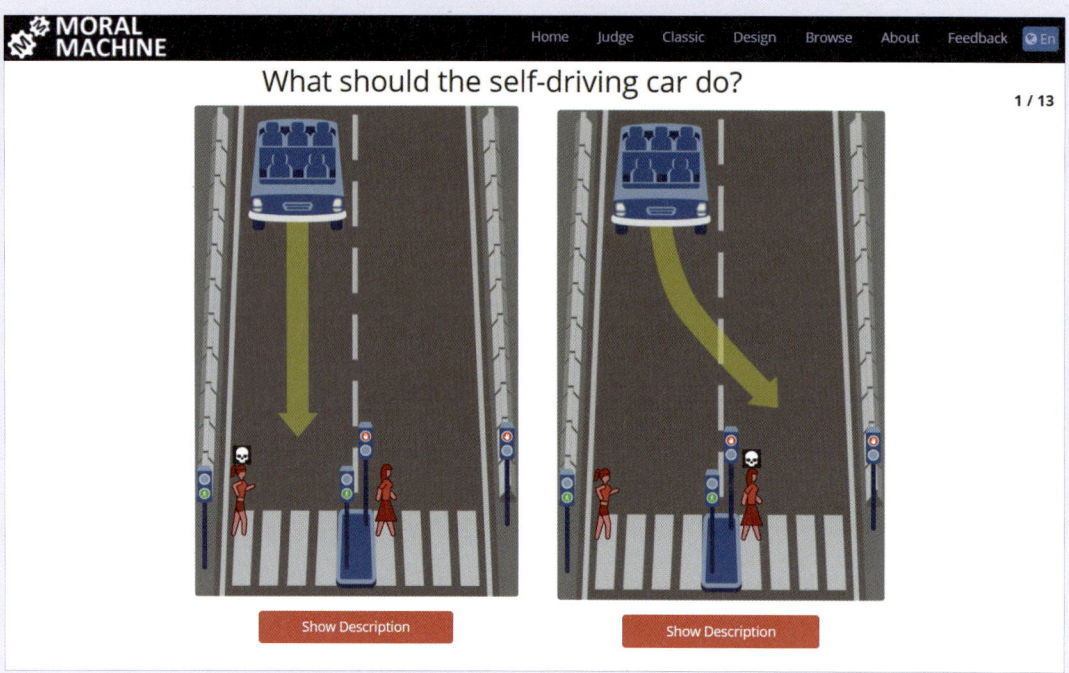

▲ Moral Machine 사이트에서 제공하는 판단 상황

예를 들면 인공지능이 아닌 사람이 운전하는 버스라면 갑자기 앞에 나타난 어린이를 피하기 위해 운전기사는 핸들을 돌릴 것입니다. 이 과정에서 버스 안에 탄 승객들이 대형 사고를 당할 위험이 있습니다.

반면 효율성을 우선시하는 인공지능 자율 주행버스라면 버스 승객수가 도로 위의 아이보다 훨씬 많기 때문에, 피해를 최소화하기 위해 어린 아이를 그대로 치고 지나가는 것을 효율적이라고 판단할 수도 있습니다. 인공지능이 도로 위의 아이를 치고 지나가는 것과 핸들을 옆으로 돌리는 것. 여러분이라면 어느 판단이 옳다고 생각하나요?

이와 같은 인공지능의 윤리적 딜레마에 대해 생각해 보기 위해 위의 'Moral Machine' 사이트에 접속하여 문제를 풀어 보시기 바랍니다.

인공지능 기술의 효율성은 다양한 장점이 있지만, 그와 동시에 치명적인 문제 또한 가졌습니다. 이 모든 것이 인간을 위한 것인 만큼 도덕적, 윤리적 가치관을 우선으로 두고 판단해야 할 상황에서 인공지능은 어떻게 행동해야 할지 미리 고민해보는 자세가 필요하다고 생각합니다. 더 인간다운 사회를 위한 길은 이러한 생각에서 비롯되는 것이 아닐까요?

[인공지능 체험 사이트 5]
Which Face Is Real?

Which Face Is Real은 인공지능 기술을 이용한 가짜 영상과 사진의 위험성을 경고하기 위해 워싱턴 대학의 제빈 웨스트(Jevin West)와 칼 버그스트롬(Carl Bergstrom) 교수가 만든 사이트입니다.

이 사이트는 엔비디아(NVIDIA)가 만든 이미지 합성 기술인 'StyleGAN'을 사용하여 가짜 이미지를 수천 개 생성하였습니다.

실제 많은 사람들이 이 사이트를 통해 진짜를 찾아내기 위해 노력하지만 진짜를 식별하는 비율은 60~75% 수준에 그친다고 하니 여러분들도 두 눈 크게 뜨고 진짜 사람 사진을 찾아보세요!

Which Face Is Real? 웹사이트

[URL] https://www.whichfaceisreal.com

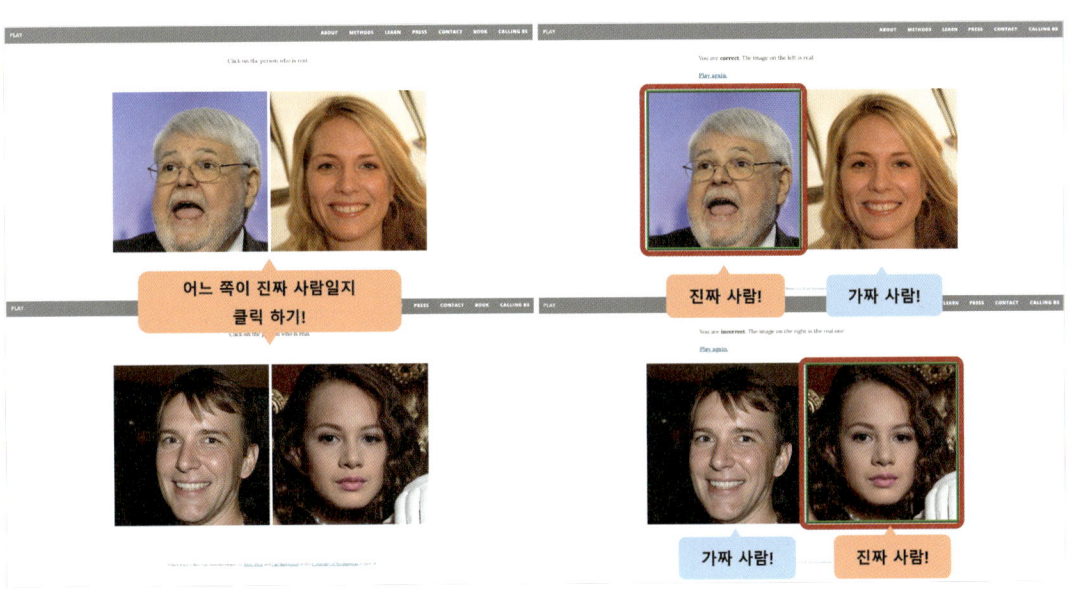

▲ 진짜 사람 사진 vs 인공지능이 만든 사람 사진

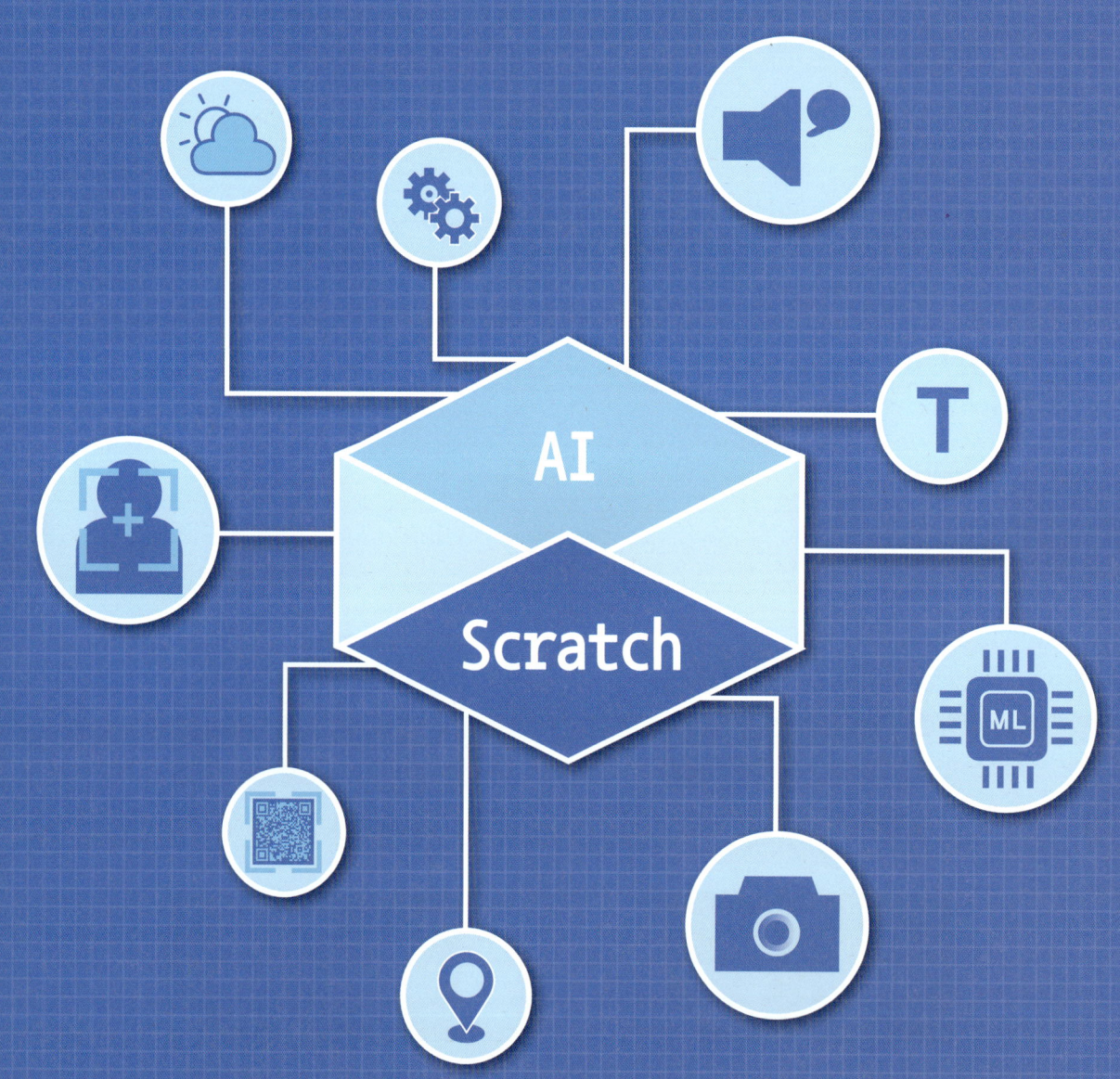

[부록] 도전하기 정답

Chapter 02~05에 수록된 도전하기의 정답을 공개합니다.

도전하기 2.1 페이스 도어락 시스템 만들기

비대면 출입 관리기를 응용하여 우리 집을 지켜주는 페이스 도어락 시스템을 만들어 보세요. 카메라에 인식된 얼굴이 우리 가족의 얼굴이면 현관문이 열리고, 그렇지 않으면 현관문이 열리지 않도록 작품을 완성해 봅시다.

[정답]

Teachable Machine 사이트에서 사람이 없는 배경과 내 모습을 [그림 2.1-1]과 같이 학습시켜 주세요.

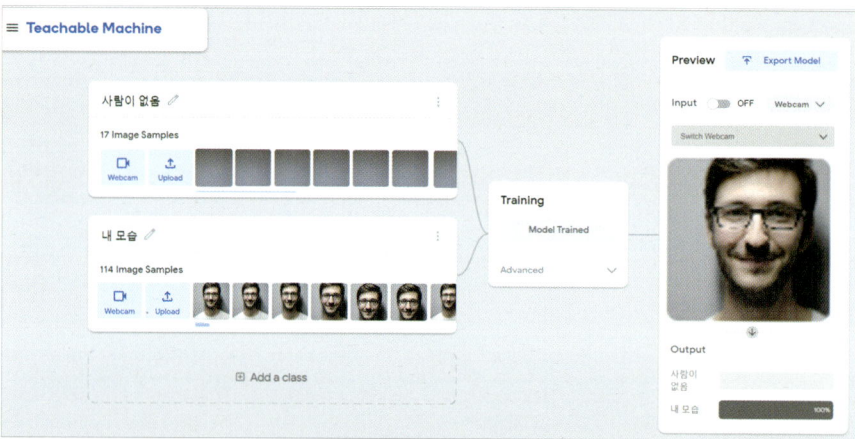

▲ [그림 2.1-1] 내 얼굴 이미지 학습시키기

스크래치 프로그램에서 닫힌 모양의 대문과 열린 모양의 대문을 스프라이트로 그려 주세요. 그리고 학습시킨 모델을 불러와서 '스페이스 키를 눌렀을 때' 카메라에 "내 모습"이 감지되면 열린 모양의 대문으로 바꾸어 주세요(그림 2.1-2 참조).

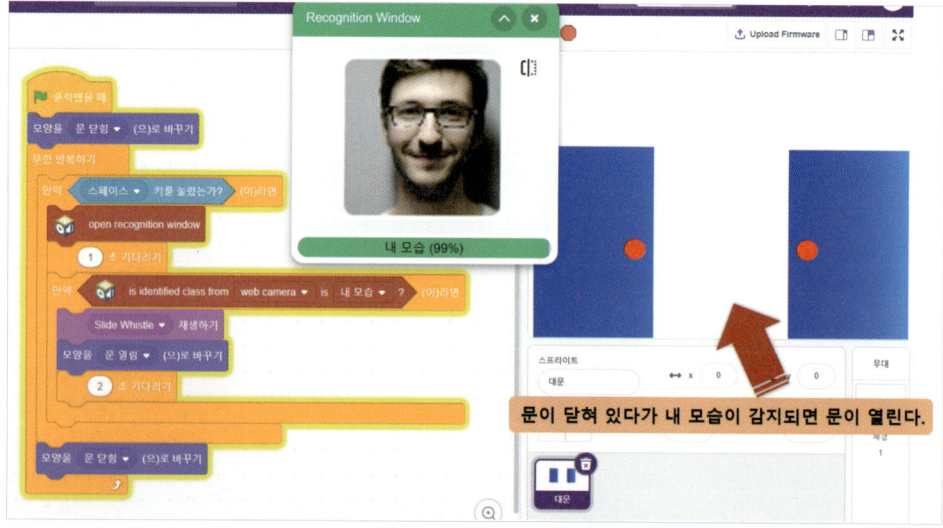

▲ [그림 2.1-2] 이미지 감지 코드와 실행 모습

도전하기 2.2   인공지능 홈 트레이닝 업그레이드!

우리가 만든 프로그램에 기능을 하나 더 추가해 보겠습니다. 운동 목표 개수를 입력받아 그 목표를 달성하면 "축하합니다. 운동 목표를 달성했습니다."라는 음성이 나오게 프로그램을 업그레이드해 보세요.

[정답]

'목표개수' 변수를 하나 만들어서 초기값을 저장합니다(저자는 20으로 저장했습니다). [만약 ( ) (이)라면] 명령 블록을 이용해 현재 개수와 목표 개수가 일치 여부를 비교해 합니다. 그리고 현재 개수와 목표 개수가 같아지면 [Text to Speech] 명령 블록을 이용해 "축하합니다. 운동 목표를 달성했습니다."를 말소리로 나오게 코딩해주면 됩니다.

▲ [그림 2.2-1] 운동 목표 달성 코드

도전하기 3.1 　 말(Horse)상 추가하기

4가지 동물상 외에 말(Horse)상 닮은꼴을 추가하여 인공지능 관상가 작품을 업그레이드해 보세요!

[정답]

'3.1 인공지능 관상가'를 참고하여 강아지, 고양이, 공룡, 원숭이에 이어서 말 이미지를 인터넷에서 여러 개 다운로드해 주세요. 그 후 다운로드한 이미지를 Teachable Machine에서 새롭게 학습을 시켜 줍니다. 모델 학습이 끝난 후에는 학습시킨 모델 링크를 PictoBlox의 [Machine Learning]에서 불러 옵니다.

PictoBlox 화면에서 '말상확률'이라는 변수를 만들고, [그림 3.1-1]과 같이 카메라에 감지된 모습이 말상일 확률 값을 변수에 저장해 주세요.

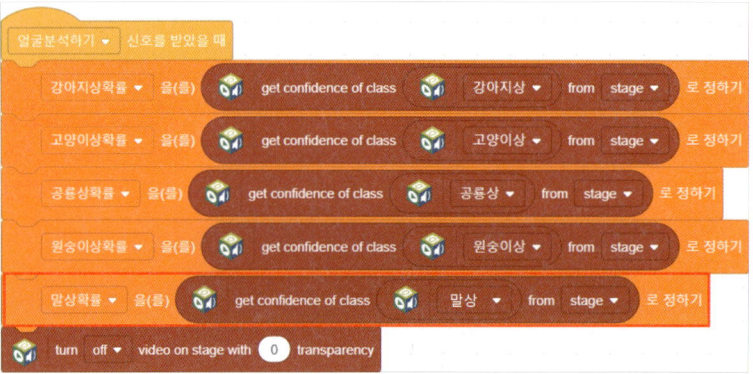

▲ [그림 3.1-1] 말상 확률값 저장 코드

'말상확률' 변수값이 '최대값' 보다 크면 최대값 변수를 말상확률로 정하고, '최대값동물상' 변수를 '말상'으로 정해 줍니다.

▲ [그림 3.1-2] 말상 확률값 비교 코드

마지막으로 '최대값동물상' 변수값이 '말상'일 경우에는 스프라이트의 모양을 말상으로 바꿔 주면 됩니다. 그 외의 코드는 기존 예제와 같습니다.

▲ [그림 3.1-3] 말상 모양 바꾸기 코드

도전하기 3.2   '얼굴필터' 스프라이트 추가하기

'필터효과' 스프라이트에는 실습에서 다루지 않은 다양한 모양이 더 준비되어 있습니다. 실습한 내용을 바탕으로 다른 모양의 필터도 얼굴 인식이 되도록 코드를 작성해 보세요.

[정답]
'안경' 스프라이트를 4개 더 복사하여 [그림 3.2-1]과 같이 뾰족선글라스, 왕관2, 리본모자, 사슴뿔로 모양을 바꾸고, 복사된 스프라이트의 이름도 모양 이름과 동일하게 해줍니다. 각 모양은 스프라이트의 [모양] 탭에 들어가면 선택할 수 있습니다.

▲ [그림 3.2-1] 스프라이트 복사하기

새롭게 복사한 스프라이트 4개를 [그림 3.2-2]와 같이 마우스로 적절히 배치해 주세요.

▲ [그림 3.2-2] 복사한 스프라이트 배치하기

복사하여 만든 '뾰족선글라스'의 코드 중 방송신호 보내기를 [그림 3.2-3]과 같이 수정합니다. 왕관2, 리본모자, 사슴뿔 스프라이트의 방송신호 이름도 각 스프라이트의 이름과 일치되게끔 수정해 주세요.

▲ [그림 3.2-3] 뾰족선글라스 코딩 수정

새롭게 복사한 4개의 스프라이트가 보내는 방송신호를 '필터효과' 스프라이트에서 받아 처리해 주는 코드를 추가해 주면 완성입니다(그림 3.2-4 참조).

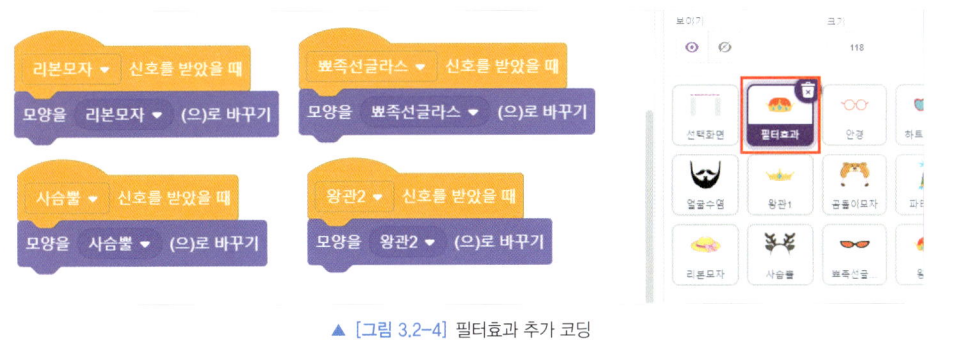

▲ [그림 3.2-4] 필터효과 추가 코딩

도전하기 3.3   더 많은 물건을 찾아보자!

'찾을물건' 스프라이트의 나머지 모양들을 활용하여 더 많은 물건을 찾는 게임이 되도록 코드를 추가해 보세요.

[정답]

준비된 그림은 총 8가지입니다. 그림을 더 추가하기 위해 '찾을 물건' 스프라이트에서 1~5 사이의 난수로 되어 있던 것을 1~8 사이의 난수로 수정해 주세요.

▲ [그림 3.3-1] 난수값 수정하기

[그림 3.3-2]와 같이 Pico 스프라이트의 [(정답감지하기) 신호를 받았을 때] 명령 블록 아래에 퀴즈번호가 6, 7, 8일 경우의 코드를 추가해 주세요.

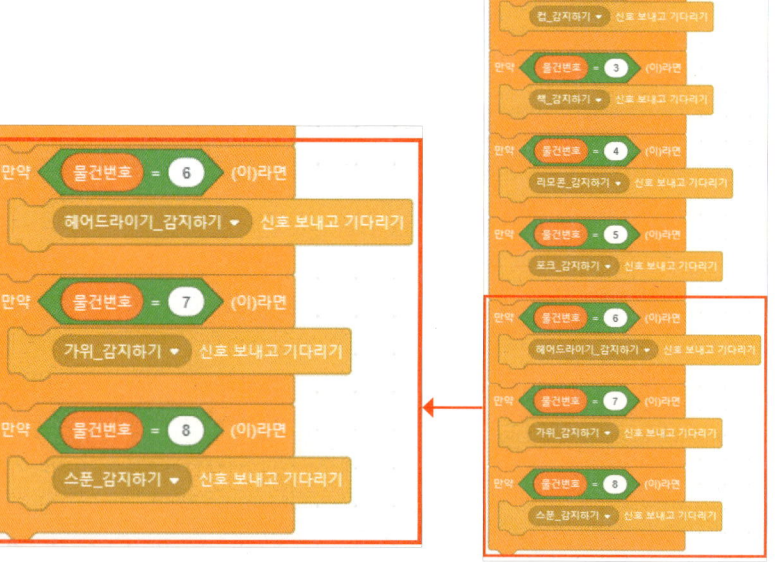

▲ [그림 3.3-2] 퀴즈번호 추가하기

그리고 Pico 스프라이트에서 헤어드라이기, 가위, 스푼 모양과 동일한 물체가 카메라에 감지되었을 때 실행되는 방송신호를 [그림 3.3-3]과 같이 추가해주면 완성됩니다.

▲ [그림 3.3-3] 추가 스프라이트의 방송신호 코딩

도전하기 4.1   인공지능 스피커로 '보사노바 음악' 재생하기

우리가 만든 인공지능 스피커에는 '클래식 음악', '신나는 음악'을 재생하는 기능이 있습니다. 이번엔 브라질 대중음악인 '보사노바' 음악을 재생하는 기능을 추가해 봅시다. [소리] 탭에서 'Bosa Nova' 음악을 추가한 후, 인공지능 스피커에게 "보사노바 노래를 틀어줘."라고 말하면 보사노바 음악을 재생하도록 만들어 보세요!

[정답]

[그림 4.1-1]과 같이 '보사노바'라는 단어만 인식하여 음악을 트는 방송신호를 보내도록 코딩해 주세요.

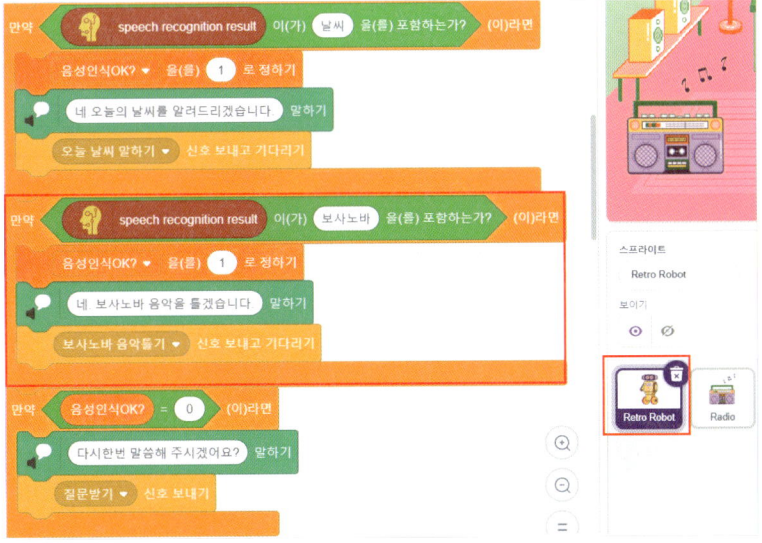

▲ [그림 4.1-1] 보사노바 음성인식 코딩

'보사노바 음악틀기' 방송신호를 받으면 'Radio' 스프라이트에서 Bossa Nova 음악을 틀어줍니다. Bossa Nova 음악은 스크래치 [소리] 영역에 들어가면 기본적으로 있는 음악입니다.

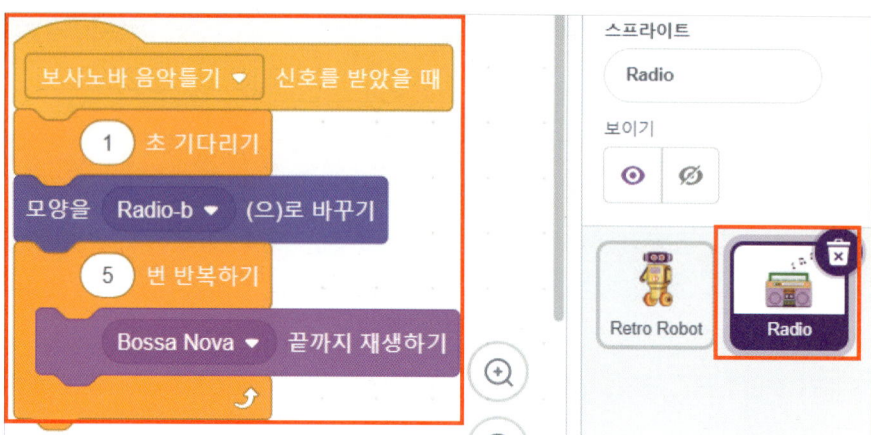

▲ [그림 4.1-2] 보사노바 음악틀기 코딩

도전하기 4.2   바나나 숙성도에 따라 스프라이트 모양 바꾸기

우리가 만든 프로그램에서, 바나나 스프라이트는 노란색의 잘 익은 이미지로만 유지되고 있습니다. 이를 실제로 비쳐준 바나나와 같은 숙성도를 가진 모양으로 바꿔주는 프로그램으로 업그레이드해 보세요.

- 덜 익은 바나나를 카메라에 비출 때 바나나 스프라이트의 모양: 덜 익은 바나나
- 많이 익은 바나나를 카메라에 비출 때 바나나 스프라이트의 모양: 많이 익은 바나나

[정답]

책에서 작성했던 예제 코드의 바나나 스프라이트에서 '바나나모양선택' 신호 보내기를 추가합니다(그림 4.2-1의 빨간 네모 부분 참조).

▲ [그림 4.2-1] '바나나모양선택' 방송신호 보내기

[그림 4.2-2]와 같이 바나나 스프라이트에서 [(바나나모양선택) 신호를 받았을 때]를 추가해 주세요. 그리고 바나나의 4가지 상태에 대한 확률값을 비교하여 확률값이 가장 큰 바나나의 모양을 실행 화면에 나타내는 코딩을 합니다.

처음에 확률 최대값을 구하기 위해 변수 '확률최대값'과 바나나의 확률값을 비교하여 마지막에 남는 '확률최대값' 변수가 진짜 최대값이 되게 해줍니다. 그리고 '바나나모양' 변수에 바나나의 모양을 나타내는 글자를 입력하여 마지막 코드 부분에서 바나나의 실제 모양을 결정하는 데에 비교값으로 사용하면 됩니다.

▲ [그림 4.2-2] 확률값에 따른 '바나나모양' 결정 코드

도전하기 4.3 · 플라스틱 분리배출하기

우리가 만든 프로그램에서 플라스틱 쓰레기통을 추가해 주세요. 플라스틱 쓰레기를 추가로 학습시켜서 캔, 종이, 비닐, 플라스틱 총 4종류의 쓰레기를 자동으로 분리배출을 하는 프로그램으로 업그레이드해 보세요.

[정답]

[그림 4.3-1]과 같이 플라스틱 스프라이트를 추가하기 위해 '비닐' 스프라이트를 복사하여 색깔과 글자를 바꿉니다. 그리고 스프라이트 크기도 전체적으로 약간씩 줄여 주어 쓰레기통이 4개를 나란히 배치해 주세요,

▲ [그림 4.3-1] 플라스틱 스프라이트 추가하기

Teachable Machine 사이트에서 캔, 종이, 비닐, 플라스틱을 다시 한번 학습을 시킵니다. 그렇게 학습 시킨 모델의 링크를 PictoBlox에서 불러와 [그림 4.3-2]와 같이 코딩을 해 줍니다.

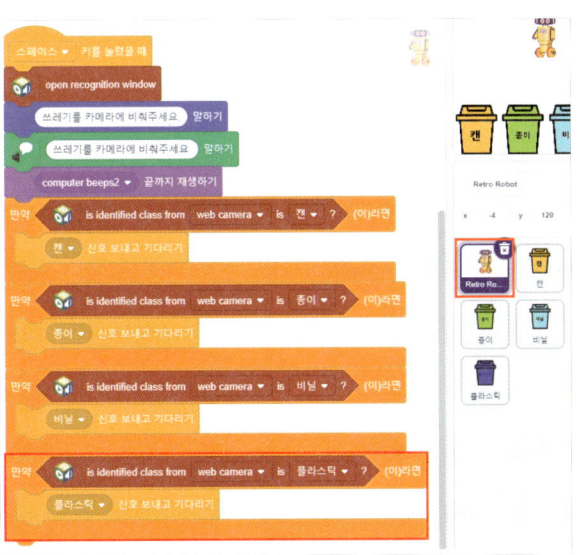

▲ [그림 4.3-2] 인공지능 감지 코드 추가

플라스틱 스프라이트에서는 모양 이름을 변경해줘야 합니다. [그림 4.3-3]과 같이 코딩해 주세요. 이외의 코드는 기존 예제 코드와 동일합니다.

▲ [그림 4.3-3] 플라스틱 방송 신호 코드

도전하기 5.1   불법주차 차량의 번호판을 잘 인식하지 못한 경우

우리가 만든 작품에서 드론이 스크래치 화면에 비친 자동차 번호를 잘못 인식하면 'null(널)'이라는 결과 값으로 나타납니다. 그래서 [만약 ( ) (이)라면] 명령 블록을 이용하여 자동차 번호가 null이 아니면 원래 작품을 그대로 실행하고, null이면 "자동차 번호가 인식되지 않았습니다."라고 음성이 나오게 코딩해 보세요.

[정답]

자동차 번호가 잘못 인식되면 'handwritten text result' 변수값에 'null'이라는 상태값이 저장됩니다. 그래서 만약 'handwritten text result' 변수값이 null이라면, Text to Speech 명령 블록을 이용하여 "자동차 번호가 인식되지 않았습니다."라고 음성이 나오게 해주면 됩니다.

▲ [그림 5.1-1] null 값 코드

저자협의
인지생략

1판 1쇄 인쇄 2021년 8월 05일
1판 1쇄 발행 2021년 8월 10일

지 은 이 박주은
발 행 인 이미옥
발 행 처 디지털북스
정　　가 18,000원
등 록 일 1999년 9월 3일
등록번호 220-90-18139
주　　소 (03979) 서울 마포구 성미산로 23길 72 (연남동)
전화번호 (02)447-3157~8
팩스번호 (02)447-3159

ISBN 978-89-6088-377-2 (93000)
D-21-07
Copyright ⓒ 2021 Digital Books Publishing Co., Ltd